父母教练 | Parenting

推动摇篮的手推动世界

RAISING YOUR
SPIRITED CHILD

养育性情儿

了解气质，赢得合作，激发潜能

【美】玛丽·希迪·柯琴卡／著　江 舒／译

长江出版传媒
长江少年儿童出版社

所获赞誉

“养育双胞胎性情儿是一段美妙、疯狂、辛苦的旅程，而我所接受过的所有儿科训练都无法让我做好相应准备。书中的技巧不仅帮我全家渡过难关，更助我们生活得越来越好！《养育性情儿》应当是每位儿科医生的必读书。”

——吉尔·西蒙斯

医学博士、美国儿科学会持证医师、美国儿科委员会会员

“如果你有个‘更多’的孩子——更强烈、更执着、更敏感，你可能已经知道玛丽·希迪·柯琴卡是谁了。她写了一本关于性情儿的书 :《养育性情儿》。最新修订的第三版和第一版一样给人安慰、具有启发性。不过，更新改写的第三版包含更多循序渐进的指导、具体的实例、实用的技巧。对筋疲力尽的父母而言，仅‘帮性情儿入睡’这一新增章节就值回书价了。柯琴卡甚至还帮助沮丧至极的父母欣赏自己性情儿的优点，这也是她的一大长处。本书中，她进一步推动积极养育，为广大父母提供亲身实践的技巧，缓解与性情儿共同生活的挑战，而无须依赖惩罚手段。这本书太精彩了。”

——劳拉·马卡姆博士

《父母平和 孩子快乐》作者

“一本全面的佳作,最重要的是,介绍了充满爱的积极方法,去理解如此有挑战性的孩子。”

——伊芳·韦恩豪斯和凯伦·弗里德曼

《别和你的孩子斗》作者

“养育性情儿很有挑战,也有收获,对于这些父母而言,《养育性情儿》既鼓舞人心,又给出实用的妙招。本书传达了‘追求进步,而非追求完美’这一积极信息,正是广大父母所需要的。”

——玛乔丽·霍根

医学博士、亨内平县医疗中心儿科医生

“玛丽·希迪·柯琴卡的书中充满了智慧,就如何与情感强烈、敏感、感知力强、执着、精力旺盛的孩子和平相处,给出了温和的家庭建议。”

——《达拉斯晨报》(Dallas Morning News)

“我们的社会虽然重视个体,但机构的组织形式却试图将孩子同质化。玛丽·柯琴卡关注的焦点是一剂良方。《养育性情儿》这本书有趣有料,展现了玛丽·柯琴卡作为母亲和老师的丰富经验。”

——斯特拉·切斯

医学博士、纽约医疗中心儿童精神病学教授、《了解你的孩子》合著者

“十年前，如果我知道《养育性情儿》能帮我省去这么多的麻烦，我愿意花 1000 美元买一本。”

——《圣保罗先锋报》(St. Paul Pioneer Press)

“《养育性情儿》一书中全是方法——不是如何改变孩子的方法，而是如何与孩子积极互动、尽量减少困难的方法。”

——《布卢明顿潘特格拉弗报》(Bloomington Pantogrgph)

谨以此书献给：

我的丈夫约瑟夫·迈克尔·柯琴卡——

没有你的洞见、智慧、组织眼光，我无法完成此书。

我的孩子：约书亚·托马斯·柯琴卡和克里斯蒂娜·利亚·希迪·柯琴卡——

没有你们，我根本不会知道这些。

我的父母：理查德·柯琴卡和碧翠丝·柯琴卡——

没有你们，也就没有我……

中文版序

祝 福

欢迎阅读第二次修订的《养育性情儿》，这本书给父母提供指导，以充分挖掘那些“更多的”孩子的潜能。我叫玛丽，是一名持证教师，给父母和孩子提供指导。我的孩子也是性情儿，他们现在都长大了。我在此非常欣喜地告诉你们，《养育性情儿》中分享的信息与技巧经得起时间的考验，而且不止性情儿的父母受用，所有父母都受用。

这本书被翻译成十多种语言发行，现在已是第三版。这本书传达了满怀希望的信息，关注孩子的优势和真正实用有效的策略——还引用最新的神经生物学研究来全面解释。全世界的父母将此书推为“首选”，如今更新版终于在中国问世，供渴望充分激发孩子潜能的中国父母所用。

当我最初写《养育性情儿》第一版时，我的孩子还很小，我当时正在明尼苏达州的“家庭早教项目”任教，辅导其他父母。那时，我对现有的课程不太满意，经常需要私下与其他父母沟通。有的孩子可以因为自己想要长方形的食物，但父母却把食物切成三角形而哭闹45分钟——这些父母都能够理解和这样的孩子共同生活是什么滋味。这样的孩子意志坚定，完全不能接受拒绝，就连袜子内的缝合线也能让他们觉得不舒服。当时的育儿书籍要么根本不提及这类孩子，要么用一些消极的术语来定义他们——而他们所使用的术语是我不愿接受的。

我在第一批性情儿课堂上介绍了一些关于儿童发展、沟通、人格、气质与性格类型等方面的最新研究与报告。我们一起深入讨论、分析这些素材，从中找到能帮助我们的方法，好让我们那些顽固的小家伙能好好穿衣、吃饭、睡觉，能在我们逛商店时少惹点麻烦。我们分享各自的故事，让别人窥视我们的家庭、学校和居住区。我们在各自担心的、有时甚至为之尖叫的事例中发现了相似之处。我们分享自己家庭的主导原则，分享有效的和无效的训导方法。我们会相互学习借鉴，从大家为与性情儿建立健康关系所做的事中学习。

这一版《养育性情儿》新增了一些世界各地的父母的故事：他们有的读过这本书，有的参加过我的研讨会，有的通过私人咨询征询过我的意见。每一个故事都活生生地证明了书中介绍的策略的效果、增进的关系、重塑的希望，以及掌握书中涵盖的知识后的自信。和之前的性情儿父母一样，他们愿意与你们分享他们的问题、恐惧、最喜欢用的策略和可怕的故事。所有的故事都是真实的，故事中人物年龄也是准确的，但人名、地点和一些描述细节是经过加工的。我发现，人们其实不介意我们了解他们的生活，只要我们不会一并分享他们的家庭住址。

除了这些故事，每一章中还增加了一些可靠的新信息和最新的神经生物学研究。书中还有一些“经父母试验过”的最新的小窍门，用于关注孩子的优势、教孩子责任与尊重、疏导愤怒的情绪、建立明确的界限、打造一个善于解决问题的家庭，促进孩子与同龄人、兄弟姐妹间的和谐关系，并增强自我控制能力。此外，书中还介绍了有助于孩子取得优异学习成绩的指导。

在《睡前和夜醒》这一节中，我会引用一些全新的理念。这些年来，我通过与无数家庭单独相处，积累了不少经验，我对这部分做了适当调整，选用最实用的信息，从而保证你们全家都能有良好睡眠。

不过，这一版的开篇页会和之前保持一致。很多时候，你们会告诉我："当我读每一章的前几页时会流泪。虽然，我会照理推测他们的孩子和我女儿一样，但我从来没有见过他们，又会开始想，是不是只有我女儿是这样的……"因此，每一章的开篇部分还是会和以前一样，会邀请你们加入养育性情儿的狂野旅程——这段旅程充满欢乐，有时也会让人恼怒，因为性情儿也是正常的孩子，只是"更多"。

我得承认，这些父母所组成的团体的规模远超我的预期。我从来没想过《养育性情儿》会在世界各国都有读者。但事实就是如此。人们把这本书当作朋友，随身携带或者放在床头；有问题时、需要学习技巧时，或需要积极憧憬时，就会翻开它。

总有人问我，我怎么会如此了解他们的孩子，是不是我偷偷在他们家装了摄像头。每当这时，我都有点惊讶。看来尽管我们的国家和文化不同，但我们并不孤独，无论我们生活在哪里，我们都能借鉴彼此的经验。

实际上，各位父母已经在网上找到了彼此。养育性情儿的在线支持组，一天24小时都不停有人相互交流、分享各自的故事、相互支持，给予有益的建议。他们访问我的网站http://www.parentchildhelp.com/，告诉我他们喜欢这本"传递美好"的书、预约私人咨询，或浏览我最近的博客。为人父母，与孩子建立健康关系是一个永无止境的过程。这其中，有美好时光，也有艰难日子。正因如此，"养育性情儿"的宗旨始终都是：

追求进步，而非追求完美

我们追求的是进步，所以无须等待看不清的终点。为理解孩子所投入的每一秒，每一次失败的权利斗争，每一次紧紧相拥——都被我们视为成功。我们会对自己友善，也许这一天并不完美，但我们仍会享受安静时刻，享受“为人父母”的美好。当我们因挫败、生气而发怒，我们也会原谅自己，虽然我们知道我们不能使用暴力，但毕竟我们也是有情绪的人。进步需要时间。改变态度、强化已有的技能、学习新技能都不可能一蹴而就。所以，我们要庆祝每一次微小的成功。所幸每一次看似不起眼的成功就像又湿又黏的雪花：聚集在一起就会变成雪球。把它们滚动到一起，就有了美好的情感关系。让你的孩子充分展现自己的潜能，也让你自己加入性情儿父母的队伍，并大声宣告：“性情是一种美妙的天赋。”

好了，现在就拿杯你喜欢的饮料，开始探寻养育“性情儿”的“奥秘”吧。请记住，我们的目标是：追求进步，而非追求完美。

目 录

ONE

PART ONE 了解性情儿

❶ 谁是性情儿

给我爱的机会，也给我带来挫败与焦虑，是永远解不完的谜——这就是我的性情儿。

—艾比（两个孩子的母亲）

如果要用一个词来区分性情儿与其他孩子，那么就是“更多”这个词。他们也是正常的孩子，只是情感更强烈、更执着、更敏感、更具感知力。与其他孩子相比，性情儿更容易因变化而不安。所有的孩子都具有这些特点，只是性情儿会受到更多事物的影响，且程度更深。性情儿就是一屋子橡皮球中的“超级球”。如果说别的孩子一次跳离地面1米高，那么性情儿每跳一次，就会撞到天花板。

作为性情儿的父母，感受如何，其实很难说清。答案总在变化，可能取决于这一天、甚至这一刻的感受。那种一秒钟由喜转怒的经历，一天之内可能经历十次，该怎样描述这种感受呢？早上八点“预感”今天会是美好的一天，或是糟糕的一天，这种“预感”又如何说清楚呢？

美好的一天会是这样：温暖的拥抱和湿湿的吻把你唤醒，他滑稽搞笑的动作吸引了你的注意，他站在狗前面，手里藏着一把黄油餐刀，一团花生酱还粘在刀上，嘴里念着：“格蕾丝是坏姐姐吗？”狗狗在一旁很认真地听他讲话。他拿着刀的手轻轻举起，又轻轻放下，仿佛挥动着魔术棒。狗狗的鼻子跟着花生酱的香味上下动，看起来好像在点头，认同他说的话。你忍不住大笑起来。

深刻有意义的话语从他的嘴里说出来，你都不敢相信，他这个年纪的孩子会有如此成熟理性的表达。他会记得你早就忘记的经历，会把你拉到窗边，看雨滴像钻石一样从天上掉下来。在美好的日子里，作为性情儿的父母，你会感到惊喜、哭笑不得、美妙、好笑、有趣，有时还会有成就感。

糟糕的一天就是另外一回事了。这种时候，你都无法想象再和他待上 24 小时是什么滋味。你甚至无法让他穿上袜子；当你对他说的每句话都是责备；当你不知道他想要吃墨西哥玉米卷，而给他吃了鸡肉，他大发脾气；当你发现，你在五年之内一怒之下离开公共场所的次数，多过大多数父母一辈子有过这种经历的次数——这时候，作为性情儿的父母，你很难有幸福感。

你会感到厌烦、筋疲力尽，而且，即使你是在二十多岁生的孩子，你也会觉得自己年纪太大，已无法胜任为人父母的职责。爱一个让你夜间无法入睡、总是在购物中心让你难堪的孩子，是一件很难的事。

发现性情儿

你可能从怀孕的时候就发现，这个孩子与其他孩子不同，他很正常，就是不太一样。他可能踢你踢得很厉害，以至于你从怀孕的第 6 个月开始就很难安睡；也可能是出生后，保育护士沮丧地摇摇头，对你说声“祝你好运”；也可能是多年以后你才发现。起初，你以为所有孩子都是这样。直到老二出生，你才“觉醒”——家庭聚会时，老二睡得安安稳稳，而不是大喊大叫;你给她穿花边裙子的时候，她会乖乖的，而不会把花边扯掉。还可能是你弟媳的孩子出生后，你发现自己的孩子有些不同。她的孩子随便在什么地方，放下就能睡着。她会露出骄傲的笑容，好像她育儿有方似的，而你的孩子还在那里吵吵闹闹，让屋子里所有人都看着你，用沉默来指责你，仿佛在问："你的孩子是怎么回事？"你的直觉在抵抗这些注视与谴责，你知道、也相信这个孩子只是更难养育，但你并不能完全确信自己是否正确，而且，如果你是对的，你也不知道为什么你的孩子会这样。

为什么用"性情"这个词

你以前可能没听过"性情儿"这个术语，因为这是我自创的。在我的儿子约书亚刚出生的时候，市面上没什么性情儿的课程或书籍。实际上,我所能找到的唯一信息,用的都是"难以取悦""固执""倔强""妈妈的克星""淘气阿丹[①]"这样的字眼来描述他这种孩子。不过，我觉得约书亚很像他爸爸。他爸爸也是一个精力旺盛、敏感、热情、精明的人，是我深爱的人。而且，那些美好时光也让我搜寻一个更好的词来描述约书亚。在这个过程中，我发现，这个孩子虽然有时会把我逼疯，但他的一些人格特征其实是优点，需要得到理解并合理引导。

我在《韦氏字典》里查到"性情（spirited）"的意思是：活泼、有创意、敏锐、热心、精力充沛、充满勇气、坚定自信。性情（Spirited）——

①《淘气阿丹》（Dennis the Menace）是美国畅销连环画、电影，阿丹（Dennis）是其中的主角。

听起来不错，给人的感觉也不错，表现出这些孩子的巨大潜能，也如实地描述出这些孩子的父母所面临的挑战。当我们选择把我们的孩子视为性情儿的时候，我们给了他们希望，也给了自己希望。我们会更多地关注他们的优点，而不是缺点，“性情儿”也并不是又一个标签，只是帮助我们理解孩子的工具。

性情儿的特点

每个性情儿都各不相同，不过他们有一点特性是非常明显的，那就是“更多”。以下五点特征，不是每个性情儿都会有，但是他们每个人都会有其中的一部分特征，让你一眼能在人群中发现他们。

1. 情感强烈：性情儿会大叫，引人注目，这是最容易发现的。他们不会哭，只会尖叫。他们玩耍的时候，笑的时候，声音总是很大，甚至在他们洗澡的时候，当热水池里的水放空了，他们会用自己最大的音量唱歌。

不过，专心观察的安静小孩也可能是性情儿。他们会在进入新环境前仔细分析，好像要自己研究一个行动策略出来。他们的强烈情感是向内关注，而不是向外的。

不管他们是向内关注还是向外关注，性情儿的反应总是强有力的，从来都不会有什么折中选择。他们从不会啜泣，他们只会号啕大哭；他们会微笑着溜进房间，结果不到半分钟就会红着眼睛走出来；他们不会掩饰自己的怒气，而且还会持续很久。

2. 意志坚定：如果性情儿重视一个观点或行为，他们会把自己认为正确的事物“锁定”。他们决意要完成任务，目标明确，而且不愿放弃。想让他们改变自己的主意，简直比登天还难。他们爱辩论，而且不惧怕表达自我。

3. 敏感：性情儿反应敏锐，能很快察觉哪怕一丁点儿声响、气味、灯光、材质或情绪变化。在人群中，他们很容易因接连不断的情绪变化而不知所措。如果带他们去购物中心、参加漫长的宗教仪式、嘉年华，或家庭聚会，你能让他们不哭，那真是一项了不起的成就。给他们穿衣服，简直就是一种折磨。衣服上难弄的带子，或有刺痒感的面料，都会让他们完全无法忍受这件衣服。

他们会察觉每一次情绪变化，每一种情感，甚至包括你的感受。他们会在你自己意识到以前告诉你，你今天很不顺，甚至会为你生气尖叫。

4. 感知力强：如果让他们自己去房间里换衣服，他们永远都换不好。在他们走进房间的过程中，总有事情能吸引他们的注意力，有时甚至就是窗边闪过亮光，也能让他们忘记了要换衣服这件事儿。他们从屋里走到车里，要花 10 分钟。他们洞察秋毫——刚出现的漏油、鸟巢里的白羽毛，还有蜘蛛网上的露水。他们总会受到“不听人说话”的指责。

5. 适应性弱：性情儿面对变化时，会感到不适。他们讨厌意外，转换他们的行为或观点，是较为困难的事。如果他晚餐想在家吃烤肉汉堡，你回家后可千万别提议去餐馆吃饭。就算你带他去了他最喜欢的餐馆，他还是会说：“不好，我就要吃烤肉汉堡！”

适应变化，哪怕是很微小的变化，对他们而言都是很困难的：停下正在玩的游戏去吃饭；因季节变换要换不同的衣服；不回家，在外婆或奶奶家睡觉；上车、下车。对于较难适应变化的性情儿而言，做这些事情都是一种挑战。

虽然每个性情儿都是不同的，但多数性情儿都有一些共性：他们反应更强烈、更执着、更敏感，感知力更敏锐，更难适应变化。除了这些特性,还有相当多（但不是所有）的性情儿有以下几种“奖励”特质，这类性情儿的父母所面临的挑战更多。

1. 没有规律性：有些性情儿的生活作息没有规律，他们每天什么时候睡觉、什么时候吃饭，永远都是谜。似乎永远无法给他们安排任何生活计划。晚上连续睡八小时不受打扰，成了你的美好回忆——这种日子只有他们出生前才有。

2. 能量水平高：性情儿的父母们给我讲述的那些故事真是让人惊讶。有两周大的宝宝从大号婴儿床的一头“爬到”另一头，差一点就掉地上了,还好他爸爸及时发现。还有刚学会走路的孩子打开橱柜的门，借助门爬上灶台，再从灶台爬到冰箱上。

不是所有的性情儿都喜欢爬、喜欢跳。但他们的确更“忙”——坐立不安、拆东西、探索、创造，他们可以从眼睛睁开“忙”到自己睡着。有时你会认为这些孩子的行为是“漫无目的”的，但其实他们的精力通常很集中，而且是有目的的。

如果我说，不是所有性情儿都精力旺盛，你可能会有些意外，因为有些性情儿的父母首先注意到的就是自己孩子旺盛的精力。不过，如果仔细观察的话，你会发现，通常是动作的强度或持续程度才是重点，而不是精力本身。

3. 第一反应消极：通常，许多性情儿会快速逃离任何新事物。面对任何不熟悉的建议、事物、场所、人，他都会很抗拒，或者快速躲到你身后，藏到别的房间。他们参与任何活动前，都需要先暖场。

4. 情绪严肃：在性情儿眼里，整个世界就是一个严肃的地方。他们善于分析，会仔细回顾自己的经历，发现瑕疵，给出调整建议。如果在一场足球赛中，即使他们进了三球，他们还是会关注没进的那一球。如果他们因为一件事兴奋，喜欢一件礼物，你可能都不会发现，因为他们的微笑非常少见。

不是所有性情儿都有这些“奖励”特质，但如果你的孩子有以上特质中的任何一种，你在育儿过程中则需要更多进取精神。你不仅是和一个“更多”的孩子在一起，你同时也在面临生活的消耗，因为你的孩子精力旺盛、饮食作息几乎没什么规律、强烈抗拒新环境与新事物，还很少有微笑激励你。不过，别灰心。这些特质也有各自的潜能。

你并不孤单

作为性情儿的父母，你有时会感到孤单。因为他们“更多”，所以很多养育其他孩子的建议用在性情儿身上，根本就没用。无视自己孩子的脾气是荒谬的行为。如果他想自己开门，而你却帮他开了门，他可以因此发一个小时的脾气。你要是让他进自己房间，计时隔离，他是不会乖乖忍受的。他会执着于自己想要的东西，没什么能让他分神。如果一样东西在他所能触及的范围之外，他会上爬下钻，绕过障碍去拿到自己想要的。因此，有时你会抓狂，想着自己到底做错了什么，责备自己“管不好”自己的孩子，觉得自己是世界上唯一养了这种孩子的父母。

艾比就曾经有过这种感受，直到她后来认识其他性情儿的父母——他们也有一个“更多”的孩子，他们理解艾比的这种感受。在我的家庭教育课上，我曾见过成千上万艾比这样的父母。她微笑着告诉我，她是怎么知道“性情儿”这个词的：在我任教的家庭早教中心的门口，有一块白板，白板上用蓝色大字写着“性情儿”这几个字。一走进家庭早教中心的大厅，就可以看到一套大型木质攀登架，吸引孩子攀爬，还有一个蓝色蹦床和几个超大号的红色枕头。

那天，她拖着她三岁的儿子欧文匆匆经过门口，赶着参加第一次课程。那一次，他们迟到了。事后，她告诉我，就在那天，他们一开始是让欧文袜子上的线头给耽误了，本来穿袜子这很简单的过程变成了10分钟的煎熬：她仔细剪掉所有的松线头，反复拉一拉袜子，直到袜子穿上后不松不紧、刚刚好。然后他又嫌毛衣衣领上的标签擦得他脖子痒，袖口太紧，哭闹了半天。

两个月以后，她的推测得到了证实——养育性情儿，的确需要付出更多。但是现在，她能理解欧文的敏感，预测“诱因”，从而避免了一些会让欧文暴怒的事情。她知道了，管理好性情儿的“性情”是可以实现的，但需要理解、技巧和耐心。而且，这个过程还可以带来愉悦。

和艾比一样，我发现我也在其他父母身上学习。我会陪他们一起欢笑，一同担忧。我很欣慰他们能理解有性情的生活，也很珍视他们的支持。多年来，我留存着我的笔记和日记条目，现在我在搜寻、整理信息与技巧，从而能让有性情的日子收获更多、乐趣更多。

在我们一同向前的路上，有几件事我希望你们能记住。我把这些事以信条的形式写了下来。对于我而言，这些是与性情儿建立健康温暖关系，与之一同生活的必备信条。我建议你将这些信条贴在冰箱上，在你感到沮丧、感到孤独无助时抬头可见，在你感到幸福时可与朋友分享。

性情儿父母的信条

1. 你并不孤单。据人格调查数据显示，15%~20% 的儿童符合性情儿的特征。也就是说，世界上有几百万的父母和你有相似的感受，理解你所面临的挑战。你的孩子不是怪胎，你也不是世上最差劲的父母。你不是唯一的一个，你也有同类。

2. 孩子的性情不是你造成的。孩子的性情有基因因素，但一个人的基因如何表达，会在很大程度上受生活事件的影响。在你孩子的生活中，你是影响因素之一。你的配偶、孩子的亲戚、兄弟姐妹、老师、邻居、朋友、生活经历，以及外在世界都是很重要的因素。你是很重要的影响因素，但不是唯一影响因素。

3. 你并不无能。本书中的信息能帮助你了解自己的性情儿。你会读到这些信息，并加以利用。你能提高自己已有的技能，同时学会一些新技能。大多数时候，你能减少生活中的困扰，与自己的性情儿平静地生活。我们的目标是：追求进步，而非追求完美。

4. 允许自己照顾自己。你自己也要睡觉，需要安静不受打扰的成人对话、性爱，想要泡个澡放松一下，在家附近散散步，也需要时间来完成你自己的项目——这些实实在在的需求都是正当合理的。让朋友帮忙，雇保姆，让亲戚与你的孩子培养感情，好让自己休息一下——这些并不意味着你的失败。当你考虑自己的需求时，你会让自己冷静下来，也就更容易让你的孩子冷静下来。

5. 你可以为自己有性情儿而庆幸，也可以享受性情儿带给你的快乐。你可以关注他的优点，在他胡编的故事和疯狂的创意中找到乐趣。应该在他做得好的时候教育他，而不是在他犯错的时候教育他。告诉他如何做正确的事，胜过惩罚他的无心之过。你的性情儿具备的一些人格特征，在成人身上也是很难得的。赞扬他的优点，再早也不为过。

当性情儿长大成人

随着我学会关注性情儿的优点，我发现我周围的成人也曾经都是性情儿。他们是一群我钦佩欣赏的人：情感强烈、引人注目。

我还怀疑有些历史人物也有性情。我记得有一次，全国公共广播电台（National Public Radio）在向托马斯·爱迪生致敬时，播音员说道："托马斯·爱迪生发明了留声机、电灯、电报、电影摄影机及电影放映机。他是一个不知道何时放弃的人。"听到这里，我忍不住咯咯笑。

我想到了他的母亲。我有时会想：有多少次，他忘了回家吃饭，家里的饭菜都放凉了；又有多少次，他的爸爸会吼他，让他不要再拆家里的东西。今天，我们能看电影放松，能在任何时候看书，都得益于他的发明。我们赞扬他的坚韧、专一、洞察力和驱动力。

还有一些普通人，不是我们在电影里看到或听到的人，而是出现在我们生活中的人。比如，我的丈夫，他会发现生活中的小事，把我逗乐。还有我的朋友，她在处理好自己的事情后，还能有精力来帮助我。还有我的侄子，他痴迷于大富翁游戏，要打败我们所有的人，直到我们其余的人申请破产三次才肯罢休。

他们是学会理解自己、管理自己的精力、尽量控制自己弱点的个体。他们是正常人，但又不只是普通人。他们是有性情的人。

是性情儿还是健康问题

如果你的孩子情感强烈、性格倔强，你有时可能会觉得害怕，甚至可能会觉得是不是有什么问题。也正因如此，才总有一些父母会问我，你怎么知道你的孩子是性情儿还是健康出了问题，比如伴随或不伴随多动症的注意力缺陷、感官统合问题、对立违抗性障碍、广泛性发育障碍？

几十年来，我在工作中接触了众多性情儿及其家庭成员，据我的经验来看，性情儿的行为还是属于正常人的行为，虽然“更多”但仍属正常。

你能通过理解孩子的性情、利用本书中的信息，教会你的孩子很好地管理、利用自己的性情。他能够专注于手头的任务，在学校也会表现得不错。他能在操场上主动接近一群人，也能很好地与他的同龄人玩耍。当你让他排队、上车、自己穿衣服时，大多数时候他都能照做，不发脾气。在你的指导下，你的性情儿会和其他孩子一样，最终能够很好地与你商量日常的活动与职责。而且通常情况下，他会做得很好。

但是，性情儿也可能有健康问题。比如说，他可能是性情儿，也患有处理障碍或发育迟缓。他的行为可能是健康问题的表现，而不是气质的表现。某一集合内的行为可能都属于气质的表现，但如果将这个集合延伸一下，你会发现这些“典型”的性情行为，可能是其他发育障碍或神经障碍反映特征的极端变形。

因此，如果你在教导孩子管理自己的情绪，同时给他机会练习，但是他仍然很难在学校集中注意力，难以融入同龄人群体，或是你每次向他提一个简单要求，他都会大发脾气——相信你自己的直觉。你内心深处那种沉重的感觉也在告诉你，他这种行为的频率、强度和持续时间都和你所知道的其他孩子不同——甚至和性情儿也不同。

花点时间把困扰你的那些行为记录、拍摄下来，然后咨询你的儿科医生、当地的幼儿筛查机构或其他长期接触儿童的专业人士。他们拥有专业经验、专业视角，能帮助你辨别你的孩子属于哪种情况：是健康出现状况的性情儿；还是他的行为已不是常见的性格问题，而实际上已经是健康问题了。

然后，去寻求你孩子所需的医疗干预。早期的诊断与治疗是非常关键的，不过，即使你的孩子诊断出健康问题，也请继续阅读本书。除了治疗项目以外，你继续传授孩子所需的技巧（包括言语与行为）也同样重要，让他能够有礼貌地表达自己的情感与需求，管理自己强烈、敏感的情绪，适应新环境，与他人协作。这样一来，他不仅能得到必需的治疗，也获得了必要的信息与培训，从而能够往好的方向发展。一起来吧，我会给你们带来希望与方法，打造一个性情滋长的家庭。

❷ 改变视角
立足于优势

当我还是个小男孩时，人们叫我“骗子”，现在我长大了，人们称我为“作家”。

——艾萨克·巴什维斯·辛格

我喜欢收集标签，所有标签：有贴在罐子上的标签，也有贴在人身上的标签。我今天还研究了一下一罐汤上的标签：亮红色与白色形成鲜明对比，色调明亮活泼，给人愉悦的感觉。标签上还有黄色色块，上面写着“鸡肉蔬菜汤”。标签巧妙地把“蔬菜”藏起来，凸显“鸡肉”，挺有意思。在标签的背面，有成分表，还有证明美国政府已经检查过的印章。

标签传递的信息很多。在我打开罐子以前，我就知道里面是什么，知道这罐食物获得了政府的审批。不少公司投入数千、甚至数万美元，来设计这些标签，确保这些标签能吸引、迎合我们。

看看我们自己身上的标签

贴在人身上的标签就不会总这么有吸引力了。这些标签有不同的外形、形式，比如“脾气暴躁”“唠叨鬼”“百事通”“老大”这样的称呼，还有“呆瓜”“梦想家”这样的绰号。有些标签缤纷明快，听起来就让人感觉不错，比如“小可爱”和“亲爱的”。而有些标签暗淡沉闷，如“挑剔鬼”和“暴躁”，当我说出这些名称时，都感觉有股酸味儿。每种标签都凸显了一种独特的气质，一种可识别的性格。通过这些标签，我能知道这些人的内在是怎样的，即使我从来没见过他们。不过，这些名字并没有以一种特定的顺序展现出来，所以当我听到“暴躁”这个词的时候，我不知道这个人是脾气有点坏，还是非常坏。而且政府也没有对标签颁布什么规定，所以有些标签与实际情况相符，而有些是不符的。

性情儿身上好像总少不了标签，而且往往不是很好的标签。所有的孩子都有几个名字，但是性情儿总是能“收获”过多的设计低劣的标签，让人看了就觉得害怕、反感。这些标签就好像扒在你脖子背后的蚊子，在你柔软平滑的皮肤上留下痕迹。这种情况在任何一个家庭都有可能出现，卡罗琳家就有过。

卡罗琳笑道：“我丈夫说，我们应该叫她‘小恶魔’，因为她就像是长了脚的‘地狱’！”她还给我们讲述了，她三岁的女儿海兹尔如何在沙坑里“组织”她的小伙伴。“不过，说真的，我之前从来没有意识到，我们总是会轻易地给她贴上标签。我现在开始发现标签对她的影响。她是我们家中最小的孩子，也是意外到来的惊喜。她和另外两个孩子完全不同，我们总叫她‘狂野女孩’。昨天，我母亲责备她不该在沙发上乱跳。海兹尔为自己辩解道，‘外婆，这没什么大不了的。我本来就应该是个狂野的孩子。’”

一旦贴上了标签，就算这个标签的描述并不准确，我们的行为还是会倾向于和标签一致。这种从标签向事实的飞越，看似神奇，其实研究人员早就有过详尽记录，这就是“皮革马利翁效应”（Pygmalion Effect）。事实是，孩子会从周围的人那里知道自己是谁。想想你认识的性情儿。你会用什么语句来描述他们？会像那种广告公司创作的价值百万的广告吗？看了这些描述，你会希望自己再养几个性情儿吗？这种描述会让其他人羡慕你有机会养育性情儿吗？这些标签会让你自己趾高气昂，流露出会心的微笑，或是满足的轻笑吗？这些言语是积极的吗？是关注优点而不是缺点的吗？

说实话，这是不太可能的。

我们当中的大多数人会发现，自己的性情儿身上有着大量的标签。这些标签，有些是我们说出口的，有些是我们没有说出口的，但其实都影响了我们对孩子的看法、感受和行为。如果我们要与性情儿建立良好的情感关系，我们必须把标签摊到桌面上，仔细剖析这些标签，将那些让我们自己和孩子难受的标签找出来，重新设计——因为这些标签会遮蔽我们的视野，隐藏孩子内在的潜能。

讨论标签

每个家庭里的标签都不一样。你需要仔细剖析这些标签，并重新设计，在此之前，先让我带你进入性情儿课堂，听听其他父母给性情儿贴上的标签。

相信我，你不是这世上唯一对性情儿有不良印象的父母。

性情儿课堂在一片吵闹声中开始，十四位父母和十八位孩子全都在同一时间进入课堂。你首先注意到的就是现场的骚动——声音合集。这其中有欢乐的声音：当敏捷的小家伙从滑梯的顶部跳下，在蹦床上弹起的时候，他们发出兴奋的尖叫和笑声，会叫爸爸妈妈“看这个”；也有害怕的声音：有的孩子会哭着抗议，扬言“我就是不干”，同时紧紧抱住父母的腿，而父母只能拖着自己的腿，僵硬地走入教室。

所有家庭先聚集在一起，几分钟后再分开。孩子们会继续他们的项目，与此同时，父母进入小组讨论环节。

“今天，我们讨论的话题是标签。”我一边说，一边给每位父母发三张索引卡片。我让他们在每张卡上写下一个词，描述他们的孩子在“糟糕的日子里”是什么样的。有几位父母马上要我多给几张卡，坚持说三张卡是远远不够的。在场所有人都笑了。知道其他人可能也有一些不愉快的想法，会让我们自己好受一些。

有几位父母马上就填完了卡。有些人在椅子上挪来挪去，犹豫不决，手里的笔也悬在空中。有些父母一想到要公开承认这些可怕的想法，就会感到很难堪。我向他们保证，这些卡片会传到前面，打乱顺序后重新发放。大家都不用“承认”自己写的标签。每个人都可以诚实地写下自己的感受。

我将卡片打乱顺序后再传给他们，大家围着桌子依次传递卡片，每人拿一张。这时，低调而又敏锐的麦克打破了沉静，他是两个孩子（一个孩子是性情儿，一个不是）的父亲。他拿着卡片读到：“好争辩。噢，对，我儿子杰登什么都爱跟我争辩。昨天，他还试图说服我，太阳没有发光。我又没瞎，太阳明明就在发光嘛。我对他说，‘看窗外，太阳正在发光。’你们知道杰登是怎么回答我的吗？‘嗯，在中国这个时候太阳就不发光（美国时间与北京时间有12个小时的时差）。’”

在场的人都笑了起来，他们都想起了自己曾与性情儿的争论，最后总是陷入僵局。随着笑声逐渐停下来，珍妮弗将手中的卡片翻了过来，读到："从来不停。"

艾比立马加入了这次讨论："我有四个孩子，比雅让我一天得忙24小时。从她醒来的那一刻开始，我就要随时待命，一直到她睡着。我已经筋疲力尽了，我需要休息一下。"

"我家的孩子也是这样，"阿曼达找到了知音，"伊丽莎白两岁了，我还盼着她能早点睡整夜。我从来不知道，她什么时候能睡着，什么时候又会醒。"然后，她不好意思地环顾四周，又补充说，"性生活呢？性生活是什么？我想我好像还记得做爱这回事吧。至少得要有一次吧。"

在场的人哄然大笑。

萨拉承认道："我不敢相信还有人这样写，因为我也这样写了。"说着，她把卡片翻了过来。卡片上用粗体写着大大的"好斗"两个字。

"我写了'脾气暴躁'，希望能给你带来点安慰。"雅各布给出了自己的答案，"每天都要爆发的脾气已经让我快无法忍受了。我觉得自己都快成职业宇航员了。"

"好吧，我的孩子可能还没我想的那么糟糕，"劳拉咯咯笑了起来，"我有时会有挫败感，因为她太'挑剔'了。煎饼的两面必须要煎成一样的成色。她的衣服必须要'穿着舒服'。"

标签逐渐增加。

苛刻	好争辩	破坏大王	叛逆
疯子怪兽	固执	挑剔	吵闹
变化莫测	粗鲁	专横	死板
让人筋疲力尽	爱发牢骚	脾气暴躁	一根筋

当我把这些标签列举出来时，我们都震惊了，每个人都很意外。教室里一片寂静，可怕的标签仿佛刺痛了每个人。每一个标签都描述出一种“内在”。我们不会被这些词语吸引，也肯定不会满怀渴望。我们会无意识地躲开，仿佛受到了重击。

这时，我开始小声说道：“想象一下，如果你用‘固执’‘脾气暴躁’‘好争辩’这类词来描述一个孩子，他怎样培养健康的自我意识？而且，这些词语影响的不仅仅是孩子，也影响了我们。我来解释一下我的意思。”

我引导每位父母说，“我的孩子……”然后大声对着搭档把所列举的词语读出来。我扫视了一圈，发现詹尼弗的颈部和脸已变得通红。她擦了擦眼里涌出的眼泪，对着我摇摇头，恳求说，“我做不到。”

“没关系，你可以跳过这一环节。”我安慰她说。突然，随着其他的父母大声读出每个标签，她周围响起一阵刺耳的声音。没过一会儿，又出现了一个声音。整个教室安静了下来。大家的身体都窝在椅子里，双肩下垂。“你们的身体里发生了什么变化？”我问道。

“我想吐。”梅根按住自己的胃，回答道。

艾比摸着自己的胸口，哆嗦着说：“我的心跳在加速。”

莉莎一边给自己扇风，一边说："我刚经历了一次潮热。"

詹尼弗又抹了一把泪。

标签对我们的影响

我们用的这些标签看似都是简单的词语，但却非常强大，能触发我们"战斗或逃跑"的反应系统。这是一种无意识的生理反应，我们在经历这种反应时，心跳频率和脉搏频率都会加快，呼吸加速，血液会涌向四肢末端——这都是在为战斗或逃跑做准备。我将这种状态称为"红色区域"。

在红色区域内，我们会体验视野狭窄。我们会将注意力集中在潜在威胁上，于是无法思考，不能解决问题，不能倾听他人的心声，也不能直视他人的双眼。这些反应让我们无法与孩子产生情感共鸣。在这种状态下，我们甚至会在中性的面部表情中看到愤怒和拒绝。我们会将无意的行为解读为故意、怀恨在心。消极标签会给我们的大脑发出指令，让大脑准备"战斗"，以至于我们无法面对孩子，给孩子安抚与关爱。

消极的语言就像席卷而来的飓风，会给情感关系带来毁灭性的打击。心理学家约翰·戈特曼（John Gottman）在夫妻对话中发现了消极语言的强大力量：如果一对夫妻的对话中，消极陈述与积极陈述的比例是 2.9 : 1，那么他们离离婚也就不远了。另一方面，有着良好情感关系的夫妻，其对话中消极陈述与积极陈述的比例是 1 : 5。

从今天开始，你可以选择不再用那些投射出负面形象的词语来描述你自己的孩子。把"挑剔"换成"讲究"，甚至是把"讨厌"换成"充满激情”，其实都算不上飞跃。你可以通过改变自己的词汇，从而改变自己、他人对你孩子的感知。你可以自己打造新的形象，这种形象不仅外观好、感觉好，还可以达到社会认可的标准。这样一来，你和你的孩子都能受益。词汇上的改变，能真正地改变你身体及大脑的生理反应，因为消极标签会触发神经系统中“战斗或逃跑”的害怕反应（正因为如此，那些家长在大声读出描述孩子的标签时，会有强烈的身体反应）。使用新的语言，能让你的反应系统冷静下来，还能帮你获得自信，就算是在糟糕的日子里，你也相信自己能胜任父母这个角色。

重新设计标签

拿出一张纸，想一下你会用什么词语描述你的性情儿所做的疯狂、讨厌的事，在纸的左侧写下这些词语。一定要写下那些最糟糕的词语——那些你用来描述几乎毫无可取之处的词语。也包括那些你听到亲戚、朋友、老师用来描述你的孩子的词语，这些词语会让你勃然大怒、羞愧难当。仔细回想，把这些词全写出来。

现在深呼吸，放松双肩，扭动一下脚趾，看看你最喜欢的一张性情儿的照片。可以看看电脑、手机上的照片，也可以看下相框里的照片——或是回想一下你脑海中最爱的那些形象。重点关注明亮的双眼、有感染力的笑容、敏捷的身体，或具有“个人特色”的疯狂着装。当你看自己列举出的恶劣标签时，要牢牢记住这些美好形象。这样有助于你发现每个词汇下隐藏的潜质。

如果你仔细看这份标签列表，你会发现，恶劣标签往往反映出过度使用的优点。找出那项优点，并给那项优点取名。比如，调整一下方向，再加以技能训练，你可以把“固执”转化为“坚持不懈”——日后获得成功的首要因素。专注时的“亢奋”，也可以是“精力充沛”。这其中有无限可能。

你的列表可能和我们小组练习时用的列表差不多。

消极的旧标签	振奋人心的新标签
苛刻	坚持高标准
疯子怪兽	富有创意
破坏大王	求知欲强
叛逆	有原则
变化莫测	灵活
爱发牢骚	善于表达
粗鲁	诚实
脾气暴躁	热诚
好争辩	未来的律师
固执	目标坚定
挑剔	讲究
专横	执着
一根筋	专注
死板	传统
让人筋疲力尽	精力充沛
吵闹	热情

“我的孩子是……”这次，我邀请小组成员和我一起大声读出振奋人心的新标签。声音越来越大，大家脸上都洋溢着微笑。读到最后，大家都松了口气。“你们现在感觉如何？”我问道。

麦克坚定地说："希望。看到潜质，果然能振奋人心。"

艾比长长地舒了口气，说："平静。"

詹尼弗微笑着说："好多了。"

当我们从积极的角度来看孩子时，我们的反应也会随之改变。心跳频率和脉搏频率会减缓，于是，我们能够倾听他人的心声，能思考、解决问题，甚至还能有点幽默感。大脑会告诉身体：我们很安全。这是我们爱的人，也是爱我们的人。于是更多时候，我们会微笑。我们会反馈更多信息。我们会变得有耐心了，甚至会偶尔纵容孩子一下。对于中性的面部表情和行为，我们能感知到它们本来的样子——中性的。我们不会再将其曲解为潜在威胁或故意刺激。

实际上，发展心理学家 J. J. 古德诺（J. J. Goodnow）在她的研究中发现,那些善于社交的孩子,他们的父母不会把他们社交时的偶尔"扭打"视为具有攻击性的迹象。相反，他们会将孩子的这些过失视作较为短暂的行为，比如，精力旺盛的孩子玩了太久就会这样。因此，他们不会对自己的孩子发脾气，他们只会记住，以后该在何时制止孩子，以避免孩子惹上麻烦。这种乐观的态度能促使父母与孩子协作。

当你提及自己的孩子时，当你训导自己的孩子时，也能教自己使用新的标签。当一位五岁的孩子不愿意穿祖母送的新衣服时，你可以对他说："你还真是有自己穿衣服的品位啊。"当一位八岁的孩子非要看完书的最后一章才肯上床睡觉时，你可以对她说："你能坚持不懈地追求自己的目标。"

我知道，你可能会想："这样是不是让孩子'太为所欲为'了？"我要强调的是，这只是对话的开始——而不是结束。你最终能教会你的孩子灵活变通，用创新的方式解决问题。但是在你教孩子以前，他需要冷静下来。如果你自己都很焦虑，觉得你的孩子固执难缠，那你根本就无法教导他。

新标签与旧标签给我们带来的感受、形象是完全不同的。养育一个自信、坚定、讲究、个性鲜明、善于分析、热情洋溢、魅力超凡的孩子，这种感觉很美好。这些词语描述的甚至是你一直向往的孩子。

要想指导孩子，首先要能“吸引孩子”。想象他的优点，能让你平静地面对他，与他产生情感共鸣。当你能看到，你面前这个热情、机灵、充满好奇心的孩子正在困境中挣扎，提醒自己：他能学会改善的技能，会让你的指导更顺利。你接近他时，他能感受到有人爱他，有安全感，他会向你求助，愿意接受你的指导，并能平静地听完你的指导。

越过障碍

艾比深深叹了口气，身子蜷缩在椅子里，承认道：“我真的试过了。说真的，我并不是一大早起来就打算叫他‘小混蛋’。只是有时候，真的太难了。”

我们很容易就掉进给孩子贴标签的陷阱。就算多数情况下，你是个非常积极的人，但在提起自己的孩子时，你可能还是会陷入消极标签的旋涡，你甚至都不知道这种情况是如何发生的。作为性情儿的父母，你会有强烈真实的情感，比如：

恐惧：“有时我会忍不住想，‘他真像我哥哥’，而我哥哥日子过得不太好。”

筋疲力尽：“每天我都会想，‘我已经快疯了，我还能撑多久？’我告诉自己，我还能再坚持30分钟，等我丈夫回来，但是没过一会儿，他就打电话告诉我，他要晚点回！”

不称职：“我有时会完全不知所措，这时，我妻子会说，‘给你妈妈打个电话吧，她养了六个孩子。问问詹娜，她是怎么做到的。’我所能说的是，我不知道詹娜是怎么做到的，但她经常哭。”

羞耻：“我想知道，我是不是做错了什么。我在他身上看到了很多我的影子——我的缺点。我没耐心，还很固执，他也是这样。我的父母毫不含糊地告诉我，‘好孩子’不会没耐心，也不会固执。他的这种表现让我很难堪。”

这些情感就像一头大象，坐在你胸口，将你最好的意愿摧毁。不过，也并不是非要如此。将“野兽”驱逐出房间，是完全有可能实现的。一旦你意识到，性情儿能远超同辈，你恐惧的情绪就能逐渐稳定下来。当你认识到，照顾自己也是一项必要的、崇高的事业，你会有更加充沛的精力。如果你手边随时备有有效策略工具箱，你会感到高效自信，一扫此前“不称职”的感觉。当你凝视镜中的自己，发现自己也有性情，赞赏会淹没羞愧的情感。你很正常。你只是“更多”。

继续阅读。我会为你带来内部资料，教你如何赶走“野兽”。

好标签会感染他人

改变我们描述性情儿的词汇，能感染周围的人——这是一件振奋人心的事。艾丽卡也发现了这一点。

她兴奋地说："太神奇了！当我用积极的词语来描述塞拉斯，亲戚和老师也会这样做。如果有人抱怨说，'塞拉斯太吵了'，我会回应说，'他充满激情，不是吗？我们带他出去吧，我们在外面能更好地欣赏他这一点。'他们一开始都会有点惊讶，不过过了几分钟以后，他们也认同，塞拉斯真能给我们带来惊喜。我这样说了几次以后，有一天我无意听到我妈妈说，'塞拉斯，你激情的一面又出来了。我们来点音乐，一起跳舞吧。'就算他学校的老师告诉我，他很固执，我会点头认同，不过我会说，'我们在家也发现，他非常有毅力。'老师回应说，'我还从来没从这个角度想过，看来这也并不完全就是缺点，不是吗？'我的语言真正改变了老师看他的角度，真能感染周围的人。"

杰森点头表示赞同。"这些标签的确改变了我，让我更有耐心。里奥总想自己爬上安全座椅。如果我要帮他，他就会大发脾气。我以前觉得他固执，总是不配合我。但当我在他身上看到了独立、目标明确，我才意识到这些其实是优点。这种想法让我更容易停下来，给他一点时间。里奥自己也注意到这其中的差别。如果我偶尔帮他一下，他也不再那么容易发脾气了。我以前觉得，几个词语不会真带来那么大的改变，但词语真的带来了变化。"

别让他人用有害的标签吓倒你。你通过自己使用能反映出孩子潜质的词语，来教他人用词。你甚至都不用与他们争论，而只需通过更积极的用语引导他们的思路。

和那些投入数百万美元用于精心设计产品标签的公司一样，我们也必须有意识地设计标签。当你扔掉那些负面形象，启用关注优势、潜力的新标签，而弃用关注弱点的标签时，你为自己的孩子裹上了保护层。

这些积极标签不仅改变了你的词汇，也改变了你的视角，进而改变了你的行为。

你用于描述性情儿内在的词语，是与其建立一生的良好情感关系的开端。就这么简单。

❸ 什么造就了性情儿

为什么他们会这样

这是一个走进我生命中的人。

他是一个真实的人，而不是要输入程序的机器人，也不是可以写字的白板，而是一个用自己的方式与我沟通的人，告诉我他的所喜所恶——通常很大声，要求苛刻。

——苏（三个孩子的母亲）

秋日，夕阳穿过房间两边的窗户，使整个房间蒙上了一层粉色调。在参加课程的家庭成员到来之前，我喜欢在白板上写下当晚的课程安排，但今天我只写下了一个问题：

什么造就了性情儿？

父母们一边闲聊一边慢慢走进讨论室，手里拿着咖啡，找椅子坐下来。当他们读出白板上写的问题时，有人叹息，有人抱怨，还有人紧张地笑了起来。

“这个问题我已经想了三年了，”还没等所有人都坐定，希瑟就忍不住大声说，“我已经记不清有多少个不眠夜，我躺着回顾我整个孕期。

我吃了什么？我做了什么？我怪自己在怀孕两个月的时候去滑水。如果我那个时候根本就不知道自己怀孕了呢？我真不该去。"

杰森补充说："我一直在想赛斯的出生，回想那个过程有多长、多难。也许我们当时应该要医生进行剖宫产的。"

"我还以为是剖宫产造成的呢。"克里斯汀插话了。

"我一直认为，可能因为杰登是早产儿，"麦克若有所思地评论道，"他提前六周出生，刚出生的那段时间，身体也不太好。"

艾比挤了挤脸，说："我总忍不住觉得，我自己辜负了她。"

我举起手，吸引他们的注意力。"等一下！"在一片喧闹声中，我差点大叫了起来，"不是你们造成的。"所有人都扭头看我，他们都放心地松了口气。

什么是气质

你的行为并不会使你的孩子变成性情儿。当前的人格研究表明，基因影响人格。一个孩子是不是性情儿，和孕期、生产时的状态无关，和是否母乳也无关。有些孩子似乎天生就容易以某种特殊方式回应生活中的人与事，我们可以识别、预测他们的这种回应方式。生物学、神经学可以解释这些行为、情感模式。这种模式是孩子对周围世界最自然的第一反应，名为气质。

气质会影响孩子的个性特征：孩子会多快感到不适、他的不适会持续多久、他需要多长时间平复情绪。性情儿生来就更容易"爆发"，能够在几秒内从零加速到每小时 100 公里。正因如此，你的孩子才会前一秒表现出奇地好，后一秒就打弟弟，甩门而出。

气质也决定了我们对景象、声音、气味、味道，以及他人情感的敏感度。你带两个孩子去趟游乐园，就能看到他们的差异。一个孩子会求你，玩到游乐园关门再走。另外一个什么都不玩，闻到热狗的味道就会作呕，每隔20分钟就吵着要回家。如果你不理会他的要求，他会飞快地跑开，你也得全速奔跑，赶在他到达出口之前追到他。

气质不同，能量水平也会不同。如果一个孩子属于气质活跃型，那么他不仅喜欢动，而且需要动。要让这种孩子长时间坐着不动，就如同要你忽略自己胀满的膀胱。这样会产生压力。孩子的气质传递出一种特殊行为的需要，是一种内在真实的需要。

孩子的气质是天生的，就如同他们头发的颜色是黑是黄，也是天生的。但这并不意味着，孩子的气质是一成不变的。就像头发一样，能做造型、能修剪、能染色，但还是头发，气质也会因其得到“管理”的方式，在表现形式上会有一定程度的改变，但本质还是一样。气质活跃型的孩子会一直都是精力旺盛的个体。不过，这种气质的外表却会随着时间而改变。学步时期会打开烤箱门，踩着烤箱爬上灶台，然后站在冰箱顶的小孩，在三十岁时能学会克制，不会再站在冰箱上。但是，他很可能会在午休时间跑上6公里，在周末以爬山“为乐”。他会以不同的方式释放自己的能量，但他仍然活跃。

关于气质的研究

气质并不是人格的同义词。人格是气质、文化影响、生活经历的混合产物。几个世纪以来，学者们被气质深深吸引，认为气质是人格的关键结构单元。今天，对气质的研究呈指数级增加。心理学家、文化人类学家、行为遗传学家、神经生物学家等都对气质表现出极大的兴趣。遗憾的是，他们并未在气质的定义、特征上达成一致。不过，他们倒是一致认为，气质反映个体的差异，能从基因、生物学和神经学的角度综合解释。在人的一生中，气质在早年会尤为明显，而且随着时间推移也会相对稳定，但是年龄、经历、家教会在一定程度上改变气质。

当代研究人员提出几种不同的气质理论。俄勒冈大学（University of Oregon）心理学荣誉教授玛丽・罗斯巴特（Mary Rothbart）及其同事将气质定义为：个体在反应和自我调节上表现出的差异。我将这个概念融入到我的工作中，当我想到气质时，我会想到“我们内在的发动机”。不同的发动机在尺寸、动力和反应上也不同。性情儿的“发动机”就好像跑车的发动机。

我认为斯特拉·切斯（Stella Chess）和亚历山大·托马斯（Alexander Thomas）的研究是了解性情儿的基础。在20世纪50年代，纽约大学医学中心（New York University Medical Center）的切斯和托马斯是首批质疑当时主流理论的人。那时的主流理论认为，所有的孩子来到这个世界上时，都是“白板”，他们的人格取决于他们所受到的家教。白板理论认为，个体差异因养育而形成，而不是天生的。今天，这种理念的残余仍然存在，比如我们会听到“如果不是你太溺爱他，他根本就不会这样”“把他交给我，我一个星期就能搞定他”这类评论。这种看待气质的观点，忽略、贬低了个体差异的生物学基础。

切斯和托马斯自己也育有四个非常不同的孩子，他们在临床实践中，也见过太多实际案例——片面地强调养育方法，并不能充分解释孩子的反应。这其中缺失了什么东西。

正是这种理解上的缺口，让他们展开了我们今日所熟知的纽约纵向研究(New York Longitudinal Study)。切斯、托马斯和他们的同事 H. G. 伯奇（H. G. Birch）一同观察了 133 位儿童吃、穿、和朋友玩耍，并采访了他们的父母与老师。切斯、托马斯和伯奇通过这项研究的结果，发现儿童在回应世界的方式上有明显差异，这种差异可分为九种，其中一种就是反应强度——和罗斯巴特定义的反应特征类似。虽然，并不是所有的研究人员都认同切斯、托马斯和伯奇定义的九种气质，但我认为，这九种气质正好解释了性情儿的特质。

你的确有影响

现在，你可能会觉得有点灰心。既然气质是以生理、基因为基础，那么你做什么也改变不了气质如何表达。的确，性情儿是天生的，但生理因素并不是命运。我们现在都知道，先天与后天都很重要。你孩子的性情最终如何体现，取决于他的年龄、经验，以及他受到的家教。乔治华盛顿大学（George Washington University）医学博士大卫·瑞思(David Reiss) 曾说："基因是行为的基础，但一个孩子的基因是否被激活、是否表达以及表达程度，取决于他与生命中最重要的人的互动及情感关系。"

你无法选择孩子的气质，孩子自己也无法选择。大自然为我们做出了选择。但是，你会给孩子带来重大影响。当他的发动机太热，是你帮助他意识到这一点；是你能用语言描述出他正经历的一切；也是你教他掌握技巧，平缓地变道、刹车，而不会打滑失控。研究人员告诉我们，每天与孩子一同练习，能在他的大脑内开辟新的路径，存储这些有效技能，从而使他能自然轻松地使用这些技能。

起初，你是这段关系中的“驾驶员”。了解孩子的气质，就是让你能打开发动机盖，看看他的发动机里面是什么样的。一旦你了解了他的反应及其背后的原因，你就能学会和他们共处：经过生活中的弯道时，如果需要，就调到低速挡；识别出你需要调整的点；保持行驶的节奏，能让他的发动机正常运转。

没人想把跑车改装成轻型客货两用车，不要让一个气质上强烈、精力旺盛、敏感的孩子违背自己的天性，也是非常重要的。你可以通过了解孩子的气质，并善加利用，从而帮助他疏导自己的能量。你要认可他的毅力，同时教他创新地解决问题、灵活应变。你要欣赏他的敏感，同时帮助他知道，什么时候该让自己休息一下。你教他充分利用自己的天赋，让他完全实现自我。

最终，你会转变角色，管理维修支持工作，将驾驶座让给你的性情儿。到那时，他会知道自己的发动机如何工作，精通驾驶：平缓加速、高效换挡、平稳刹车。他聪明顽强，因自己能应对路上的挑战兴奋不已，很可能会快速超过同龄人。

帮助你的孩子掌握在生活的道路上平稳驾驶的技能，需要时间和练习。杰森是两个孩子的父亲，他在知道气质这回事以前，家里仿佛还未宣战，就战争肆虐。他不断给孩子设定规矩，但家里每天都有战争爆发。

“说实话，”他告诉我，“我很害怕这种‘战争’。通常情况下，我是一个低调、安静的人。我不会因为一点小事发脾气。但是，只要我试着让我六岁的孩子上床睡觉，不到5分钟，我就会暴跳如雷。

“后来，我知道了气质这个概念。突然间，我意识到，他并不是故意这样做，并不是要惹怒我。他这么做是有原因的，他需要提前通知，好完成自己的事。当我意识到这一点，我开始积极配合。一些简单的小事似乎都很有效，比如：提前10分钟通知他；让他睡觉以前，花几分钟的时间知道他想先完成什么事情。现在我知道了，别直接宣布，‘现在该睡觉了！’这样会太突然。这就好像我们是同一队的队员。

“当我不再和他斗了，我都不敢相信自己更享受和他共处的时光了！你知道吗？他是一个很爱干净的小孩。”

全面认识孩子的气质

我在前文中解释过，切斯、托马斯和伯奇向人们展示了九种不同的气质特征。每种特征都能由轻微反应到强烈反应，或由高到低排列在一个集合中。每个人都有自己的气质、自己独特的风格。性情儿往往会处于强反应的那一端，但其他孩子的某些特点也可能会处于强反应端。正是这种全局认识帮我们理解性情儿。

记住，世上没有完美的气质。所有的气质特点都有好的一面，也有坏的一面。父母的重要作用就是，帮助孩子充分利用自己的优势，从而形成自己的特质。

当你回顾这些特点时，想想你的孩子典型的、最自然的反应。有什么反应是你能够预知的？

1. 反应强度

你的孩子情感反应有多强烈？他哭笑时，是激烈大声，还是轻声柔和？

1分	2分	3分	4分	5分
轻微反应				**强烈反应**
哭的时候只吱吱叫				从来不会只是哭一哭——号啕大哭、情绪爆发
他会难过，是出人意料的事				活生生的情绪梯，分分钟从天上掉到地下
反应低调、轻微				每次反应都是深度、强烈的反应
高兴时会微笑				高兴得大叫
通常能解决问题，而不会受挫				很容易受挫

《情商》（Emotional Intelligence）的作者，哲学博士丹尼尔·戈尔曼（Daniel Goleman）曾在《纽约时报》（New York Times）中写道："心理学家观察到，有些人发现，自己即使在面对普通事件时也会情绪激动；而另一些人即使在最难熬的环境中，也能保持镇定。这些感情的程度，描绘出一个人一生的情感生活特征：研究表明，那些经历情绪低谷的

人,也会体验到情绪高潮。这种人与人之间的差异似乎在幼年就会体现,而且会是人一生中的显著特点。”

甚至在医院的育婴室，这种情感强度的差异也是很明显的。有些宝宝在饿了的时候会“哼哼”；而有些宝宝却会号啕大哭，他们的哭声会在整个走廊里回响。性情儿生来情感强烈，他们的发动机会加速运转。对于性情儿的父母而言，不可避免的是，亲戚家的小孩可能就是只会哼哼的那种。在家庭聚会时，亲戚家的小孩抽抽搭搭地哭，而性情儿会大声尖叫!

但是，会尖叫的性情儿也并没有什么问题。他只是气质上更强烈。这并不完全就是坏事。这说明，他也更有激情、更有活力、更热心。

性情儿经历的每一种情感和感觉都是深沉强烈的。相比情绪稍弱的个体，他们身体反应更强烈。他们的心怦怦跳，肾上腺素流过他们的身体，脉搏加速。他们安静的时候，是因为他们知道噪音扰人；他们大声的时候，是因为他们真的感受到强烈的兴奋、痛苦，或其他任何情感、感觉。他们的强烈是真实的——这是他们最真实的第一反应。上述表格中，如果你选中了 4 或 5，就可以预知，你的孩子会很容易兴奋、受挫、情绪化。当你知道了你的孩子属于强烈型，你能预料到孩子的强烈反应，并制订方案，以帮助你的孩子适当地表达自己的情绪，或化解自己的情绪。

2. 执着程度

如果你的孩子正在进行某项活动，这时，你让他停下来，他是会很容易就停下来，还是会和你抗争，继续自己的活动?

1分	2分	3分	4分	5分
容易停下				**“锁定”状态**
能接受引导，很容易就参与到另一项活动中				固执己见，不会轻易放弃自己的想法或活动
会哭几分钟，然后停下来				处于锁定状态，能哭好几个小时
接受拒绝				从不接受拒绝

切斯和托马斯在研究中发现，一些孩子能很容易停下一项活动，而另外一些孩子会不顾阻拦，继续自己的活动。性情儿是“锁定”的。如果他们想要做什么事情，他们要现在就做，而且不会轻易放弃。我还记得，我去科罗拉多朋友家发生的事情。我们一起外出吃晚餐，回到朋友家的时候，已经很晚了。那是一个11月的寒冷的夜晚，一阵阵狂风将我们的围巾吹得紧贴脸，我们快速地跑下车道。我在门口看到了朋友两岁的女儿，我想都没想，就把她抱起来，把她从寒风中带进屋里。一进屋，她转过身，用力地打了我！我毁了她的计划。她下定决心要自己走门口的台阶。我试着跟她说好话，哄她脱下外套，但是她不肯。如果是别的小孩，没那么执着，可能会听我的话，但是克莱尔不会。她站在门口，对着门大叫，小拳头用力锤门。很显然，除了打开门让她出去，她什么条件也不会接受。我向后退了几步，让她自己出去，同时提醒她，下次遇到这种情况，她可以说：“请你让我自己开门。”外面的大风差点把她吹到，但她自己走下台阶，又坚定地走回来。只有在她自己关

上门以后，她才准备好脱掉自己的外套。你根本无法转移她的目标！

通过无视执着的孩子哭闹来阻止他——这种建议是没有价值的笑话，只会给人带来挫败感。尽管可能你把其他小孩放在床上躺几分钟，他就睡着了，但这个孩子会大哭几小时，直到爸爸或妈妈找到一种安抚他的方法，帮助他停下来。无视他是没用的。执着的孩子只会哭得更大声，哭更久。

面对执着的孩子，清理工作可能是又一难题。这个坚定的孩子要用到桶里的每块积木，才会停下来，去吃晚饭。

执着的孩子会坚持自己的任务。如果他们想要一块饼干，他们会反复回来要，直到自己得到一块。他们以目标为导向，不愿轻易放弃。

令许多性情儿的父母困惑的是，性情儿既执着又颇具感知力。他们想知道，性情儿怎么能够在瞬间忘记父母的指示，却记得十英里外自己最喜欢的餐馆，还非要去那里。答案很简单。性情儿在对某个想法、活动感兴趣，并受其驱使时，会很执着。如果这个想法是他们自己的，他们就不会放弃。如果这个想法是你的，他们则会对周围别的事情更感兴趣。

这个世界需要执着的人，但是作为他们的父母，你要预料到，自己需要投入更多精力、使用更多技巧来赢得他们的合作。不过，如果他们能将这种执着与灵活思考、创意解决问题的技巧结合起来，他们的前途不可限量。

3. 敏感度

你的孩子对轻微的噪音、情绪，以及气温、味道、质地上的差异感知如何？某种食物、衣服上的标签、恼人的声音或你的压力程度会很容易引发他的反应吗？

1分	2分	3分	4分	5分
通常不敏感				**非常敏感**
能在吵闹的日常环境中睡觉				必须在安静环境中才能入睡
不受粗糙织物的影响				只穿接缝线缝得刚好的袜子
不会因奇怪的气味烦躁				会抱怨光线、噪音、气味（在人群中表现尤为突出）
什么都吃				挑食
不会察觉到你的压力				会把你的压力表现出来
不会对事物感觉如何过度关注				对事物感觉如何（愉悦或难受）有很强烈的反应

研究人员观察发现，孩子对周围景象、声音、气味的反应方式差异很大。有的孩子似乎完全不在意粗糙的衣物、吵闹的噪音、奇怪的气味，而有些孩子却极度敏感。

性情儿天生就有一套超级传感器。尽管许多孩子能在全是人的屋子里睡着，但性情儿会非常清醒，听到每一种声音、看到每一种景象。在酒店或祖母家睡觉，可能是一项艰巨的任务。床单闻起来很怪，枕头睡着感觉也不对。敏感的孩子还会对情绪做出反应，就像家庭的应力计。

当你状态最糟糕时，他们的表现也最糟糕。

对于敏感的孩子而言,每一次经历都是一种感官的冲击。他会看到、听到、闻到其他人——包括他的父母与兄弟姐妹——可能忽略掉的事物。有一天在课堂上，麦克用这个与女儿外出的故事，向我们阐释了这种现象。

我们当地的电影院正在上映经典电影。我觉得这会是一次非常好的父女体验——只有埃莉、《睡美人》和我。她不想吃晚饭，我给她买了爆米花和糖果。她还会需要什么呢？灯一灭,她就开始尖叫。“爸爸,”她喘着气说,“这里太黑了,我什么也看不到。我全身都起鸡皮疙瘩了！”

电影刚开始，她就跳到了我腿上。

“声音太大了,”她抱怨说，紧紧地用手掌按住自己的耳朵，“我耳朵都疼了。”

我看出来她快要失控了。我以前碰到过这种情况，于是我把她带到大厅里。“埃莉,没关系,我们可以回家。我们不是非要看《睡美人》,我们也可以在网上看。”我告诉她。

“不！不！”她抗议道，“我能搞定。我想留下来。”

我们溜回座位，弯下腰从我们旁边的一家人面前走过，这家人个个都很魁梧。她把自己的运动衫拉起来，围住嘴巴和耳朵，用来降低音量。一切似乎都要恢复正常，这时，旁边的一家人开始大声咀嚼爆米花和盐味花生。

“爸爸，他们吃东西太大声了,”她抱怨道，“让他们把嘴闭上。”

我瞟了那个人一眼。只看一眼我就知道，那人至少有100千克，可能还不止。我最多也就55千克。我根本就不能让他闭嘴。于是，我决定我什么也没听见，拒绝交涉。

至少这一次，她接受了我的拒绝，把自己的脑袋往运动衫里埋得更深。突然，她捂住了自己的胃。

“啊，爸爸，我都闻到爆米花和花生味了，还有别人的口臭。我要吐了，爸爸。”

我一把抓起装爆米花的桶，塞到她面前，不过她自己也想出了办法，拉起运动衫，把自己的鼻子也一起遮住。这下，只有她的眼睛露在粉红色的衣领外了。于是我又转过头，心想这下我该可以看电影了吧。

埃莉在她的座位上缩成一团，脑袋埋在运动衫里，手还在紧紧捂着耳朵。她叹了口气，而我在想，这又是要怎样。

她透过运动衫问我：“接下来会怎样？巫婆去哪儿了？要是护士用针扎我的手指，我也会昏睡很长时间吗？”

整个看电影的过程中，她不停问问题，要我回答。我们旁边的大个子恶狠狠地瞪着我们。我偷偷往座位里蜷缩。“嘘……”我责备了她。她压低了音量，但问题还没完。

“针扎得她疼吗？如果我昏睡很长时间，你会难过吗？”（我开始觉得，这样可能还挺不错。）

坐在我们旁边的一家人换了位置，在他们努力挤出去的时候，整排座椅都跟着摇晃。她没有抱怨这一点，我真有些意外。仿佛过了好几个小时，甚至好几天，演员名单才出现。我已经筋疲力尽。她双臂飞一样地展开，跳出门外。

“我们以后还要一起看电影！”她大声说。

我心里想：“不要，千万不要！”

埃莉并不是故意要破坏他们的特别外出日。埃莉只是气质上比较敏感。她能察觉和吸收所有声音、气味、明亮的灯光以及周围环境的质地，并作出反应。正如麦克所分享的：“你几乎无法确定，什么样的刺激水平会引发她的反应。”强度上升，她就会反应非常强烈。

如果你的孩子属于气质敏感型，他会听到、闻到、看到一些甚至你根本察觉不到的事物，那么，食物、衣服、人群、吵闹的聚会，感官压力大的活动都会轻易让他爆发。如今再出现这些状况时，你不再担心他是故意调皮捣蛋，你会看到事情的本质：这是他最初、最自然的反应，你可以帮助他管理这种反应。

说起敏感性，你可能想知道，如何区分气质敏感型的孩子和患有感官处理障碍的孩子。这其实是一个程度问题。你会发现，像埃莉这样属于气质敏感型的孩子，会敏锐地发现周围环境中的刺激因素，会因此恼火生气，但在你的帮助下，她能想办法适应。于是，她可能会挑剔自己的衣服、食物、最喜欢的事情，不过，尽管她起初会有些焦躁，但她不会完全因此失控，能慢慢进入状态。

患有感官处理障碍的孩子会因某些刺激因素完全放弃，让自己的身体沉浸在某种特别的刺激中。这种反应更强烈、更紧张，也更容易出现——好像这种孩子一旦受到惊吓，马上会进入“战斗或逃跑”的准备状态。这种“驱动”非常强，以至于会影响他的日常生活，从而使他无法参与某些特定活动。

患有感官处理障碍的孩子与气质敏感型孩子不同，对于前者而言，环境的改变并不足以帮助他们。要想获得成功，他们还需要职业治疗师的治疗。

4. 感知力

你的孩子会注意到周围的人、颜色、声音和物体吗？他会经常因为别的事情分散注意力而忘记你要他做的事吗？

1分	2分	3分	4分	5分
几乎注意不到				**感知力非常强**
关注自己的任务，不会看窗外的鸟				注意到大多数人会忽略的事物
经过新漏油的地方，不会注意到上面反射出的彩虹				会花5分钟观察新漏油上的光线
容易记住、完成多项指示				容易忘记多项指示

研究人员发现，个体对周围世界的感知存在显著差异。性情儿不仅更敏感，也更具感知力。他们会注意到所有事物。在高速上驾车与他们同行，他们会指出位于路灯杆顶端上方 40 英尺的鹰。带他们去散步，他们会发现草丛中闪闪发光的硬币。

他们的感知力有时会给自己惹上麻烦，因为别人会觉得他们没听自己讲话。如果要一个性情儿去穿衣服，他可能一会儿就不见了。过了 30 分钟，你可能发现他还穿着睡衣，望着窗外的云朵；或是在去房间的路上被球绊倒，干脆就玩起了球。从邻居家的院子走到你家的院子只要 10 秒钟，但感知力强的孩子可能要走上 20 分钟。他在路上会发现草上的露珠、苹果树上的新鸟巢、花丛中精巧的蜘蛛网；他会停下来欣赏新漏油在车库地面上反射出的彩虹。

感知力强的孩子对周围的敏锐观察，让他们有着丰富的想象力。他们会指出，地摊上吸尘器划出的皇冠，意面酱在他们盘子上形成的字母 B。他们会表演故事，还会设计怪异的戏装。

在满是人的屋子里，给感知力强的宝宝喂奶几乎就是无法完成的事。在我的性情儿小组中，有个老笑话——如果你试着边讨论边喂奶，你可能会因自己的加长乳房而成名，因为每当有人说话、走过，宝宝都会含着你的乳头转过去看、听，这种拉扯非常疼。

而对于感知力非常强的孩子而言，做决策也是非常困难的事情。他们会发现所有的选项似乎都无法抗拒，于是常常做一个简单的选择也非常困难。作为感知力非常强的成人，利亚向我解释了所发生的事情。

我开车去自己最喜欢的咖啡店时，想到："我最多花 5 分钟吧。我只点我往常点的，大杯美式加奶油。就这样！"但今天早上，店里有三幅——不是一幅，是三幅——大标牌推销"南瓜风味系列"。这不是一个普通的咖啡店的早晨。这是一个秋季的早晨。

当南瓜战争在我大脑里爆发，我都能听到自己的心怦怦地乱跳。"我是不是要把我的美式换成南瓜味的拿铁呢？不，不要换。太甜了，而且你对奶制品过敏，你会生病的。要不要换豆浆拿铁？别，我讨厌豆浆。"我大脑里的混战就这样继续着，一开始好像只是我和咖啡因带来的欢乐间有道无法逾越的墙，后来却演变成湍急的河流。

就在这时，收银员问我，"需要帮忙吗？"我站在那里愣着不动，就好像车头灯照射下的鹿。我的脸在和舌头角力，最后扭曲成一团。如果这时的我是三岁，而不是三十岁，我肯定会在地上耍赖，又踢又叫：“妈妈，我要咖啡，就要南瓜味的！”两分钟后，我走了，仿佛跑了6公里一样筋疲力尽，而实际上我只是在咖啡店里待了6分钟。

“不过，”她继续讲述的时候，脸上还露出一丝微笑，“我走的时候，右手拿着中杯美式（我有意识地买少一点），左手拿着一杯南瓜味的拿铁。”

人们常常会把感知力这种特质与注意力缺陷障碍（Attention Deficit Disorder, ADD）相混淆。我们会认为无法管理的感知力属于注意力分散。感知力强的孩子与患有ADD的孩子的区别在于：前者会注意到周围的所有事物，但能处理这种信息，并最终选出最重要的信息作为关注焦点。而患有ADD的孩子，就算尽自己最大的努力，也无法分辨什么是需要关注的、最重要的信息，而且，即使自己有很强的意愿，也无法集中注意力，不能完成一项任务。

如果在感知力方面，你给孩子打了4分或5分，你要知道相比普通人，你的孩子对周围的世界投入得更多。他会需要你的帮助，学会让自己关注最重要的信息。照片、物体、颜色、图画、方向箭头这类视觉线索，都有助于他“听”你说话。给他一些时间去处理信息，最终他能有效地做出决策。

5. 适应性

你的孩子能多快适应计划中、生活规律上的变化？他怎么样应对意外？

1分	2分	3分	4分	5分
适应得很快				**适应得很慢**
很容易停下一项活动，并开始另一项				当一项活动停止，开始另一项活动时，会焦躁哭闹
灵活适应生活规律上的变化				会因生活规律上的变化烦躁
不会因意外而烦躁				会因意外而烦躁
能很快入睡，也很容易唤醒				入睡、唤醒都需要一个过程
离开公园、朋友家，或结束活动时，几乎不会吵闹				离开公园、朋友家，或结束活动时，会变得很烦躁

个体适应变化、转变的方式，也有很大差异。有些孩子几乎不会注意到这些变化。但有些孩子在面对转变，或任何一种变化时，都会感受到巨大压力。性情儿适应变化的过程通常很慢。他们讨厌意外，需要时间提前告知，才能从一项活动转移到另一项活动。唤醒、入睡也需要过程，于是睡前、起床的时间也很长。匆忙催促会让他们烦躁不安。

你以前可能还没听过适应性这个概念。也许你还没有真正注意到你孩子的反应方式。不过，适应性可能是你和你的孩子在日常生活中有摩擦的主要原因。就是这种慢适应的孩子，会在你把他想要的长方形吐司切成三角形，或当他想吃“小辣椒”，你却走到“汉堡王”就停下来时，大发脾气。对于这种孩子而言，午休时、午餐时、睡前、接送幼儿园时，都是具有挑战性的日常转变。如果校车司机、老师、育儿师临时换了人，那么性情儿这一天肯定就会很难熬。性情儿适应夏令时可能得要三周的时间。换季的时候，肯定要换不同的衣服，这可能也会成为你们争吵的主要原因。要他停下正在玩的游戏去吃晚饭，那就是对他的严重侵犯。甚至在他和小伙伴玩耍时，突然有个小朋友要加入，也会让他哭。性情儿在转变的时候，确实就是这么慢。他们往往没有意识到自己在给你添堵。他们只是需要时间去适应。

萨莎意识到，正因为诺拉适应调整很慢，所以连跑腿儿的事都变得那么难。

我以前总搞不懂，为什么每次我把诺拉放上车，再把她抱出来进商店的时候，她总是会大哭大叫。我家的老大就很喜欢和我一起做这些事。这是属于孩子和我的特殊时刻。我也想和诺拉有这样的特殊时刻。但诺拉很讨厌这样。她无法忍受进进出出一些场所。让她进门要费好大的劲，让她出门得费更大的劲。现在我知道了，她会焦虑是因为短时间内有太多转换。她只是不能很快适应这种转变。跑腿儿的事儿不适合和诺拉一起做！

了解你的孩子对转变、改变的反应方式，是赢得合作的关键。如果你的孩子适应得慢，你就要让自己和孩子都学会注意到转变出现的时刻，好让你们能做好准备。建立可预测的常规，能让他自己预知发生的事情、时间，进而大幅降低日常生活中突然崩溃的几率。同时，能减少不必要的转变就更好了，比如：吃完早饭后再上楼换衣服，而不是一开始就穿好衣服再下楼。

6. 规律性

你的孩子在吃饭时间、睡觉时间、所需的睡眠时长，及其他身体机能方面是否很有规律?

1分	2分	3分	4分	5分
有规律				**无规律**
每天几乎都在同一时间入睡				从来不会在同一时间入睡
吃饭间隔有规律				每天在不同的时间吃饭，甚至“忘记”吃饭
排便有规律				排便无规律

研究人员通过研究发现，有些孩子很容易在睡眠和饮食上形成规律，而有些孩子则需要更多成人的帮助，来建立生活规律。有时，这些孩子会午睡三小时，但到了第二天，他们又根本不睡。生活没有规律，还会影响孩子在吃饭时、睡觉时、训厕时的表现，也会影响他们每天起床的时间。

性情儿难以建立生活规律是天生的，他们的身体较难适应可预知的模式或节奏。通常，他们的“入睡窗户”只会开 15 分钟。错过这一次，你又得花 45 分钟才能让他们平静下来。

保持规律的一致性是关键。如果让这种孩子周末熬夜，那么得要一周（甚至更长时间）才能让他们恢复作息时间。这好像说明他们不太适合有规律的生活。但其实，他们只是比其他孩子更需要父母的帮助、环境的提示，来设定自己的生物钟，从而保证他们所需的睡眠。

每天定时定量让孩子吃六餐，有助于“忘记”吃饭的孩子管理血糖、保证全天所需的能量。如果你的孩子吃正餐的时候不饿，碗筷一收，他就饿了，这种方法也能让你省点心。了解他的气质，能让你们相互合作。

如果在规律性方面，你给孩子打了 4 分或 5 分，你要预料到，在你家建立生活规律会面临巨大挑战，但也是极为重要的事情。

7. 能量水平

你的孩子是否总在动，总是很忙？还是很安静，不爱动？他是否需要跑、跳，还要用上整个身体，让自己感觉良好？

1分	2分	3分	4分	5分
安静				**活跃**
睡觉的时候几乎不怎么动				要强迫他在一个地方不动，他好像随时要爆发
能坐着安安静静地玩很长时间				总是在动，坐着就焦躁不安
有时没有运动或户外活动，也对他没什么影响				如果没有运动或户外活动，会烦躁失控

研究发现，个体在能量水平上也存在差异。有些孩子能安静地坐很久，而有些孩子却总是在动。

许多性情儿都精力旺盛，但不是所有性情儿都能爬能跳。有些孩子只是精力旺盛得超出你想象。他们不走路，从来都是靠跑的。他们从门框下走过时，就总是要跳起来摸一下门框顶。在学校，他们会从椅子上摔下来；在家，会从餐桌上摔下来。他们并不是不关注规则，不守规矩；他们只是需要动而已。长途旅行车上得经常停下来让他释放血液里流动的能量，不然就会是一场噩梦。

能量水平也是 ADD 的一项主要因素。问题并不在于活跃程度或精力水平，而在于这种行为的焦点。比如，一个六岁的孩子在做作业时，就老是在椅子上扭动，还忍不住要跳下来，这就属于气质活跃型。但如果一个孩子不停地在屋子里乱碰乱撞，从来都不能完成作业，那就很可能患有 ADD。

即使是经验丰富的专业人士，也很难仅凭观察就诊断 ADD。如果你怀疑孩子患有 ADD，那么你必须要让孩子接受全面的身体检查与心理评估。

如果你的孩子属于气质活跃型，你要预料到，他需要动。你能预知这一点，并利用相应信息为他获得成功制订计划。

8. 第一反应

如果让你的孩子见生人，尝试新活动、新想法，或去以前没去过的地方，他的第一反应是什么？

1分	2分	3分	4分	5分
直接参与				**一开始会拒绝，或观望后再参与**
面临新的环境，不会犹豫				参与前会犹豫
似乎是边干边学				通过观察学习
愿意尝试新活动				面对新活动、事物会紧张
通常会遵循新的要求，没什么牢骚				如果要他做一些以前没做的事，会马上拒绝

研究人员发现，人们对新环境的第一反应方式会呈现终身差异。一些人会毫不犹豫，直接参与，似乎是边学边干。而另一些人则会退缩，似乎是通过观察来学习，他们倾向于参与以前，先调查一下新环境。

性情儿群体在这一特征上，通常会一分为二。一半性情儿会直接投入到新环境中，于是这些孩子常惹上麻烦。他们还没看，就直接行动了。另一半会犹豫不前，通常拒绝参与。他们第一次面对任何事物，都可能会哭，会在地上耍赖，又踢又叫。对于大多数家长而言，就是这后一半孩子给我们带来了最大的挑战，因为我们的文化往往更支持进取型的人。

我们在早期就能发现，孩子回应新环境的方式。劳拉还记得海兹尔第一次洗澡时歇斯底里的反应。

“你要是看了她第一次洗澡的视频，你可能会以为视频颜色有点问题，因为她整个人都是紫色的。其实颜色没问题，她就哭得那么厉害。”

不管是第一次洗澡，上学第一天，新食物，新的安全座椅，还是第一次上游泳课，许多性情儿不想尝试，坚称自己不喜欢。我们要认识到这是第一反应——而不是最终决定。通常情况下，给他一点时间和支持，当你将新的体验分解成可管理的小步骤，你的孩子会改变主意，而且会非常享受参与的过程。

莉莎意识到，是麦洛的第一反应让家庭外出活动变成突出矛盾。

我已经计划好那天去看圣诞老人。去市区看圣诞老人本来会是很有意义的事情。我非常兴奋，因为我知道这会是激动人心的一天——能看到所有的圣诞装饰，和圣诞老人交谈，然后再来上几块传统的小姜饼，就像我小时候总吃的那种。我没有事先告诉麦洛，当我告诉他的时候，他开始哭闹。他不愿意穿外套，我刚给他戴上手套，他就自己扯了下来。我只得把他抱上车，他还一直又踢又叫。我不停告诉他："你会玩得非常开心的。我们要去见圣诞老人了，你会非常喜欢的！"我非常生气。他毁了我的特别外出活动！一路上，他都撇着嘴，哭了整整30分钟。我干脆把音乐调大声，随他哭去。不过，我觉得他那次只是需要时间来适应。当我们到了目的地，他看了展品，然后坐到了圣诞老人的腿上，告诉他自己想要的所有东西，那一刻，他看起来是那么可爱，那么招人喜欢。事后，我意识到自己还是挺幸运的，因为还有很多孩子根本就不愿意坐到圣诞老人腿上。之后，我们两人都睡了两小时。我感到筋疲力尽，发誓再也不干这种事了。

今年，他对我说："妈妈，我们今年什么时候去看圣诞老人啊？那可有意思了。"我恨不得当场掐他一下。

面对新环境，你的孩子通常是什么反应？如果你选了4分或5分，你要预料到，你的孩子面对新环境会退缩。你能预知会发生什么事情，不再感到失望，你知道，如果你和他一起努力，他说不定就会改变主意。

9. 情绪

你的孩子是感到快乐满足的时候多，还是严肃认真、喜欢分析的时候多？

1分	2分	3分	4分	5分
通常很积极				**更严肃、善于分析**
通常情绪不错				通常很严肃
积极				能看到缺点，发现待改进的地方

第九种特征描述的是情绪上的差异。切斯和托马斯通过观察发现，许多孩子通常都会很快乐、积极、面带微笑。相反，另一些孩子，往往会更严肃、更善于分析，更容易发现人或事中的缺点。

在我的性情儿班上，约有一半的孩子，通常会有积极、快乐的情绪，而另一半绝对会让父母头疼。他们往往会更严肃，哭得更多，而且总是表现得更消极，因为他们总被成人要求再做得好一点。我们希望孩子们习惯接受成人的改进建议，但成人是否想过，当你在餐厅花了不少钱，却因在沙拉调料中稍微多加了点香醋，就让你接受孩子的建议马上回家，也是有点困难的。

当被问及“今天在学校怎么样？”这类问题时，较为严肃的孩子会以“无聊”“没什么意思”“还行”这类评价回复。就算他们去了最喜欢的自然中心参观，他还是会告诉你，他今天没干什么有意思的事情。他们并不是故意要表现得不欣赏或不感兴趣。他们只是更多地从分析的角度来看这个世界。

如果你的孩子属于分析型气质，你会预知自己将得到评估性的回应——或没回应。这个孩子不会因为一次外出或一份礼物就欣喜若狂，不过他倒是可以给出相应的改进建议。当你意识到，他的这种回应是最自然的第一反应，并不是故意和你作对，也不是不懂感恩，你可以教他圆通得体的技巧，学会尊重他人感受。

不过，如果孩子在情绪上突然有很大转变，并不代表他们的气质变了，而是他们很可能患了抑郁症，需要引起注意。如果你担心孩子的心理健康，应让他接受全面的医学检查。

现在，回顾一下每项气质特征，并计算总分。在以下得分范围中，选中你的总分。

得分

9 ~ 18 分	19 ~ 28 分	29 ~ 45 分
低调冷静型	生气蓬勃型	性情型

当然，这并不是一项科学分析，而只是一幅草图，才刚刚在孩子人格全景图上画了几笔，一瞥他的真实面貌。你可以借助这幅草图来了解你的孩子是什么样的人，他具备什么天赋，又会给你带来哪些挑战。就好像谷歌地图，定位你的起点，帮助你规划最佳路线，并预测你会在哪里遇到困难。如果你的孩子是气质强烈型，现在你就能知道了，你会预料到她的强烈反应，教她如何化解自己的强烈反应，或适当疏导。如果你的孩子不喜欢陌生环境，你能预知到她的反应，教她所需的社交技能，有礼貌地表达自己，并教她一些能让自己感到更舒服的小技巧。

气质是真实的，是内在的。气质并不是可怕的两岁、六岁或十三岁，它并不会随着时间消失。你的孩子不能自己选择气质，你也选择不了，但是，了解孩子的性情，能让你预知孩子最自然的第一反应，并为他获得成功制订计划。

④ 相同与不同
拼接父母与孩子的气质画像

我们每个人的发光方式都不同，但丝毫不逊色于他人。

——阿尔伯特·爱因斯坦

格雷琴在父母小组里，总是最后一个发言。她会关注别人的言语和动作，评论总是很少，而且很零散。她的女儿亚瑟是这样一种孩子：未闻其声，先“觉”其人；未见其人，先闻其声。格雷琴所看到的气质画像，和她所向往拥有的孩子完全不一样。

“我从没想过，我会有个像亚瑟这样的孩子，”她说道，“我本以为，我会花上几个小时抱她、和她说话、唱歌。但亚瑟却天生是个活泼热情的孩子。她很小的时候，就喜欢我们抱着她到外面看看。我还记得，在她 14 个月的时候，我扶着她坐在我腿上，我抽噎着想，‘你为什么就不能和别的孩子一样呢？我为什么就不能让你成为我期待的那个样子？’”

“我试着和我的妻子说这件事，但只要我一说，她就会生气。对她而言，这根本就不算什么问题，但这对我来说却是问题。我的脑海里始终会幻想自己的梦中孩子。我会想她本来的样子、应有的行为以及我们之间的情感关系。但事实却是完全相反的。”

忘掉梦中的孩子

你孩子的气质画像,可能和你期待的或想看到的不同。就像格雷琴,忘掉你的“梦中孩子”,可能是你们作为父母最难的一件事。你可能会发现,自己会因从未真正拥有的孩子而哀伤。现实总是很打击人——你的性情儿不可能转变成你想要的样子,什么应急办法、十个简单步骤、或完美的惩罚都没用。

你的悲伤情绪会影响你的判断。这种情绪会让你忽视孩子的特质,也会强迫你自己投入大量时间和精力,拼命地想要改变孩子,让他符合你对“完美”孩子的期待,而这种完美孩子根本就不存在。

朱利叶斯·西格尔(Julius Segal)曾写道:“否定孩子与众不同的天性,就是否定人类发展的一项核心事实:个体差异从出生之刻起就展现出儿童自身的特点,这种差异的范围是超出我们想象的。”

关注情感关系

来到我们生命中的性情儿,不仅有显著的身体特征,也有内置的性情倾向。我们无法控制孩子的基本气质,但是我们能选择改变自己的回应方式。我们不再把孩子视为“难题”,而是集中精力探索更有效的沟通、合作方式,享受共处时光。

哈佛大学研究员杰罗姆·凯根(Jerome Kagan)在一次交谈中,对我说:“我试着改变自己所爱的人,而当我们无法改变的时候,彼此之间就有了摩擦和冲突。其实人并不是那么容易改变的。人类交往中最大的一个悲剧就是，我们相信‘意愿’能改变一切——但其实并不能。”

为自己未实现的梦想流泪、悲叹，这没什么不对。不过，你的孩子需要你继续前行，忘掉梦中的孩子。这样，你才能与你的性情儿建立良好的情感关系。现在就来关注自己的孩子，了解他独特的气质类型，探索每日与他共处的方式；发现他的“画像”中的美。

合作：气质与纪律间的联系

凯文高大魁梧，有着浓密的深色胡子，棒球帽拉得很低，让人看不到他的眼睛，他用力推开了桌子，怒视着我：“我没搞懂。这些都和纪律有什么关系？”

我马上站了起来，拿起一支白板笔，画了一团火焰。还好，虽然我的艺术表现水平有限，火焰好歹还是有个样子。

“你们怎么灭火？”我问。

“水！”凯文不耐烦地说。

“那油火呢？”我追问。

他对我翻了下白眼，然后回答：“把炉子关掉？用小苏打灭火？”

“那要是森林火灾呢？”

凯文这下被激怒了，猛地将手臂举向空中。

其他人也加入进来，大声说出答案，最后我们有了一份详细的清单。

- 点放迎面火
- 清除可燃物

●使用阻燃剂

教室里渐渐安静下来，我问道："如果你们用水去灭油火，会怎么样？"

"火势会疯狂蔓延。"曾接受过专业消防员训练的杰森用具有权威的口吻说。

"如果是营火，我们能点放迎面火吗？"我追问道。

"不能！"大家异口同声地反驳道。

"对！"我坚定地说，手也跟着在空中快速挥动。"要想选择最有效的灭火策略，你首先得知道是什么在燃烧。气质能帮你分辨火源——你的孩子会有一些你不赞同的行为，而情感与需求是背后的火源。"

作为性情儿的父母,你会觉得每天的生活完全靠运气。一次又一次，你的孩子突然崩溃，而你完全不知道发生了什么，也不知道为什么会这样。有时你会感到非常无力、无能，你甚至都想举手投降，想问："为什么是我？为什么我养了这样的孩子？"

当你意识到，孩子有自己的行为模式，你能预知他的潜在燃点——你突然就能控制态势了，孩子突然崩溃的几率大幅降低。发现"火源"，及时切断（至少有时可以），采取适当防范措施，必要时选择最有效的方式，以阻止错误行为进一步蔓延。

研究表明，如果你认为孩子是被宠坏了，或就只是在哭，你常常会严厉地回应，而不会认为这是他的信号或需求。了解气质，有助于你发现他的需求，同理地回应他。你会懂得，你的孩子正面临挑战，而不再认为他是试图让你难堪。

纪律和惩罚不是一回事。纪律意味着引导。你了解了气质，才会具备引导的技能。

接下来，我会帮助你们，让你们能看到每天的麻烦与孩子气质之间的联系。一旦你发现了两者之间的联系，你就能制订策略，应对每一种气质问题。

比如，以前当你叫孩子吃午饭的时候，他不吃，你可能会觉得他不听话。现在，你了解了他的气质，你会发现，他这种不情愿的反应其实是因为他适应得慢，也可能是因为他生性执着。他并不是故意要和你作对。

孩子如果适应得慢，那么就需要时间来从一项活动转移到另一项活动。你可以学习一些尊重他的气质的技巧，从而赢得他的配合。你可以提前告知他，10 分钟以后就要吃午饭了，好让他有时间过渡。你也可以帮他建立一致的作息规律，比如收好玩具或看一本书以后，就直接去吃饭。这样一来，即使他适应得较慢，他也能有足够的时间，从一项活动顺利地转移到另一项活动，并形成规律。

当你们能共同努力的时候，你也可以教他使用一些你希望他用的语言，比如："有时，我会很难停下来""我希望再给我一分钟""我马上就来""我们来谈谈今天的计划吧"等。这样一来，你们之间的关系会更亲密、更健康，因为你是在接纳他的气质，而不是试图改变他的气质。你也能教他获得成功所需的技巧。

认识到你与性情儿间的相互影响

在谈到性情儿的气质时，我也会谈谈你们的气质。与你的性情儿建立良好的情感关系，是个双向反馈的过程。你要了解自己的反应，也要了解孩子的反应。有时，你觉得与他共同生活具有挑战性，但起因并不是性情儿的反应强度，而是这些反应与你自己的反应的匹配程度。了解你自己的气质，有助于你与性情儿相互合作。

在第3章，我们回顾了气质特征，给自己的孩子画了一幅气质画像。现在，我想要你们给自己也画一幅。使用以下图标，找出自己在每项特征集合中的位置。找出成人的气质特征会更难一些,因为可能会与动机、学习到的技巧等混淆，但请尽量回忆在以下各种情况中你的典型反应。请记住，世上没有完美的气质。

当你画出自己的气质画像时，你可以拿来与你孩子的画像比较一下。你们有多相像？你们又有多不同？你们在哪些方面很融洽，又在哪些方面会擦出火花？通过这些信息，你将与你的性情儿逐步建立更高效的互动关系。

看看自己的气质

1. 反应强度

你的情感反应有多强烈？你觉得自己会很快变得焦虑不安吗？或你的反应较为低调？

1分	2分	3分	4分	5分
轻微反应				强烈反应

2. 执着程度

你正在进行某项活动，这时如果要你停下来，你会很容易就停下来吗？当你进行的任务带来挫败感时，你觉得你会轻易放弃，还是会逼自己继续进行？

1分	2分	3分	4分	5分
容易放弃				“锁定”状态，不放弃

3. 敏感度

你对轻微的噪音、情绪，以及气温、味道、质地上的差异的感知力如何？某种食物、衣服上的标签或恼人的声音会很容易引发你的反应吗？

1分	2分	3分	4分	5分
通常不敏感				非常敏感

4. 感知力

你会敏锐地注意到周围的人、颜色、声音和物体吗？你会经常因为别的事情分散注意力而忘记你本要做的事吗？

1分	2分	3分	4分	5分
几乎注意不到				感知力非常强

5. 适应性

你能多快适应计划中、生活规律上的变化？你怎么样应对意外？

1分	2分	3分	4分	5分
适应得很快				适应得很慢

6. 规律性

你在吃饭时间、睡觉时间、所需的睡眠时长及其他身体机能方面是否很有规律？

1分	2分	3分	4分	5分
有规律				无规律

7. 能量水平

你是否总在动，总是很忙？还是很安静？你是否需要锻炼，让自己感觉良好？

1分	2分	3分	4分	5分
安静				活跃

8. 第一反应

面对新想法、新活动、没去过的地方或陌生人，你（通常）会有什么反应？

1分	2分	3分	4分	5分
直接参与				**一开始会拒绝**

9. 情绪

你是感到快乐满足的时候多，还是严肃认真、喜欢分析的时候多？

1分	2分	3分	4分	5分
通常很积极				**更严肃、善于分析**

得分

9 ~ 18 分	19 ~ 28 分	29 ~ 45 分
低调冷静型	生气蓬勃型	性情型

现在你们有了自己的气质画像！

和你孩子的那幅比较一下，你看到了什么？

“我能看出杰登很敏感，但我不是，”麦克在课堂上完成这项练习后说道，“怪不得他有时会因为衣服不舒服抓狂，而我不能理解。我只是想象不出他是什么感觉。”

“看起来，我们两个都很敏感，”艾比回应说，“我们两个真是在一个频道，但这也意味着，那些让她心烦的声音，也会让我恼火。她需要我去帮助她保持冷静时，我根本就没有精力顾及她。我得用尽全力先让自己冷静。”

“亚瑟和我都属于反应强烈型，”格雷琴补充道，“我们都会因为同样的事情发脾气。”

“也许我们在餐桌上的争吵都是因气质而起，”萨拉评论道，“在我家里，大家坐在一起吃晚餐是每天的特别仪式。我非常珍视这个习惯。但是凯文，”她一边说，一边用胳膊肘戳坐在旁边的凯文，“和我们的儿子，总是边吃饭边在厨房里晃。他们两个都不能好好坐在餐厅的椅子上吃饭。我以前一直以为他们是故意气我，但现在看了这个表，他们两个在精力这项上都得了 5 分，而我只得了 1 分。我们只是不一样而已。也许这就是问题所在。”

凯文点点头，说："工作了一整天以后，我就是不能再坐着不动了。我要活动一下。萨拉总是很难理解这一点。”

不管你是性情父母，还是冷静父母，这都不重要。两者各有优劣。重点在于，你们要认识到，你和你的孩子，以及其他家庭成员有多相像，又有多不同。什么诱因会让你发脾气？在什么时候，你们理解彼此的反应有困难？这种理解能让你以更有效的方式去回应对方。

一周后，萨拉和凯文来到教室时，笑容满面。“猜猜我们做了什么？”萨拉笑着对我说。

我耸耸肩，回答："猜不到呢。”

“我们买了新的餐椅，”她兴奋地说，“新餐椅可以摇晃，可以滑动，还可以旋转呢！现在，凯文和儿子可以随心所动，但他们始终还是在餐桌旁，仍坐在椅子上。他们很开心，我也很开心。”

萨拉和凯文了解了彼此的气质差异，从而能尊重彼此的需要，并以双方都认可的方式回应彼此。他们用创意解决问题，化解了可能演变成因各自意愿而争论的矛盾——这是一种更有效的沟通方式。

顺便说一下，如果你在“第一反应”中勾选了 4 分或 5 分，你要预料到，自己在改变与孩子间的关系时，需要付出更多的努力。这就是你自己的特质。你在接触新观念、新环境时，会更谨慎。请记住，给自己一点时间去深思。你的第一反应可能不是你的最终决定。好好想一想，再做决定。

TWO

PART TWO 与性情儿合作

❺ 外向与内向：
发现应对的能量

当我一个人在家带孩子的时候，只要能打个电话、能有机会与其他成人交流，后面的几小时我就会更有耐心，这让我忽然开了窍。

——凯蒂（三个孩子的母亲）

校车在附近的街区开过，每到一个拐角停车时，孩子们都会从车上涌下来。我走到门口，打开门锁，等我的性情儿子和生气蓬勃的女儿冲进来。老大乔什个子大一些，也快一些，他先到门口。他猛地推开门，把书包就扔在门厅地上，（像往常一样）无视衣柜上的挂钩，大叫道：“我今天学了遗传学。”说着，人就跑去家庭活动室里看他最喜欢的电视节目了。

克里斯蒂娜紧跟在他后面。她走到门前台阶时，停了下来，从书包里拿出作业，从门外直接扔到我面前。“我今天要上屋顶去。”她一边严肃地说，一边跟着我走进了厨房。

“今天是探索日，”克里斯蒂娜继续说，“我本来要去参加创意戏剧表演，但我临时改变了主意，于是我们三个人就跟着工程师道格。我们爬上屋顶，看了锅炉里的东西，那玩意儿还得每天检查。周六、周日也要去，就算他病了也得去，不然整个学校都会爆炸——咔嘣！”

她气都没有喘一口，就把作业推到我面前。“我今天有数学作业，还要把我的书读给你听。听我说，妈妈。我现在就想读书给你听。噢，对了，妈妈，我能和凯伦玩吗？我跟凯伦说，我要去他家的。我能去凯伦家吗？妈妈，有什么点心吃吗？”

她的问题一个接一个，都不等我回答。她回家后15分钟内，我就知道当天发生的所有事情，包括她老师的心情、她的感受，还有她第二天的计划。

我打断她讲话，去看看乔什。“关于遗传学，你今天都学了什么？”我问。“没什么……”他嘟哝着，眼睛还盯着电视。

“你现在可以给我说说吗？还是要等会儿？”

“等会儿吧，妈妈。”他回答说，同时允许我亲他的脸颊，满足“我的”需要，然后继续看电视，什么也不说。他这一天的校园生活，我什么也不知道。两个孩子，在忙碌了一天以后，选择完全不同的充电方式。

克里斯蒂娜很外向。她不只是喋喋不休，她还要从我这里获取能量。她倾向于和人们交谈、分享观念与体验，以这种方式来融入自身“以外”的周围世界。如果不花时间和她交流，她就会变得暴躁，甚至更难沟通，因为她没电了。如果我让她在我这里充会儿电，她就好了。

乔什比较内向。他并不是固执，也不是反社会。他只是更喜欢通过思考自己的观点和想法来与“内在”世界交流，而后再与“外界”的他人分享。如果给他一点自己的休息时间，他会与其他孩子相处得很好，也会与我合作。但他如果没有自己的时间，他就会变得粗暴。

我们如何获取能量

外向与内向说明了我们如何获取能量，这是人格发展的一个重要方面。我们无法选择自己偏好的方式。就和其他气质特征一样，大自然为我们做了选择，编入我们的基因中。

性情儿可能内向，也可能外向，都没关系。偏好没有对错之分。外向、内向的人都有各自的优缺点。重要的是，你得知道自己孩子的偏好，因为内向的人与外向的人给自己供能的方式是截然不同的。

外向的人通过行动让自己感觉良好。他们去的地方越多，见的人越多，他们感觉就越好。如果遇到了问题，他们就想和人交流。但是，这种活动、互动的喧闹，虽然能让外向型的人充电，却会使内向的人负载过重。

当内向的人有时间安静独处，有空间独自思考时，他们的发动机就会正常运转。让他们在讨论问题前先仔细考虑一下，有助于他们理清思路。

你确定孩子的偏好以后，就会知道他从何处获取应对的能量，也能教他在被压垮之前就给自己供能。将反应强烈表达为自信，而不是攻击性，需要付出巨大的努力。适应新环境，平稳过渡，需要消耗能量。在吵闹、拥挤的房间里，保持平和冷静，也是非常辛苦的。当性情儿的能量降低，他们就会崩溃。他们只是没有能量再来改善自己的行为。性情儿越是能以自己偏好的方式来获取能量，他当天就会越平静、越快乐。

在一期我引导的课堂上，凯尔西解释道，“我一直不明白，为什么只要有人和我们在一起的时候，利亚就会躲进自己的房间。现在我知道了，她是个内向的孩子——她需要独处的时间来给自己充电。昨天，我在照顾一个和利亚同龄的小女孩。利亚刚刚起床，还没准备好和我们玩或聊天。以前我通常会对她说，'我们家里来了客人。不和这个小朋友一起玩、说话，是很不礼貌的。'但这次，我学会尊重利亚。我告诉小朋友，利亚刚刚起来，晚点才会出来玩。她准备好了，就会出来吃早餐。30 分钟后，利亚准备好了，她们两个在一起玩得很开心。"

内向型

内向的宝宝会在家庭聚会时不知所措；内向的学步儿会和祖父母玩一会儿后，又突然把他们推开；内向的学龄儿童会在朋友来访时，突然"消失"。在学校度过一天后，他们会因各种活动、刺激筋疲力尽。他们需要休息一下，他们需要自己的空间、需要安静，好让自己获取能量。他们可以自己玩得挺开心，而他们的兄弟姐妹可能会因此感觉受到冷落。

虽然内向的人可能也会擅长社交，但人际交往，尤其是与不太熟的人交往，会消耗他们的能量。他们只想回家，躲到电视机或电游前，因为他们发觉，当自己这么干的时候，别人通常不会打扰他们。（不过长期来看，这些电子产品并不总是充电的有效途径，这一点我们在后文中再探讨。）

有时快到睡觉的时间了，内向的孩子才准备好告诉你当天的趣事。你得主动提问，才能知道昨天故事的后续，还有一些很久以前的故事的结尾。他们会零碎地跟你讲他们的烦恼和担忧。你得仔细听，不然就会漏掉一些信息。如果你只是要等到晚睡前才能知道他们当天的经历，那你还是做得挺不错的。有时，他们会过了几天，甚至几个星期才会告诉你。有时，别人（通常是较为外向的朋友）会跟你讲述某个事件，而你的内向的孩子过很久以后才会跟你提起。

在我们的社会中，每三个人中就有一个内向的人。内向的人常会被误解，也常会被迫去积极表现。这种大环境对内向的性情儿太苛刻。

外向型

外向的宝宝总要人把他们举起来，好让他们四处看看，和周围的人“交谈”。外向的学步儿会叽叽喳喳说个不停，即使他们话都说不清。外向的学龄儿童一跳下校车，就会马上告诉你当天的事情。他需要和你分享自己最新的想法。他跟着你在屋子里转，在你耳边吵吵，在你这里获取能量。甚至连你去洗手间，他也要跟着，继续自言自语。如果你提醒他，你需要一点隐私，他看起来会很惊讶，然后站到门外，但你还是可以听到他们继续讲述当天的故事。长达20分钟的独白，他们甚至都不用喘口气。还好，他马上就会去找朋友玩儿了。但如果他的朋友没空，你就还得陪着他，好让他继续在你这里充电。

外向的性情儿能把父母榨干。从他们醒来的那一刻,他们就有话说。“喋喋不休的”性情儿占满爸爸妈妈的注意力和时间，他们的兄弟姐妹会因此觉得失宠、受到冷落。

人格类型的相关理论

内向和外向的概念源自心理类型理论，最初由瑞士心理学家卡尔·荣格（Carl Jung）在70多年前提出。他认为人类的行为可分为可预见的种类与偏好。他的理论框架与切斯和托马斯的气质理论不同，描述的是人格发展的不同方面。荣格和其他气质研究人员一样，也认为我们是生来就带有某种偏好，是基因和早期生活经历的体现。

奥托·克劳格（Otto Kroeger）和珍妮特·苏森（Janet Thuesen）在《类型论》（Type Talk）中写道："荣格认为，健康发展的基础是终生培育这些偏好，而不是致力于改变这些偏好。"受到荣格的研究的激励，凯瑟琳·布里格斯（Katherine Cook Briggs）和女儿伊莎贝尔·迈尔斯（Isabel Briggs Myers）经过二十多年的研究，推出迈尔斯–布里格斯指标（Myers–Briggs Type Indicator, MBTI），来区分荣格所说的偏好。她们希望能帮助人们理解、认可个体间的差异。

今天，除了这些心理学理论，我们还有一些精准的科学工具（如磁共振成像），能帮助我们描绘出内向型或外向型的人的生理基础。经过长期研究，我们知道，随着时间的流逝，内向、外向是最稳定的特征。

发现我们自己的偏好，理解自己的不同，有助于我们精心组织外向型所需的社会活动，同时打造内向型所需的安静隐蔽环境。当孩子的能量水平高，能顺利使用应对技巧时，他们就不再会有不良行为。

发现孩子的能量源

对于我们而言，正式的心理类型研究并没有必要。如果你仔细看、仔细听，你的孩子就会给出你所需的信息。通读以下列表，在以下两个类型中符合的表述前打勾。两种类型都有一定范围。

你的孩子可能既有外向偏好，又有内向偏好，但你会想要知道她哪种偏好更多（也就是说，你看到的最多的偏好）。

如果你的孩子是外向型，她可能……

● 喜欢有人陪伴。她在群体中会精力旺盛，而不会不知所措，而且想要有更多参与群体的机会。

● 想要马上告诉你她的经历和想法。

● 通过交谈来思考。她会在家里到处走，一边找她的背包，一边说："我在找我的背包。"

● 相比倾听而言，更喜欢诉说。

● 会因打断别人惹上麻烦。

● 讨厌被赶到房间里一个人坐着。

● 无法想象你为什么想要一个人在房间里待着，总是会来找你，"让你振作"。

● 会让你知道她在想什么，感受如何。

● 总是需要肯定。当她要求你表扬她时，你可能发现自己在质疑她的自信。

如果你的孩子是内向型，她可能……

● 倾向于参与活动前，先看先听。

● 喜欢自己做事，或和自己的好朋友、家庭成员一起做事。

●如果在人群中（尤其是陌生人，或在一大群人中）太久，就会发脾气。

●不愿即刻讨论当天发生的事，要等晚些时候，甚至几天、几周后才愿谈起。

●有很强的个人空间意识。不喜欢和别人坐太近，也不喜欢别人去她房间。在人群中，她可能会稍微离其他人远一点。

●似乎很享受她在房间的“计时隔离”。

●问她问题时，一开始总是不回答。

●觉得家里的客人“具有侵略性”。

●和家庭成员交流很多，但在不熟的人面前较为安静。

统计一下，每一类别，符合的表述有几个。

总 计

_____ 外向型表述

_____ 内向型表述

如果你看了这些表述，还是不太确定，那么你在接下来的几周中要仔细观察、倾听你的孩子。同时也回想一下她以前的行为：她表现出一种行为模式吗？

在回顾每种表述时，你可能会发现你的孩子是很明显的外向型或内向型，也可能只是表现出轻微的偏好。无论哪种情况，都没关系。我们每个人能表现出外向和内向的一面，但我们都会有一种偏好。比如，我的一位朋友的女儿就属于内向型的性情儿，她给我们讲述了她女儿如何展现两种偏好："麦肯齐有一天邀了位朋友到家里来玩。我们之前谈论过内向型和外向型，所以她知道这两个词。今天她说，'我外向的那部分说，我想陪朋友，但我内向的那部分又会说，就一会儿。'"

和麦肯齐一样，如果你的孩子属于内向型，那么她可以学会享受自己外向的一面；不过，她还是会继续以内向的方式充电。外向的孩子也是如此：他们可以享受自己内向的一面，但还是会寻求激励来充电。

传统意义上的"内向"，常常用于描述害羞、不善社交的人。需要记住的是，在心理类型的定义中，内向和外向与社交技能无关，而只说明我们如何获取能量。内向型和外向型的人都可能具备人际交往的洞察力。你的孩子可以是擅长社交的内向型——也可以是擅长社交的外向型。关键是社交后的行为。内向的孩子在社交后会觉得很累，想要一点安静的个人活动，而外向的孩子在社交后会很兴奋，想要更多的活动。

这个世界既需要外向的人，也需要内向的人。我们的差异创造了一种健康的平衡，也增添了趣味。我们只是需要记住，内向的人更喜欢使用内在的能量存储来给自己充电，而外向的人会选择外在途径。

学会用语言表达需求

我们在课堂上将 21 个月大的德里克称为"未来的医药技术员"。他会咬每一个靠近他的身体，从他们身上采集血样。他还不能用语言向别人很清楚地表达自己对个人呼吸空间的需要，只要有人离他太近，他就会把牙齿咬得咯咯响。这是一种非常有效的策略，但这种行为显然需要制止。“我需要空间。”每当有人靠近他，他的老师就教他这样表达自己的需求。

一天，德里克的老师发现他变得有点焦躁，通常是咬人的前兆。“德里克，你需要什么？”她问。

他声音很小，但却很坚定，“我需要空间。”他抓起自己的毯子和最喜欢的小卡车，艰难地走下楼梯，走进阁楼下面的“洞穴”。不久后，德里克不要提问，就能用语言表达自己需要空间，通过咬人来获得自己的空间的情况就不会再发生。

对性情儿而言，要学会用言语描述自己怎样获取能量，以及自己需要什么来充电。他们如果能丰富自己这方面的语言表述，就能直接接上电源，而不会通过打人、咬人、大叫或和你争吵这些方式来表达自己。以下这些表述能辅助你帮孩子了解自己。

内向的性情儿需要听到：	外向的性情儿需要听到：
你会想好后再交谈。	你和别人共处时，就会充满活力。
你需要安静、休息来让自己获得良好感觉。	你通过谈论你的思路和感情来思考。
你喜欢独处。	你喜欢自己忙起来。
你会建立深刻、持久的友谊。	你很健谈。

当性情儿反复听到这些信息时，他们学会欣赏自己的内向或外向偏好，也知道了自己需要什么来保证能量存储。这些信息也给了他们希望，

他们会使用自己所需的语言来表达自己的需要。比如：

内向的性情儿能学会说：	外向的性情儿能学会说：
我需要空间和安静。	我喜欢自己忙起来。
我喜欢自己待一会儿。	我喜欢有人陪伴。
让我想一想。	我想聊一聊。
我需要一点时间自己做。	我们能一起合作吗?

父母知道孩子属于哪一型后，就能防止孩子的不当行为。艾丽卡的儿子杰克六岁，属于内向型。她就亲身体验到了这一点。

每当杰克放学上车后，艾丽卡就会兴高采烈地问他："你今天过得怎样？"杰克的反应通常是尖叫："你们都给我闭嘴！"拿走奖励他的电游，甚至吼他，也无法改善他粗鲁的行为。直到艾丽卡知道内向和外向的概念，她才意识到，杰克属于内向型，辛苦一天后，他需要安静一会儿。她向杰克解释说："我觉得你是内向的孩子，你虽然喜欢和人相处，但也需要自己静一静，尤其是放学后。我们来定个计划吧。见面打招呼很重要,你自己好好休息也很重要。从今天开始,你可以说,'你好！妈妈！我等下再跟你聊。'然后你就可以戴上耳机，听你喜欢的音乐，自己冷静一下。"

现在，艾丽卡和杰克都很期待放学时间。艾丽卡知道，杰克需要什么来充电，教他有礼貌地表达自己，进而他们两人就达成了合作。

内向型的能量源

你在扩充孩子的词汇时，还可以帮他保持充足的能量存储，让他更成功。马蒂·奥尔森·兰妮（Marti Olsen Laney）在《内向孩子的潜在优势》（The Hidden Gifts of the Introverted Child）中写道："内向的人需要理清自己的思路、情感和见解，来获得活力与平衡。过多的外部刺激——活动、噪音、唠叨——会耗尽他的精力。"尽管每个人的充电方式都不一样，但内向的性情儿通常会以下面几种方式来获取能量。

1. 独处时间：参加集体活动会迫使内向的人参与外部活动，会耗尽他们的精力。他们社交时，自己的精力也会随之削弱。如果你的孩子放学后，爱吵架、发脾气，那么很可能是因为他是内向的人，需要一点时间独处。

一天晚上，克里斯汀在小组讨论中，解释说："我在家给别人提供日间托儿服务，我女儿一进家门，就会欺负其他的小孩。她好像就是希望我把她赶到自己房间里。"

内向的人需要自己的私人时间。因为在群体中承受的社会压力，内向的孩子难以委婉地退出，好让自己独处。他们不知道，当自己状态不好的时候，他们需要独处的时间。他们只知道，自己在人群中就会很烦，很想发脾气。所以他们就会欺负其他的孩子，好让你把他赶回自己的房间。他们也可能突然就不玩儿了，厉声说："我讨厌你！回家去！"性情儿突然崩溃，和兄弟姐妹打架，或大发脾气，主要都是因为他需要时间独处，但自己却意识不到。

如果你的孩子比较内向，你要帮他了解自己需要独处的时间来充电。当他开始变得焦躁时，告诉他："我觉得你的身体在告诉你，你需要一点时间独处。"如果他正在和其他的孩子玩耍，教他婉转地说："我玩得很开心。我们等下再一起玩儿，好吗？"如果这样不行的话，鼓励他停下当前的活动，去喝点水，或去趟洗手间。他可以磨蹭一会儿，好让自己休息一下。这样一来，他学会适当地离开群体，获得自己需要的独处时间。

在进行其他活动以前，建立一些放学后的仪式，比如：吃点零食、在自己房间里看书、做白日梦、听音乐、自己玩，可以防止孩子发脾气。独处能恢复他的能量存储，从而让他获取之后与群体交流的能量。

感恩节过后，一位家长在我班上分享了这样一件事："塔拉走了，要自己玩。我妈妈看她走了，然后说'这主意真不错——我们都去找个地方自己待着吧。'"

内向的幼儿并不能完全"独处"，可能会选择找个安静的地方，远离人群，依偎在父母（或其他自己最喜欢的成人）身边。他们需要独处，但也要带上自己的"保镖"。

外向的人需要抑制自己的欲望，不要强迫内向的人留在群体中。如果不给内向的人那几分钟的独处时间，他就会从理智健谈的人变成活生生的吝啬鬼。内向的人是自己的好朋友。他们可以自己独处得很快乐。这是外向的人难以理解的。

正如你会给孩子制订营养需求计划一样，你也要给孩子制订能量需求计划。下次你的邻居邀你一起去动物园，然后再去野餐，你要先为你内向的孩子考虑一下。这一整天的社交生活中，他如何提取他的能量存储？你能开自家的车，让他在从动物园去公园的路上自己独处一会儿吗？你会打算在动物园的时候和邻居分开一会儿，带他去安静一点的角落看雪猴吗？

如果你不能给他提供充电的机会，那么你这次去了动物园以后，就不能再去野餐了。成功完成一项活动，总好过尝试两项活动，最终以灾难收尾。请记住，你内向的孩子的确喜欢与人相处。他只是需要通过独处的时间来获取能量。你在计划活动时，不要掏空他的能量存储。

2. 物理空间：对内向的人而言，物理空间也很重要。我最近接到一个四岁孩子的妈妈打来的电话。她说，她的孩子在幼儿园因为在排队的时候推别人，惹了麻烦。我问她，孩子有没有说自己为什么这么做。

她说："他就说，他推了站在自己旁边的小男孩，因为那男孩不应该站在那儿。"

"这我就懂了。"我回答说。

"这是什么意思呢？"这位妈妈问道。

"内向的孩子需要自己的空间。和别人分享空间，会大量消耗内向性情儿的能量。当他们累了，他们就不能很好地处理这些事。你的儿子需要知道，自己需要空间。他可以选择站在队伍的最后，给自己多一点空间。他可以学着说，'请过去一点'或'如果我有更多空间，我就会感觉舒服一点'。他如果能意识到自己需要空间，就会知道自己什么时候能量存储低，需要补充能量。"

孩子对空间的需求会有很多表现方式：有的孩子在车里非要自己的位置，否则就会抱怨别人碰到他的腿，对着他的脸呼吸，话太多；两岁的小孩会因为你拿掉他的帽子或脱下他的衣服大发脾气，不仅因为他想自己做这些事——这对两岁小孩而言很正常——也因为你侵犯了他的私人空间；七岁大的孩子会在沙发中间放一根跳绳来划定自己的地盘。

其他的迹象可能有：孩子不能容忍别人进他的房间，或在门口贴上“禁止进入”的标牌，让你知道空间对他个人的幸福和能量存储有多重要；孩子也可能在学校集体活动时间，不愿意和其他人坐得很近而惹上麻烦。

外向的人难以理解这种对空间的需求。外向的人喜欢帮助别人，也喜欢有人陪伴。对他们而言，空间从来不是问题。外向的人需要知道，对于内向的人而言，别人坐或站得太近、触摸（不想要这种接触时），或不打招呼就走进他们的私人房间，会让他们大发雷霆，耗尽他们的能量。内向的人想要自己的空间，并不是因为自私或疏远他人。即使内向的孩子还处于学步期，你也可以教他认识到自己对空间的需求，并帮他们学会用具有创意的圆滑方式来满足自己的需求。

两岁的赛斯初次进入幼儿园的时候，当别的孩子冲过去向他打招呼时，他会尖叫。别的小孩子都盼望见到他，但赛斯是个内向的孩子，需要自己的空间——尤其当他刚进入某一群体时。幸运的是，他的老师知道了怎么回事，拿出五个呼啦圈给孩子们。每个孩子都可以选择用呼啦圈来“界定”自己的空间，没有人排除在外。只有赛斯一直把呼啦圈留着，还特意放到自己的衣钩右边。

每天早上到了幼儿园，赛斯的爸爸会帮他挂好外套，再找个地方，好让他坐在自己的呼啦圈里面。他把毯子和安抚奶嘴放在自己手边，然后安静地玩一会儿自己最喜欢的玩具。他的老师会向其他孩子解释，赛斯需要一点时间和空间，过一会儿才会准备好和大家玩。其他的孩子也尊重这一有形的象征，等待赛斯。

老师也会告诉赛斯，当他准备好进入教室时，可以告诉老师。赛斯到幼儿园 10 分钟后，他会让老师协助他存放自己的呼啦圈，然后开始和其他孩子玩耍。这种安排持续了三周后，赛斯知道他可以随时拥有自己“界定的”空间，在周围的环境中感到更自在。他会走进门，暂停一会儿，观察一下大家在干什么，就开始和大家玩耍。其他人能理解、尊重他对空间的需求，让他能成功融入。

3. 沉思时间：内向的人喜欢先自己思考问题，再与人讨论。马蒂·奥尔森·兰妮曾写道：“内向的人大脑回路更长，能整合无意识的信息与复杂信息。因此，他们需要更多时间来处理信息。但内向的人也能吸收更多与新数据相关的情感和知识。”

外向的人喜欢讨论问题，而且通常会做出即刻反应。而这就可能成为矛盾的源头。外向的人坚持要内向的人谈一谈问题，但内向的人会回避，试图获取自己所需的思考空间来解决问题，进而会让外向的人沮丧。内向的人只会在有机会沉思后，才愿意分享自己的想法。内向的人越不愿意讨论，外向的人越沮丧，内向的人就会花更多精力来逃避。一旦内向的人有时间去思考，他们就会愿意讨论问题。

但是，给内向的人时间让他思考后再回应，对外向的人而言也不是件容易的事，因为他们通过讨论来处理信息，而且总是想即刻就讨论！

我写这一章的时候，正好有个例子。我的丈夫就是个内向的人，我让他说出三件他认为最重要的事情。我站在那里等他回答，他突然笑了起来。“我需要时间来想一想，”他回答说，过了一会儿他又补充道，“我知道你现在就想要答案。”他是对的。（顺便说一下，我现在还在等他的答案，不过我知道，当他告诉我的时候，他的答案会很深刻，值得等待。)

外向的人得记住，内向的人停顿、延迟回应，并不是他们“没想法”，也不是“闷闷不乐”，更不是没听到或忽视问题。给你内向的孩子一点时间，让他沉思片刻再回答，能让他获取能量。

如果你发现，当你的孩子没有即刻回答你的问题，你会感到沮丧时，改变一下你的方法，就像梅根那样。“当我意识到，我的儿子很内向，需要时间去思考的时候，我改变了自己的策略。”她有一天在课堂上告诉我们。“现在我问他问题的时候，总会加上一句‘你想一下吧，我过几分钟再过来，看看你怎么决定的。’然后我就会走开做点别的事情，当我再回到他身边时——他就有答案了。”给你内向的孩子一点时间去思考，能让你们相互合作。

内向的孩子最喜欢在睡前时间与人交谈。人们常常觉得他们是在拖延，但实际上他们有时间去回顾他们的一天，在这时才准备好与人分享。早点上床，留出至少 10~15 分钟的“交流时间”。这样一来，你们不会觉得很匆忙，也不会因为太晚而被迫终止谈话。

4. 不受打扰的工作时间：如果你曾想过，当你回到家时，为什么你的孩子很少过来问候你，那么很可能他是个内向的孩子，在保护自己的能量存储。当一个内向的人很忙时，他不喜欢你过来和他打招呼，不喜欢你等着他和你讲话。其实，如果不是你特意去找他、问候他，你可能都看不到他。如果你希望你内向的孩子掌握一些社交礼节，教他先和人打招呼，然后再去做自己的事。这样一来，你就尊重了他能量存储的方式。

帮助内向的性情儿存储能量，是帮他建立良好习惯的关键。一个知道如何给自己补充能量的孩子才有精力充分发挥自己的优点。下次你内向的性情儿开始行为不当时，检查一下他的精神能量账户。他周围的人是不是太多了？他是否被迫与人分享空间了？有人要求他快速作答吗？他的工作是否被频繁打断？如果以上任一问题的回答是肯定的，那么给他一点独处的时间——可能这样就能激发出孩子“阳光的一面”。而且，他最终能自己做到这一点。

莉比曾参加过我的性情儿课程，四年后的一天我偶然碰到她，她兴奋地对我说：“玛丽，我一直想给你打电话呢。还记得我的孩子埃里克吗？他很内向，以前只要和其他孩子玩一会儿就会突然发脾气，最后总是要和别人打架。这一点总是让我觉得很尴尬。在你的课上，我学会教他的方法，让他在自己需要休息的时候意识到这一点。他现在八岁了，昨天还和他的哥哥还有堂兄弟一起玩了一整天。他们先是玩橄榄球，然后玩捉迷藏，还踢了一会儿英式足球。我在旁边观察埃里克，他自己会时不时地单独待会儿。他会来喝点水，坐下来玩一会儿平板电脑。10 分钟后再继续游戏。过了 90 分钟，他会去趟洗手间，再和狗玩几分钟，然后再加入他们。他和别人玩了一整天，完全没有发过脾气。他现在真的学会了如何给自己充电。”

外向型的能量源

外向性情儿和内向性情儿的能量源完全不同。内向孩子所需的安静与独处，会让外向的孩子厌烦。就像内向的人一样，外向的人也各不相同，但他们有一些共通的能量源，你可以帮他们学会使用。

1. 与人共处的时间：外向的人会通过外界来收集能量。他们不仅喜欢人，而且需要人。外向的性情儿在有人陪伴时最幸福，也是最守规矩的。强迫他们待在家里，或期望他们长时间自娱自乐，会让他们筋疲力尽。如果你是外向性情儿的父母,那么你得充分利用你所有的资源。你一个人（尤其是内向的父母）根本满足不了外向性情儿的互动需求。

在我的“性情儿 Facebook 群”中，家长们也相互给出建议，来辅助外向的孩子储满能量。“把她送去幼儿园，拯救了我们两个人。”一个家长写道；另一个则透露道，“我们在公园玩了三四个小时，然后去图书馆看故事书，又去了购物中心的游乐场，参加了社区的‘爸爸妈妈和我的课堂’，又徒步去了海滩，最后还去了博物馆。一天下来，当我们回到家，我把他放下来休息时，他终于倒下了！”

如果你的孩子已经上学了，那么他的互动需求可能在学校就可以满足，但很可能他还渴望参加课外活动来给自己充电。对于这种精力特别旺盛的外向孩子，也要避免把他的活动安排得太满。因为他总是在探索新的活动，他可能兴趣广泛，而且精力无穷。他可能擅长的事情很多，所以让他学会给多项事务排序是保持平衡的关键。外向的孩子也需要一段停工期。

有时，父母会担心自己外向的孩子缺乏独立能力，因为他们总是要人陪。贝卡就是这样。

“奥莉维亚是我们家唯一一个外向的人。我们总是无法理解，她为什么总是要朋友到家里来。我总是很担心来自同辈的压力。我会想，我们是不是做错了什么，因为她看起来如此需要他人。我们试图让她‘坚强起来’，非要让她自己一个人独处，但这总会让她不高兴。现在我能理解她的行为了,也会给她更多鼓励。她变得更开心了,也表现得更好。”

外向的人会有很多朋友，也需要朋友，他们都无法想象没有朋友陪伴的日子。和朋友在一起，可以给外向的人能量。请确保你外向的孩子有机会和他人在一起，以此来给自己充电。

当你确实需要你内向的孩子单独玩或工作一会儿时，可以先让他进行一项需要自己动手的活动，然后走开一段时间。不过要保证你能听到他的声音，以便他在活动时能随时检查能量源。

2. 反馈：外向的人需要反馈（爱的反馈）来保持高能量状态，而且总嫌不够。外向的人听几句正面激励的话，就上了天，干劲十足。内向的人可能想不明白，为什么需要这么多激励。

我就是一个很外向的人，总是需要我内向的丈夫肯定我。我们之前约定好，在情人节那天做点特别的事，不用交换什么礼物。但我的丈夫很了解我。他出门上班后不久，我就发现厨房的案台上有一张情人节卡片，上面写着他爱我。一小时以后，我在我电脑键盘上又发现了一张——第二次表达他的爱。做午餐的时候,我在冰箱上又发现了一张。我激动万分，不过最好的一张是我在床上发现的。卡片的封面上就用彩虹色的字体连续写着“我爱你我爱你我爱你我爱你……”打开卡片，里面写着:“现在，你还满意吗？情人节快乐。”下面就是乔的潦草签名。四张卡片差不多就满足了我所有的需要！

外向的性情儿需要反馈来充电。当他要你的肯定、回应时，他不是在抱怨。当他需要你鼓励的言语时，也并不是因为他缺乏自信，而是因为反馈能补给他的能量存储。

给外向的性情儿足够的反馈，会耗尽你的精力。你需要教他，除了你以外，他也可以向另一位家长、祖父母、朋友、老师、邻居要求关注和回应。你也要防止自己的能量账户超支。

3. 需要他人帮助自己思考：外向的人通过交谈来思考。他们需要与一个愿意倾听的人交流，来解决问题、缓解自己的压力。很多时候，他们并不需要听者的回应。他们只是需要一个表达自己的机会，来解决他们的问题。曾有人无意中听到前明尼阿波利斯的警察局长托尼·博扎说，“我的嘴比我的脑快大概 11 分钟，我说的话总能把自己吓一大跳。”

一定要让你外向的性情儿有机会告诉你他的烦恼与担忧，与你分享他的想法。他不只是在唠叨，他是在思考、充电。

外向的性情儿需要交谈来思考，会让自己在学校惹上麻烦。他不遵守讲话的纪律。老师会问全班同学一个问题，希望孩子们在回答问题之前先举手。但是，外向的性情儿只听到问题，就马上回答。他的思路会以语言的形式涌出。

让你的孩子意识到，外向的人很难在思考时不说话，有助于他克制自己的回应。称赞他的好主意，但是要向他解释，在教室里，他要等老师叫到他的时候才能说出自己的想法。如果能找到一个经常把孩子分组、能让每个孩子自由讨论的老师，就更好了。这样，是否举手也就根本不是问题了。我们会在第 21 章详细讨论这一点。

你也要教你外向的孩子，让别人知道自己只是“通过交谈来思考”或大声地进行头脑风暴。他并没有做出决定。否则，他可能会激怒别人，因为别人事后会以为他改变了想法。

识别你自己的能量源

在你努力了解自己的性情儿时，你也要了解自己。你从哪里获取能量？你的偏好是什么？

为帮助你确定自己所属的类型，我总结了以下这些问题。通读这些问题。在每个类型中符合你的表述前打勾。你可能会发现，在内向和外向的分类下，都有一些符合你的表述。这是因为我们每个人都会呈现两种偏好。仔细看、仔细想：哪一种让你感觉最舒服？哪一个会是你的第一选择——不是别人教你的，而是真正适合你自己的选择？许多内向的人没有意识到自己的内向偏好多过外向偏好，是因为别人总是告诉他们，内向就是不善社交。于是，很多人压抑自己的这种偏好，去取悦他人，以至于都快失去自我真实的一面。作为性情儿的父母，你要保持自己的高能量，首先要找到自己的能量源。

如果你是外向型，你可能……

- 忙了一天以后，想要和人聊一聊。
- 面对一个问题，马上就会有答案。
- 周五晚上想和朋友在一起。
- 总是奔忙于多项活动之间。
- 需要而且喜欢听别人说爱你、喜欢你的工作成果。
- 一开始只是约几个朋友来吃晚餐，结果发现自己把邻居全约来了。
- 会把你内向的性情儿从她房间里叫出来，还要她约几个朋友玩。
- 通过和别人讨论方案来解决问题。

●能自然地开启对话。

●会去接保姆。

●愿意暴露自己私人的事情。

●离开聚会时，常常会责备自己说得太多，倾听得太少。

●喜欢而且需要与人互动，当你一个人、或单独和年幼的孩子待太久，会觉得筋疲力尽。

●会马上与人分享新想法或新体验，而且会在讲述的过程中找到快乐和能量。

如果你是内向型，你可能……

●忙了一天以后，会坐下来玩平板或看电视。

●只要有人愿意给保姆打电话，你愿意做任何事情，甚至清洗马桶。

●周五晚上根本就不会想和朋友在一起。

●长时间在一大群人中会觉得筋疲力尽。

●只和非常亲密的人分享私人信息。

●回答问题前会先思考，而且经常会责备自己没有分享所知道的答案。

●外向的人经常会问你两遍同样的问题，因为他们认为你的停顿表示你没听到问题。

●喜欢和家人或特别的朋友（而不是所有邻居）一起吃晚餐。

●在大家庭聚会时，你会躲在洗手间，或出去遛狗。

●厌倦总是要对外向的人说：他们工作做得很好，你有多爱他们、多欣赏他们。

- 大家都知道你会用糖贿赂你的孩子，换自己 5 分钟的宁静。
- 很晚才睡，好让自己有点“独处时间”。
- 会去健身，把孩子送去托管，然后自己躲在桑拿间里。

数一数每个类别中符合你的表述有几项。如果外向型的表述较多，那么你的能量源来自外部。如果内向型的表述较多，那么你的能量源来自内部。

总 计

_____ 外向型表述

_____ 内向型表述

补充你的能量存储

了解你自己所属的类型，有助于你了解自己对孩子的反应，并满足自己的需求。

劳拉意识到自己是内向型的人，也就能接受自己对空间的需求。

“当我的女儿在我身上爬来爬去，把脸贴到我面前跟我讲话时，我会很焦躁，我以前总是不知道为什么。现在我明白了，她很外向，喜欢和人亲近。而我是很内向，需要自己的空间。我以前把她推开的时候，总觉得自己太凶了。现在我会让她知道我爱她，但我需要我自己的空间！”

对史蒂夫而言，接受自己所属的类型，也就不那么内疚了。“这是我有生以来第一次不再觉得自己反家庭，”史蒂夫分享道，“我是个内向的人，需要独处的时间。我以前一直因此感到内疚，因为感觉自己好像反家庭。现在，我们都知道我为什么需要时间独处了。我的妻子也不再因此生气，因为她知道，我在独处后会再与他们共处，而且会更开心、更专注。”

梅根现在也知道，为什么自己和孩子在家待了一天后，自己会觉得很累，尽管自己很享受这个过程。

“我是一个非常外向的人。我需要他人。我以前并不知道，和孩子的互动并不能满足我作为外向成人的需求。我喜欢在家陪孩子，也并不想改变这一点。不过，我开始安排许多和其他父母一起的活动，而且我也用手机和他人保持更频繁的联系。我的能量在上升。我的丈夫也注意到了这其中的差别，也能理解。”

马拉松运动员知道，即使他们训练有素，他们仍需要经常停下来饮食，才能完成比赛。如果你是内向的人，每天为自己安排一点独处的时间。起早一点，在洗手间获得一点私人空间。在距幼儿园一个街区的地方停车，听一下自己最喜欢的音乐，然后再去接孩子回家。不用每个周六下午都匆匆赶去杂货店买东西，自己小憩一会儿，即使你的晚餐又是花生酱三明治。

如果你是外向的人，确保你有机会和其他成人交谈。如果你在上班，利用午餐时间和朋友去散散步。安排固定的“孩子睡觉时间”来和伴侣、或其他成人交谈。如果你是在家照顾孩子的父母，计划一下日常外出活动，既可以让孩子玩耍，也让你能和其他成人互动。

所有这些活动都能让你疲劳的大脑和身体休息片刻。照顾好你自己，好让你有精力照顾好你的孩子。这是性情儿父母所必需的。

合作：如何共处

一旦你知道你的孩子和你自己的能量源，你就可以利用这种信息来找出你们相同和不同的地方。这样一来，你们就可以相互合作，保持每个人的高能量水平。不然，你们就无法相互配合，就像琳赛和她的儿子那样。

早上八点钟，电话就响了。“玛丽，你现在有时间吗？我需要和你谈一会儿。”我刚说完“你好”，电话那头就开始说话了。打电话来的是琳赛，我从她的语气就知道，这个谈话肯定不是一会儿就能完的。

“好。”我回答道，清楚地知道我们谈话时间肯定会延长。

“我不知道怎么去关注索亚。”她说。

就我所知，琳赛是一位尽心尽力的母亲，她说出这样的话，引起了我的兴趣。

“他总是在错误的时间要我的关注。”这下我就明白了，“当他放学回到家时，我准备好和他谈一谈，但他没准备好。当他准备好交谈时，我在做晚饭。我总不能停下手中的事，去和他交流吧。我饿了，而且我想吃饭！晚饭过后，他就精神了。到了睡前时间，他马力十足，而我已经非常累了。‘妈妈，我要给你讲我的想法！’他强烈要求道。”

“我唯一的回应就是勉强单调地说，‘睡觉去，索亚。’”

“‘你从不和我交流，’他抱怨说。”

“然后我就开始大叫，‘别拖拉了！赶快去睡觉！’这一天就这样结束了。我筋疲力尽，而他却没有机会分享他的故事。我们的能量总是无法契合。我们都愿意分享，但时间总对不上。感觉好像我们永远都连接不上对方。我都不知道该怎么做了。”

琳赛和她的儿子总是“错过”对方，因为他们获得能量、分享信息的方式不同。作为一个外向的人，琳赛想在儿子回家后马上和他交谈。而索亚是个内向的人，他需要独处的时间来充电，然后才愿意交谈。琳赛觉得索尔不理她，不愿和她分享自己当天的经历。索尔觉得妈妈把自己逼得太紧，反而躲得更远。之后，当索尔准备好交谈时，琳赛已经因为愤怒耗尽了精力。这时的她又累又伤心，根本就不能好好倾听。

在我们的交谈中，我向琳赛解释了内向的人和外向的人之间的差异。一旦她理解了他们能量源上的差异，她就能想出新的方法。她决定每天索亚刚到家时，不再要求他和自己交谈，而是打电话找朋友聊聊天。交谈能补充她的能量存储。之后，当索亚准备好交谈时，她也能量充沛，因为此前和朋友有过互动。她不会因为愤怒而耗尽精力，因为现在她知道索亚是在充电，而不是躲避她。

如果我们独自生活，人格类型对我们没什么影响。只因在情感关系中，我们需要了解彼此的作风，想出共处的方法——分享想法、解决问题、充电——而不会耗尽对方的精力。

当你能看出内向的人和外向的人各自的需求，你就更容易接受、欣赏你自己和你孩子的作风。你能更频繁、更自在地获取能量。这不再是麻烦，也不再侵扰他人。你们能保持高能量水平。好日子开始多过糟糕的日子。

总结一：
如何与内向型孩子相处

内向的人通过独处、或与一两个亲密的人在一起来获取能量。他们更喜欢从内在和世界互动，深思熟虑后再与人分享自己的思路与想法。他们通过享有独处的时间与空间来消除疲劳。如果他们能得到独处的时间与空间，他们就能和其他孩子很好地相处，也会更配合父母。但如果他们得不到，他们就会变得暴躁易怒。

内向的性情儿需要听到：

你会想好后再交谈。

你喜欢独处。

你需要独处的时间、安静来充电。

你会建立深刻、持久的友谊。

教导小窍门：

保证你内向的孩子有独处的机会，为自己充电。

帮助你的孩子知道，他需要空间，也可以要求自己的空间，而不用拒绝他人。

期望你内向的孩子回复时，先给点时间让他思考。

不要打断他做事。

如果你也是内向的人：

意识到你自己需要时间独处，来为自己充电。

告诉他人，你在回复前需要时间思考。

认可自己的观察能力。

总结二：如何与外向型孩子相处

外向的人从他人身上获取能量。他们更喜欢通过与人交谈、分享想法和经历来参与自身以外的世界。如果他们没有机会交谈，他们就会变得苛刻、爱抱怨，因为他们耗尽了自己的精力。

外向的性情儿需要听到：

你喜欢和人共处。

你通过谈论你的思路和感情来思考。

你喜欢自己忙起来。

教导小窍门：

你外向的孩子需要别人帮他充电。

给他大量反馈。

花时间和他交流，以此来帮他思考问题。

理解他对人、对反馈的需求并不是缺乏自信的表现。

如果你也是外向的人：

不要自己一个人在家陪年幼的孩子，这样会让自己与外界隔离。

每天要安排一些和其他父母、孩子外出的活动。

意识到你需要和其他成人相处，来给自己充电。

花时间和其他人好好谈谈你面临的问题，再做决定。

告诉他人，你需要反馈。

⑥ 情绪强烈：
化解孩子的强烈情绪，从你开始

现在我知道了，有时一个人所需的只是一只可以紧握的手，和一颗理解的心。

——未知者

九个月大的达科塔有着深色的头发和深湖蓝色的眼睛，坐在妈妈的腿上，认真地听老师读故事。突然，老师开始模仿故事里的人物哭泣。达科塔身体僵硬，眼睛瞪大，嘴唇颤抖。他扭头看着妈妈，在妈妈的脸上搜寻线索。“我现在面临危险吗？”“我要惊慌地大叫吗？”“哭泣”的声音只是装出来的，故事不是真的。妈妈笑了，达科塔也笑了。妈妈并不知道，她刚向达科塔“展示了”怎样回应。

作为父母，我们会意识到，孩子有时会向我们寻求安慰。但我们可能没有意识到，孩子也会向我们（他们生活中的成人）寻求帮助，以了解自己的感受，帮助他们调节自己的情绪。我们是他们的榜样。我们焦虑，他们也会焦虑。我们能保持冷静，他们也会保持冷静。

这种自我平复的能力，即研究人员所说的自我调节能力，会带来我们身体上的生理变化。这种变化会让我们理性思考，进而能很好地应对各种情况。不过，强烈情绪丰富了我们的生活，而我们大多数人并未学会享受这种丰富的生活，也未学到适当利用强烈情绪所需的安全措施。为帮助我们的孩子了解、管理自己的强烈情绪，我们必须提高自我调节技能。当我们能娴熟地管理自己的情绪，将这些技能逐渐灌输给情绪强烈的性情儿也就简单多了。

应对自己的强烈情感

作为性情儿的父母，常常会有挫败感——尤其当命运总是打击你，剥夺你的睡眠，还赐予你一个因为要求他穿鞋都能引发混战的孩子。你忍不住将书中的所有惩罚都用到他身上，剥夺他所有的权利（从看电视到骑车到朋友家），即使你非常清楚，这样做一点用也没有。但不知怎的，你好像就这样陷入了恶性循环，无法逃脱。这时，你就对自己产生了怀疑：也许自己生来就不适合为人父母，也许自己不适合当这个孩子的父母。更难以承受的是害怕失控。

但你并不必有这种感觉，你的确有能力改变孩子的回应。

你是否注意到，你说出的第一句话要么火上浇油，要么平息了孩子的情绪？当你的方式变得柔和，你的孩子也变得更平静了？事实上，你的思维、言语和行为能够改变你孩子的强烈反应。这个过程的确要你和孩子共同付出努力，需要你有极大的耐心，可能还会有泪水。但是，学会大多数时候保持冷静的技巧，并享受孩子带来的乐趣还是可能的。

情绪理论

你孩子的身体、你的身体在一天中会经历幸福的不同阶段。你们两人是否都能保持冷静并共同合作，取决于你能否察觉到你们处于什么“区域”。我在第 2 章向你们介绍了紧张能量的红色区域。在这一章中，我们会进一步探讨这个概念，并看一看冷静能量的绿色区域。

想象一下，你站在悬崖边的情景。向右一步，你就会坠入失控的强烈反应深渊——红色区域。向左一步，你就离悬崖远了一点，走入美丽的绿色草地——绿色区域。

在红色区域时，你的身体处于一种强烈的兴奋状态。你身体内的自然警报系统开启，应激激素水平上升，体内所有系统都处于警戒状态，准备战斗。在这种状态下，你听不进孩子的言语，甚至都不想看她，就想从身体上远离她。身心都被这种生理反应压倒。于是,情绪就爆发了。

“上车！”你咬牙切齿地厉声对你女儿说。她不理你。“上车！”你又重复了一遍。但她有别的事情想做，上车现在不在她的计划中。你知道如果你坚持，她很可能就会大发脾气。

突然间，你又开始哄她，希望她能上车，但又因为她不听你的话而愤怒，气自己怎么这么软弱。为什么你要由着她来？肾上腺素开始快速流向全身，同时你的大脑向所有的系统大声宣布：“你受到威胁了。快准备战斗或逃跑！”这就是你很可能会做的事情。

一想到再次当众吵架，你就无法忍受，于是你站在那里等着，默数到十。但没用，你发现你自己猛冲向灰暗的情绪深潭，越来越深，仿佛已无法回归冷静状态。然后,你想都没想,争吵就出现了。你大叫:“快上车！就现在！”她也大叫，强度和节奏都和你相匹配。你和你的孩子就这样跳下悬崖，坠入红色区域，当你们陷入消极情绪循环时，你们呼吸困难，感觉好像溺水了。

心理学家约翰 · 戈特曼将这称为“洪水”，他解释道，“洪水对情感关系是致命的。身体反应的极端本性会阻碍人的理性思考。”

这种混乱的情绪涌动，让你和孩子相互敌对，纠缠战斗到底。谁会赢呢？但在这场战斗中，没有赢家。到头来，这场权力斗争让双方都受到猛击、伤害，也损害了你们的情感关系。你的孩子没有提升合作技能,反倒可能学会用生气这种方式来击退你。他也可能学会大声抗议，好让你听到。研究人员称，如果我们与孩子陷入敌对关系，从长期来看，孩子的行为问题会越来越多。而且更让我们困扰的是，我们与儿女之间没有了爱。

我们不想走到那一步。还好，我们也不用走到那一步。

回到那个悬崖。这次，走向左边，进入冷静能量的绿色区域。你的身心平静。在这个区域内，你和孩子都能感受到心在胸腔内缓慢深沉地跳动。你的脉搏平稳，你的孩子也是如此。你们关注对方，能倾听、享受彼此的存在。只有在绿色区域里，情绪才更易于管理。

在这个区域时，你让女儿上车。她就照做了；如果她拒绝，你能快速思考，蹲下身，到她眼睛平视的高度，表达对她无法继续活动的沮丧的理解，然后帮她找到切入点停下来。你们两人都能保持冷静，倾听对方的诉说，并相互合作。权力斗争从未出现过。

这种积极冷静的回应，能减少孩子的行为问题，因为她获得了安全感和尊重。她愿意倾听，因为你愿意倾听她诉说。绿色区域让我们与孩子间有了爱，并能让爱持久。停留在绿色区域内是我们的目标，虽然我们不能保证每时每刻都如此，但我们可以借用一些策略来增加在这个区域内的时间。

视角问题

你是否想过，那些似乎总是更冷静一点的父母是否有秘诀呢？他们的确有。那就是他们看孩子的角度。“我意识到，他就是这样的人。”阿曼达有一天告诉我，“他非常敏感。我发现，他很多时候都会害怕。他和别的孩子不一样。当我能从这个角度想问题，我就更能体会到他的感受。”

三个孩子的父亲史蒂夫解释说：“我逐渐意识到，很多时候是和生理有关，而不是和行为有关。通常让她烦恼的事情和我无关。她不是不喜欢我。她只是要在我的帮助下才能刹车。”

对莉迪亚而言，这完全是与女儿相爱的过程。“我以前总是生女儿的气，也生自己的气，因为我不知道怎样教养她，但学习了这些方法以后，我变了。我开始倾听她的心声，尊重她的观点。我不再惩罚她，而是和她交谈，共同解决问题。”

这些父母所能做的是去掉个人感情。他们不认为孩子是在针对自己，而是能退一步，意识到孩子的行为是有原因的，而不是和他们相关。正是这种意识让他们并不会觉得自己受到了攻击,从而能保持冷静。他们的心跳不会加速。他们会保持对孩子的关注，于是他们就能体会到孩子的感受，也能体会到孩子对“洪水”的恐惧。因此，他们不会走到那一步。

正是这种视角的转变，他们才会说：“她烦恼是有原因的。”“我们能解决这个问题。”“我们能相互合作。”“我们是一队的。”

检查你的自我对话

如果你发现自己以消极的方式打断孩子的强烈情绪，那么你很可能会生自己的气，也生孩子的气。你不会接纳孩子和你自己的强烈情绪，你就想尽快摆脱这种局面，好让“坏”行为停止。但如果你这样做了，你说出的话很可能会把你自己猛推进红色区域。萨莎就有过这种经历。

“我女儿好像每天早上都只要我，晚上也是如此。我以为她是故意耍计谋，惹我生气。我总在想，‘她在控制我。她在故意惹我，我不会让她得逞的。’不用说，她只要一张嘴，我就一下子跳进了红色区域。”

我们载入内部的信息成为“自我对话”。我们要把这些信息（尤其是和强烈情绪有关的信息）取出、摊开、并仔细分析。如果你发现自己心里在想或小声说以下这些信息，那么是时候改一改你的自我对话了。

她在控制我。
他在试探我。
他在和我对着干。
他不喜欢我。
她完全不受控制。
她试图逃避一切惩罚。

扔掉所有暗示斗争中输赢的信息。放下所有的挑战思维。你和孩子是在共同努力，而不是相互竞争。

扔掉分裂你们的信息	用打造你们“团队”的信息代替
她在控制我	她害怕了
他在试探我	他在探索世界如何运转
他在和我对着干。 肯定有事情让他烦恼	我感到自己现在处于防御状态， 但我在说话以前可以先倾听
他不喜欢我	也许我动作太快，声音太大
她完全不受控制	她压力很大。敏感是件好事， 能感知他人的情绪， 但她还没有学会管理自己的敏感情绪
她试图逃避一切惩罚	她在努力学习什么是对，什么是错
他故意想让我上班迟到	他难以离开我

在课堂上完成这项练习后，萨莎告诉我们：“我现在变得更平静了。对我自己有很大帮助的一件事就是告诉我自己，‘这是因为她累了。她昨天睡太晚了。’或‘我们太忙了。这段时间发生的转变太多。’这给我们两个人都带来了很大影响。”

这时，你可能认为我们在给性情儿找借口。但我们没有。我们要教他们学会更高效地管理这些情绪。但教导要始于理解。

暂停

我的朋友琳喜欢说：“与孩子合作时，慢就是快。”一个“失控”的孩子会让我们不禁陷入争吵中。我们的目标是考虑清楚后再回应。于是，我们就需要暂停。停下！呼吸！思考！深吸一口气，让大脑获得思考所需的氧气，真正增加大脑需要保持活跃部分的血流量，让你能劝说孩子，计划下一步。这时，你会提醒自己，不要大叫，不要抢走孩子手上的玩具然后扔到屋子另一头，不要给他压力，也不要批评他。所有你知道自己会后悔的事都不要做。

如果你意识到自己快要越界了，让你自己远离火场一会儿。让自己休息片刻，要好过制造权力斗争、做蠢事。

“我和他一样反应强烈，”马特在课堂上分享道，“会激怒他的事，也会让我心烦。感觉好像是两个孩子在做出反应。唯一能使我们两人都幸免的方法是：我先脱身一会儿，让自己冷静下来。”

让你的孩子知道，你现在状态也不好，过几分钟再来和他处理问题。然后走开，深呼吸十次，放缓的呼吸能让你自己冷静下来。你给出的线索，会让自己的神经系统关闭警报系统、停止战斗或逃跑的回应，并为大脑的思考部位供血。提醒自己，你的孩子失控是因为他反应强烈，不是因为你自己不称职。慢慢地，孩子从你身上学到了成熟、得到了好的指导，他爆发的频率和程度都会降低。

寻求帮助

“我和丈夫本约定，我们要共同努力——无论发生了什么。”莫莉告诉大家，“今天早上，我们亲身试了一下！”

“我知道九岁的怀亚特一醒来就开始酝酿，”她告诉我们，“他累了。他的一颗臼齿松了，挂在牙根的一角，吃东西会很难受，而且一碰就会有剧烈的刺痛。整个吃早餐的过程中，我都在听他抱怨、呻吟，然后看着他慢慢上楼梳头。我知道肯定会有麻烦。他的头发已经长得太长了，我们约了第二天去剪头发，但我的直觉告诉我，就这一天都太晚了。"

为了制造故事效果，她故意暂停了一下，才继续："我听到了他正在酝酿的暴风雨，等待我知道肯定会到来的爆发，不过我根本就不急着去制止，我还想吃早餐呢！"我们都赞同地点点头。"肯定了，我才吃了三口，就来了，'妈——妈！'他咆哮道，'我的头发怎么都梳不好！'"

"我赶着又吃了一口，"她说，"然后上了楼。他没说错，他的头发的确一团糟。他努力想要头发服帖一点，但就是没用。我扫了一眼他的化学装备：水、造型喷雾和造型泡沫——'你试过啫喱没有？'我问道。

'没有了。'他抱怨说。

我在架子上翻了个遍，然后找到几瓶用过的。'试试这个。'我指导他说。

我们一起把定型啫喱涂满了他的头。我以为会有用，直到一小撮头发又在他头顶竖了起来，就像吸盘吸在墙壁上一样。他彻底爆发了，瘫倒在床上，开始大哭大叫。我不知道该怎么办，也快没耐心了。"

说到这里，她没精打采地坐在椅子上，耸耸肩，灰心地抬了抬双手。我们等着她继续。

"我去寻求帮助了，"她解释说，"我气愤地瞪着在楼下吃早餐的丈夫。

‘我不行，’他说，‘我也要大叫了，你听他的声音。’

这时,我就给他‘脸色’看,”说着,她还向我们展示她当时的样子：双臂交叉，鼓起脸颊，斜瞪着我们。然后她继续说。

“他明白我的意思，然后上了楼。

‘我不能去学校，’怀亚特号啕大哭。

我丈夫看了一眼我们的装备。‘我的天啊，你们想要怎样？’他嘲讽地说，‘你把自己的头顶变成了有毒废物垃圾场。’

我忍不住大笑起来，儿子也笑了起来。我丈夫用幽默化解了危机。情绪爆发就这样过去了。我们尽最大努力让头发服帖了一些，然后他去上学了。”

当你陷入其中，卡住了，你要知道什么时候退出，请求帮助。如果你向共同生活的人请求帮助，你们之间可以设定一些信号，就像莫莉和她丈夫那样。用一些能清楚表明“我现在需要你的帮助！”的表情或言语。性情儿的父母必须相互合作。让他人帮助你,并不意味着失败,而是认识到并接受自己的强烈情绪和极限。

责骂和嘲笑只会让情绪强度升级。合作是必须的。你们得商量一下，孩子难过时，你们要怎样做。你们得决定，怎样能帮助、支持对方。你们通过相互合作,能取出造成孩子强烈情绪的刺。你们创造出救生索,防止自己坠入红色区域的深渊。

如果你和你的伴侣好像无法合作，请寻求咨询服务，并确保每周一次，从而推进你们之间的合作。戈特曼研究所的研究人员发现，父母婚姻不幸的儿童更容易难过，而且难过的时间更长。孩子需要你们相互合作，从而他们能停留在绿色区域，保持冷静并愿意接受你的指导。

如果你是单亲父母,你可能会觉得你找不到人帮助。单亲父母常说:“要是我打扰了朋友吃饭或家庭时间呢？”或“我不想麻烦别人。”但是,好朋友不会介意你的打扰。他们会珍视帮助朋友的机会，享受给予的快乐。在你认识的人当中，找到那些喜欢你的孩子，并且不会批评他和你的人。你要相信他们会支持你，能随时去寻求帮助。作为性情儿的父母，你要了解、善用自己的资源。有人“支持你”是关键。

首先照顾好自己

对自己好一点。面对性情儿，你的确需要思考、努力和技巧。一旦你晚上能成功让孩子睡下来，你自己的睡眠就是第一要务。当你休息好了，留在绿色区域就容易得多。睡眠让你能注意力更集中、精力更充沛、更耐心、更有效地和孩子合作。

你在晚上开始任何任务以前，先问自己是否真的需要完成这项任务。一开始看看电视、查收邮件，或上社交网站，可能会让人感觉放松，但如果做这些事情延迟了你的睡觉时间，那么可能就不值得了。如果你需要多一点时间才有睡意，可以考虑写日记来了解自己的情绪，也可以冥想、祈祷或做瑜伽。

只要记住，你可以选择提高明天美好的几率，只需关掉灯、抖抖枕头、给自己应得且必须的8.25小时睡眠。充足的睡眠能阻止你成为“问题的一部分”。

顺便说一下，如果你和伴侣睡一起，可以依偎在他身上。抚摸可以提高内啡肽的水平——我们感到平静所需的抚慰剂、镇定剂。做个美梦!

享受你的成功

在我们初次讨论管理强烈情绪两周后，劳拉露出灿烂的微笑。“这真的有效！我现在意识到，当我回到家，如果我把自己的事情先搁5~10分钟，关心一下我女儿，我就能让我们两个人都慢慢进入绿色区域。如果我这样做了，她就会很开心，我们就能坐下来吃饭。但是如果我没这样做，还因为工作的事忙得团团转，她就会像海绵一样完全吸收我的行为。然后就会开始抱怨，整个晚上越变越糟。我的行为真的有影响。”

体验到成功的不只劳拉一人。安吉拉也非常高兴地向我们汇报：“我保证我们都能得到充足睡眠，我和丈夫也合作更多。我让他知道‘我需要你的帮助，’于是我就能离开再回来，他也一直在与我合作。这样一来，我改变了自己回应儿子的方式。昨晚，我们的女儿应邀去朋友家玩，儿子也想去，但他没有收到邀请。以前遇到这种情况，我会吼他，阻止他，‘你又没有收到邀请。如果别人没有邀请你，你是不能去别人家的。’但这次，我深吸了一口气，然后听他诉说。我说，‘看起来是有点不公平。你真的很想去。我怎样能帮你，让你好受一点？’他停了下来，愿意听我说话了。然后，我们想到一起玩游戏。”

从今晚开始，写下当天进行顺利的三件事。就算是很小的成就也要写下来。“他的强烈程度以前是11，现在是7.5。虽然还是很辛苦，不过已经好很多了。”不久你就会发现，6个月以前，你几乎每天都要发脾气，现在差不多一周只会有一两次。拍拍自己的背，对自己说：“我向自己保证过，我今天不会大叫，我做到了！”

停下来享受你的成功，让你能将精力集中在孩子醒着的美好时刻，而不是反复回想那些不太好的时刻。你的进步会有记录。在糟糕的日子里，你最需要时，你能重读自己的记录。通过这些白纸黑字，你会看到自己渐长的能力和孩子技能提高的精彩片段。

性情儿会因为他们的基因组成而更有活力、更热情。但是在你的帮助下，他们的确能学会收起自己的强烈情绪，并将其重新定向。也许不是每次都能做到，但足以给你希望。通过改变你自己的反应，你也真的能改变他们的反应。

欣赏强烈情绪

当你能想到，强烈情绪在哪些方面会让生活更丰富、更有深度时，你就能更容易地面对自己的强烈情绪。我在课堂上总是喜欢开展几分钟的头脑风暴，让大家想想强烈、狂热的情绪有什么优势。

“我的强烈情绪使我擅长表演，”艾瑞克回应道，“我能完成别人无法完成的业绩。”他的声音开始变得有点激动，“我总是对自己做的事情充满激情。我能激励人。在公司，他们总是会把新人交给我，因为他们知道我能让新人成功起步，从而打造团队。”

他停顿了一会儿，珍妮弗接过话茬，“我在我丈夫身上看到了这一点。他富有激情、做事尽心尽力。他会建立深刻、有意义的情感关系。他还是个活跃的志愿者。去年，他牵头的募捐活动筹集到了一万美元，为我们学校购买设备。”

“我是个感情外露的人。”莎伦兴高采烈地补充道。

如果管理得好,强烈情绪能为我们的生活增添色彩。正是这种特征,让我们和自己的性情儿能保持生气勃勃、活泼可爱、热情洋溢。这也是空手道冠军、体操猛将、热情的创作人、充满生气的表演者、富有魅力的领导者所必需的驱动力。如果我们总能积极地理解强烈情绪，我们就能站在镜子前，骄傲地对自己说:“强烈情绪为我的人生增值。”“我没觉得强烈情绪有什么不好。”“我能接受自己的强烈情绪。”“我能帮助孩子管理她的强烈情绪。”“我不害怕强烈情绪。”

总结：
父母要先提高自我的情绪调节能力

为帮助我们的孩子理解、管理他们的强烈情绪，我们尽力提高自我调节的技能。当我们能娴熟地管理自己的情绪，将这些技能逐渐灌输给情绪强烈的性情儿也就简单多了。

你要告诉自己：

她害怕了。

他在探索世界如何运转。

肯定有事情让他烦恼。

他难以离开我。

教导小窍门：

暂停、深呼吸，然后再作回应。

寻求帮助。

首先照顾好自己。

享受你的成功：

每晚写下当天进行顺利的三件事。

就算是很小的成就也要写下来。

感激强烈情绪使你的生活更丰富、更有深度。

7 情绪强烈：
教孩子自我调节的技能

我不知道自己为什么总是走极端，不是太高就是太低，从来不在中间地带。

——比利·乔尔

梅根带着她三岁的女儿格雷塔来到我所在的酒店，那天她打扮得挺漂亮，穿着海豹皮靴，黑色流苏跃动。格雷塔身着红色天鹅绒裙子，裙边饰以白色皮毛边，再配以鲜艳的粉红打底袜。我到大厅时，格雷塔正在楼梯上跑上跑下。她们开了两小时的车来接我，而且多数时间在城内。“我找不到人帮我带她，”梅根解释说，“一开始的两小时挺好，但回去的路上就难说了。”

不顺的几率较大。那会儿已经到了午餐时间，而且午睡时间我们也在路上。梅根想等我们开车出城以后再吃午饭。刚开始的一个小时还挺好，但没过多久，格雷塔就开始有点躁动了。她坐在后座上，向我们哀求：“我要吃汉堡王。”然后，提高音量，又说了一遍：“我要吃汉堡王。”她的这个要求已经表现出一点绝望了。我们很快就下了高速，开到一家餐厅的停车场。不过，这家餐厅不是汉堡王。格雷塔的嘴唇颤抖，露出失望的表情。梅根什么也没说。她只是下了车，打开后车门，将格雷塔从安全座椅上抱下，温柔地把她抱紧。她们就这样拥抱了一两分钟。就在这一刻，奇迹出现了。梅根的爱抚让格雷塔恢复了平静。她能够调整自己的情绪，应对没有汉堡王的失望。一场可能演变成45分钟的公共场所崩溃，就这样在停车场里化解了。梅根的温暖回应让格雷塔能管理自己的强烈情绪。

强烈情绪是孩子强烈反应背后的驱动力。正是这股无形的力量，使性情儿做出每个即刻、强烈的反应。强烈情绪如果管理得好，会让性情儿体验到少有人体验过的情感深度和愉悦。这种情绪既有创造的潜能，也有肆虐的潜能，使其成为人们最难学会管理的性格特征。

性情儿并不理解自己的强烈情绪。他们不知道自己为什么大声尖叫，震耳欲聋；他们不知道自己为什么还会因为两年前死去的狗而哭；他们不知道自己为什么会因为我们眼中的小事而大发脾气。他们就是如此。

但你不必害怕他们的强烈情绪。他们的反应也许看起来完全不可预测，但其实强烈情绪体现的是身体内的生理反应。当情绪开始显现时（至少大多数时候），是可以看出的，就像梅根那样，在情绪爆发以前就想出化解的有效策略。你能帮性情儿理解、欣赏自己强烈情绪的力量，并教他们引导自己的情绪，而不是受情绪引导。这要从发现信号开始。

捕捉孩子的信号

我和同事琳正站在学校操场边上，突然，她从我身边走开，和一位站在秋千边的女孩子说起话来。“你有什么伤心事吗？”她问那个孩子。她这个问题让我有点困惑，因为在我看来，这个女孩子看起来非常满足。但是这女孩在回应琳的询问时，眼里充满了泪水，她指着另外几个孩子说：“他们不和我玩。”

事后，我问琳：“你怎么看出她不开心的？”

“我看到她眉间稍稍有点皱。”琳解释说。

多年来，我一直在观察琳，并努力让自己像她那样善于观察。近来，我总是要她告诉我她的秘诀：“你在找什么？你有什么感受？你听到了什么让你知道事情是这样的？”她似乎天生就有这种能力。慢慢地，我知道她会捕捉到一些非常具体的信号。她会看到肢体运动、面部表情中的变化，听到音调上的转变，感受到他人的感觉，这些都是我以前忽略的。

正因意识到这些信号，你才会发现孩子的情绪正逐渐增强。虽然每个孩子传递出情绪增强的信号都不一样。但是他们在发出可识别的信号，表明他们正逐步接近红色区域。学会捕捉孩子的信号，能让你在孩子变得不知所措之前就采取防范措施。

课堂上，我们一同探索了这些信号的外观、声音和感受。

今天我们的主题是管理强烈情绪。当父母们走进教室，我给他们指了下方向：“今天早上，孩子在红色区域的父母，请走到教室的左边。孩子在绿色区域的父母，走到右边。”

“你家也是？”卢克向同在红色区域的搭档点点头，问道。知道自己有同伴的感觉总是很好。

“你们看到什么、听到什么、感受到什么，让你选了红色区域？”我问道。很快就有人回答。

“当我说，‘早上好’的时候，里奥尖叫了。”

“海兹尔在发牢骚。我觉得是她很早就被什么给吵醒了。”

“伊森半天定不了早上吃什么，最后干脆就什么都不吃了。”

“埃莉不愿意换衣服。”

史蒂夫哼哼着说：“比雅不光不愿意穿衣服，她还要我把她从床上拉起来呢。”

不管他们是在大吼大叫、不听指示，还是和兄弟姐妹打架，他们都在红色区域开启了自己的一天。

我转向站在绿色区域的父母。“你们看到什么、听到什么、感受到什么，让你选了这个区域？”我问。

希瑟给出的答案是：“克莱尔一早上很愉快。我走进她房间时，她大声说，‘早上好，妈妈！’还给我一个大大的拥抱。”

“我经过梅根房间时，她已经起来穿好了衣服。”

“吃早餐以前，男孩子们在一起玩，没有打架。”格雷格补充道。

“塞拉斯听了我的话，还照做了。他还好好吃了顿早餐。”

在绿色区域开启一天的孩子会表现出快乐、合作和独立。

我根据他们的反映做了一个表，还增加了一个混合项：黄色区域——跃跃欲试，但还没越界。

绿色区域	黄色区域	红色区域
快乐	有点牢骚、声音变大	哭、叫
独立	想要帮助	不理人；不能穿衣、走路、完成作业等
动作协调	蹒跚	摔跤、掉东西
合作	听人讲话上有点困难；会说“谁在乎？”这样的话	好争论、抗拒
果断	挣扎着做决定	什么都不“对”
看着你	瞟一眼，就看向别处	逃避眼神交流、跑开、躲起来
投入	玩的时候会停下来，频繁换玩具，或走到安静的角落	跃跃欲试、狂躁、任性
觉得舒服 不需要安抚奶嘴、玩偶等	觉得热、痒 手在嘴里，想要安抚奶嘴、咬T恤/铅笔等	打、踢、叫
吃得好、睡得好	吃饭睡觉有困难	不吃不睡

回顾一下这个表。在每个你注意到的信号旁打勾。当你的孩子开始从绿色区域走向黄色区域时，你看出这些信号了吗？你还没发现，他就进入红色区域了吗？

无论是跃跃欲试、声音变大、试探规则、纠结于一个选择，还是身体协调性变差，性情儿都在告诉你，他们的情绪正在变强。心理学家约翰·戈特曼说过：“你不用等到他们控制不住地哭泣时才发现他们的悲伤，也不用等到他们狂怒地大叫才感受到他们的愤怒。”当情绪处于较低的强度时——也就是在黄色区域时——会容易控制得多。

想想你的孩子。他给你发出了什么信号？他的肢体运动发生了什么变化？他的音调怎么了？什么激怒了他，而当他冷静时，这种情况是不会发生的？记下这些变化，存储在你脑中。下次，当你孩子的行为开始发生改变时，认出这是你要回应的信号。练习会完善你的观察技能。用不了多久，你就能像琳那样，甚至能注意到孩子眉毛间的“微皱”，你也能在他越过边界前就拦住他。

注意自己的信号

我们在讨论帮助孩子管理他们的强烈情绪时，安娜叹了口气。“我就是看不到，”她失望地说，“我发誓，根本就没有什么‘黄色信号’。罗温从开心直接跳到狂怒，中间根本没有过渡。根本就不可能拦住他，我还没搞清楚怎么一回事，我就和他一样了。我也想大叫。有时，我就坐下来哭。”

起初，当你开始更多地关注孩子的信号时，你可能会觉得孩子好像直接跳进红色区域，毫无征兆。但如果你仔细观察，你会逐渐意识到，当孩子的情绪变强时，你其实在自己身体上也能感受到。因为孩子给你的信号通常更多地是刺激物，而不是显眼的标识。

当你让他在酸奶和煎饼中选一项当做早餐时，他迟迟不能决定，令人懊恼。你试着体贴他，但他就是不愿参与这个过程，你就快要迟到了。

你颈部的肌肉紧绷，你的音调变得越来越高、越来越不耐烦。突然间，你都能感受到自己的脉搏上升，你的呼吸变浅、变快，你开始不耐烦了。你身体上的这些改变是你们进入红色区域的信号。这种意识能让你暂停、思考，进而采取措施来平复每个人的情绪。

不过，你也可能无视孩子的信号，希望自己是错的。也许你们都累了，或是赶时间，觉得你现在没时间解决他的苦恼。也可能你根本不理会他的信号，因为你认为回应孩子只会助长他的消极行为。但是，发现信号就好像闻到烟味。如果你很快采取行动，你或许就能在火焰吞噬你们以前就将其熄灭。

当你认为关注孩子的信号无关紧要时，你自己的情绪也会变强。你会提高对孩子合作或服从的要求。突然间，你会发现你和孩子都在红色区域，却不知道你们是怎样走进去的。

因此，当你回想孩子的信号时，也要考虑你自己的信号。你的音调怎么了？你行为的力度怎么了？是否有事情激怒你，而在美好日子里，你根本就不会在意这些事？你是否开始不耐烦了？你是否对巧克力或其他甜食有很强的欲望，并以此提高自己的能量，还是偶尔吃一点？你是否感觉到累，或轻易崩溃？这些都是黄色信号，让你意识到该停下正在做的事情，允许自己干点别的。

你可以教自己监控自己的信号。一整天中，不时停下来问自己，我现在感觉如何？我的情绪处在什么强度？

当我们谈到在课外实践时，艾希莉有点泄气，“每次我停下来自我检查时，我总是心烦、累、生气或沮丧。也许我总是在自己状态不好的时候，才停下来检查吧。我也不知道。”

紧缩的肌肉和情绪是我们身体状态的晴雨表。罗伯特·萨尔（Robert Thayer）写道："脚的扭动和手指的敲动是毫无偏差的紧张信号，如果你发现自己有这些行为，那么你可以确定自己不冷静，即使你以为自己是冷静的。"有时，你很难注意到自己身体上的感觉。如果你发现自己总是匆忙，而且睡眠不足，那么轻度紧张可能是你的第二天性。但是，请尽量注意这个问题。这种意识能帮你保持平和。你的孩子也会更冷静，有助于你教她捕捉自己的信号。

教孩子察觉信号

一天，当我在教室里观摩时，我听到这位老师朱莉·尼尔森对一个孩子说："噢，我的天啊，你今天来学校时有好大压力啊！我都从你肩膀上看出来了。"这个女孩子严肃地点点头，低声说："噢，尼尔森女士，我觉得这压力会一直持续下去。"

朱莉是一位技能娴熟的教育者，她知道通过描述自己所看到的，可以教孩子注意、命名自己的信号。最终，我们希望孩子捕捉到自己增强的情绪，能依靠自己的内在控制，而不再需要我们的控制。我们期望，通过我们所传递的语言，经过三年半到四年的时间，我们会听到这样的表达："妈妈，我身体里面沸腾了。""爸爸，我真有点忍不住了。"或"我早上很不舒服。"

当我在课堂上提出，孩子可以学会认出自己的信号，一位母亲蒂芙尼失望地摇摇头，说："我的孩子九岁，我觉得她根本就不愿意和我讨论自己逐渐变强的情绪。我觉得这没用。"

蒂芙尼说得没错。当孩子还处于红色区域的时候，你根本无法教他们新的语言或捕捉自己的信号。但事后，当他们冷静下来，又回到绿色区域时，或当他们在黄色区域，你能拦住他们时，你能通过一些描述向他们指出信号，比如："达蒙，我看到你在屋子里踱来踱去，我觉得你该找个安静的地方待一待了。""奥斯卡，当你走路有点不稳的时候，意味着你需要停下来，看看书。""如果你没法决定，深呼吸会有帮助。"仅仅描述出信号还不够。你还要一直讨论这些信号。你的职责就是移情、引导，并在他们练习的时候等待。

劳拉笑着转向蒂芙尼，风趣地说："只要 4 年左右就可以了，"然后她解释说，"康纳四岁的时候，他只要一生气，就会愤慨地说一些伤人的话，或者打他的哥哥。现在他八岁了。昨天我一直在观察他。他在和他的哥哥、堂兄弟一起玩。我知道他开始有点沮丧了，他看到我在看他。他没有发脾气，而是起身离开，当他走过我身边的时候，他摇摇头，咕哝道，'我要气死了。'然后他走到跑步机上，跑了几分钟。他只需这样的方式就能让自己平静下来，回到绿色区域。后来，他又和他们玩了半小时的捉迷藏。他的确在学习捕捉自己的信号。"

就像康纳一样，当孩子学会注意自己的信号，他们能够自己让崩溃电路短路。

使用语言

学习观察信号是管理潜在反应的第一步。性情儿也需要词汇来命名自己的情绪。如果他们能将自己的愤怒告诉我们，那么他们就不用以粗暴的方式来传递信息。语言能控制冲动，没有语言，孩子就没有保护工具来延缓自己的反应。性情儿无法管理自己不能命名的情绪。

关注优点

我们用于描述、解释强烈情绪的语言能扩充他们的词汇。

三岁的阿尔长着一头有点乱的金发,好像小型龙卷风。“我很热情,”他告诉我，“我爸爸说，满怀热情地做事是没问题的——只要你不伤害任何人！”

“我浑身都充满了热情,”一位五岁的孩子也有相似的感受，“就像我爷爷里克一样。”

“我妈妈和我玩悄悄话游戏，帮我练习轻声说话，因为我说话总容易激动。”六岁的莉比大声说。

“我的反应很强烈。”八岁的艾米告诉我。

这些孩子中，最小的只有三岁（有时甚至有两岁的），他们都懂得强烈情绪是什么，也能欣赏自己的强烈情绪。没有人说过他们狂野、好斗或暴躁。用来描述他们强烈情绪的词汇关注的是积极流动在他们身体内的精力、活力和能量。正是这些语言帮他们坦然接受自己的强烈情绪，而不会因此感到尴尬、害怕。这样一来，他们也不必变得狂野、尖叫、撞击或扔东西来表达自己。他们可以谈论自己的情绪。

语言发展如同冰山。表面之下有很多我们看不到的东西。三分之二的语言发展在大脑里进行，是我们看不到的。孩子用自己的语言沟通、理解他人的语言，需要几个月、甚至几年的时间。

学习管理性情儿强烈情绪的父母，要持续谈论、命名情绪。他们会告诉嚎哭的婴儿，他们理解等待食物加热的过程很沮丧，以此来安抚婴儿。他们会告诉学步儿，他们理解她现在很生气。他们知道，她现在很难停下户外活动，回到屋子里。不久后，孩子就能与父母沟通："我感到沮丧。""我被激怒了。""我累了。"这些情况不会一夜之间就出现，但总会出现。

据戈特曼研究所的心理学家约翰·戈特曼称，研究证明，收到这类信息的孩子接受了"情绪训练"，能更有效地安抚自己、集中注意力。因此，他们在学校表现更好、能与同龄人更好地相处、行为问题更少，能表达更积极的情绪。

永远都不会太迟。大一点的孩子如果没有听过这些言语，那么他们现在需要听到。如果你无法确定孩子的情绪词汇量，你可以试一个小测试。和孩子玩个游戏，让他列举他看到的表达多种情绪的人。比如，"你能想到一个高兴的人的样子吗？"（我发现，先让孩子谈论他人的情绪会容易得多，然后再将他所知道的迁移到自己的情绪意识上去。）看看他能否列举一个感到高兴的人。如果他没有答案，或者他不知道这个词什么意思，就先跳过去。继续问同样的问题，但每次都换一种情绪，比如愤怒、沮丧、嫉妒、害怕、焦虑等。例如，"你能想到一个被激怒的人的样子吗？"

孩子的回答（或没有回答）会让你清楚地知道，他理解、表达自己情绪的熟练程度。通常情况下，当我在私人咨询中问这些问题时，孩子通常无法描述一个人经历嫉妒或焦虑的情形。他们也许并不知道嫉妒或焦虑是什么，但他们在日常生活中也会体验到这些情绪。

如果我们期望性情儿能管理自己的情绪，我们要给这些情绪命名，而且每天都要举出例子。想想看，如果孩子能清楚说明哥哥（或弟弟）把自己惹烦了，或感到嫉妒，那么我们就有机会在他们打起来以前帮助他们。

谈论情绪可能感觉不适。经常有人问我："当你和孩子谈论强烈情绪的时候，不是在引导他们发脾气吗？他们可能根本没有这些情绪，你这不是在给他们灌输这种意识、创造词汇吗？"我的经验、观察和面谈经历告诉我，无论是否和性情儿谈论这些情绪，他们都会强烈感受到这些情绪的存在。忽略他们的情绪，并不能让他们的情绪消失。问孩子，他们身体内正经历了什么，他们会告诉你，他们能感到自己血管里的血液在涌动，有大黄蜂在他们身体内疾飞。如果没有人告诉他们，别人也体验过这种感受；如果没有人帮他们给这些感受命名——如焦虑、沮丧、兴奋、欢欣鼓舞——他们会害怕这些感受。有些孩子怕自己是生病了。有些孩子会觉得奇怪，还有些孩子会不知所措。与人交谈证实了他们的感官感觉和情绪。这个过程承认了情绪的正当性，也让孩子能拥有这些情绪而无需害怕。同时也让孩子知道该怎么办、如何回应、如何管理自己的强烈情绪。最重要的一点是，命名情绪能降低心率，让人更容易回归绿色区域。

"交谈、交谈、交谈——这是我们所做的事情。"我课堂上的一位父亲告诉我，"我妻子总是给情绪命名，并将名字告诉女儿，而且总是会指出传达问题信号的肢体动作。我都有点厌倦听她说话了——但真的起作用了！现在，我也试着这么做。"

情绪强烈的性情儿需要听到：

你很热情。

你善于表达、充满活力。

这会让人感到沮丧。

你很难过，但你善于解决问题，能想出该怎么办的。

情绪强烈并不代表好斗。

我想知道，你现在是否感到焦虑、生气、伤心（或其他可能的情绪）。

你的身体变得很兴奋。

当孩子一遍又一遍地听到这些信息，他会逐步转化成“我”的信息。

情绪强烈的性情儿能学着告诉自己：

我现在觉得有点难过。

我正往红色区域里走。

我可以生气，但不必伤害他人。

我很兴奋。

我喜欢自己热情的状态。

我的血液开始沸腾。我要离开这里。

我现在脾气不大好。

我体验到了很强烈的情绪，但我不必让自己淹没在这种情绪中。

通过给他们语言，我们就给了他们适当满足自己需求的工具。

马特对组内成员说：“我们度假的时候，六岁的谢恩不止一次对我们说，‘我觉得今天的活动安排得太紧凑了。我们能回酒店，改天再干这件事吗？’”

使用语言的美妙之处在于，孩子有时甚至能帮助你，就像四岁的贾斯珀帮他妈妈那样。

“当时，我们已经在商场里逛了几个小时了，”她在课堂上对其他父母说，“我讨厌逛商场。那个收银员动作有点慢，贾斯珀看出我变得有点烦躁。‘等待是让人有点难受，’他对我说。我忍不住笑了。这句话我对他说了多少次啊？他帮了我，我才没有发脾气！”

想想你的孩子用了哪些言语描述自己的强烈情绪，花几分钟写下来。问问他，当他感到生气、难过的时候，他身体上有什么感受？教他一些积极的语言，让他下次有这种感受时使用。告诉他，你会仔细倾听，帮他化解这种情绪，而不至于让自己失控。

安抚及平静下来的活动

捕捉信号、谈论强烈反应都是管理强烈情绪的关键步骤，但我们也需要采取一些预防措施。情绪强烈的性情儿会将我们卷入他们的强烈情绪。我们会不知不觉地增强他们的情绪，而不是化解情绪，因为我们陷入了他们热烈的情绪中。当他们的能量水平异常时，我们以为他们需要更多刺激，于是播放强劲的音乐、计划更多活动、鼓励他们在门厅跑上跑下，而没有察觉，这时他们真正需要的是我们帮助他们平静下来，而不是让他们参与更多活动。

一天当中，适当安排低调的抚慰、平静活动，能有助于让他们停留在绿色区域。这些活动能补给他们的天然镇定剂储存，让他们需要时随时取用。如果你和孩子一起参与这些活动，你们俩都会玩得开心。共处的时间能建立强壮、健康的情感关系。你能享受的温暖回忆越多，你就越容易放下“不太好”的回忆。

1. 睡觉和午休时间：一个多雨的夏日，下午 3:50，我问我的朋友琳，我能否去她的儿童发展中心的学龄教室。“他们要准备睡午休了，”她说。我有点意外，疑惑地扬起了眉毛。“他们都要去参加晚上的活动，”她解释说，“所以，我们在 4 点到 5 点间安排了午休。一个小时的安静时间，他们每个人都在自己的‘空间泡泡’里。”

当我走进他们的教室，灯光较暗，教室里播放着轻音乐，架子上有各类用于安静活动的物品。有可以看的书，有可以分类、堆叠的棒球卡，还有乐高、珠子和串珠绳等物品，以及积木、拼图、有声书、纸和马克笔、涂鸦书、拼珠子，甚至还有一两个可以舒服睡觉的地方。教室里不允许用电子产品。

一个孩子很快占了一张床，香香地睡了。罗温向一把摇椅走去，坐下来看书。本拉出一套拼图玩儿。诺拉用自己选中的珠子设计了一串珠宝饰品。布鲁克斯、凯和康纳选了棒球卡，每个人都拿了几百张，然后开始用卡做建筑物。谢文选了马克笔和纸。没有争吵，也没有抱怨，孩子们只是安静地玩，完全沉浸在各自选择的活动中。他们并没有意识到，自己正在练习适应低刺激的环境。他们也学到重要的一课，了解平衡自己的身体，以及要保持冷静所需的休息。等到了 5 点，当他们的父母来接他们去棒球场或足球场的时候，他们已经充了电，准备好投入晚上的活动。

印第安纳大学（Indiana University）的约翰·贝茨（John Bates）发现，所有的孩子都会受到睡眠不足的影响，但性情儿的生活节奏真的太紧凑。正因如此，保证孩子在晚上有充足的睡眠，同时在白天有小睡或休息的时间，非常必要。将睡眠列为你和性情儿的第一要务。你们两人休息得越好，你们就会越平静。

2. 水：“当塞拉斯开始变得暴躁时，可以让他进浴缸泡一泡，”劳拉解释说，“有时因为他一天进去三次，他看起来会有点像小葡萄干，但每次泡过澡后他就能打起精神来。我还有两个孩子，他们并不像塞拉斯那样需要泡澡，但如果有必要的话，我会让他们和塞拉斯一起泡在浴缸里。他需要水，而且喜欢水。”

“埃尔莎还是婴儿的时候，我就把她放在浴缸里来安抚她。现在她13岁了，”玛吉说，“在学校辛苦一天后，她回到家，会直奔浴缸。她会在里面躺一个多小时，看看书，自己唱歌。出来后，她就好像变了个人。”

“水真的对卢克很有效，”卡罗琳补充说，“如果我们不在家，只要在他额头上放一块冷的湿毛巾，就能安抚他。”

“莉比不喜欢进浴缸，”维多利亚说，“但我在做晚饭的时候，如果让她玩一下水槽，她就能安静下来。她尤其喜欢帮我洗土豆和胡萝卜这两种晚餐食材。”

无论冷暖，水都能很好地抚慰性情儿。他们将身体沉浸在温暖舒适的浴盆里，把水从一个容器倒入另一个容器中，或仅仅只是让水流过他们的指尖，他们就能化解自己的强烈情绪，将自己拉回绿色区域。

水的美好之处在于，它可以安抚任何年龄的人。我的朋友瑞秋总是用“乐趣澡”来安抚她三岁的性情女儿。但直到今年“母亲节”以前，她都没有意识到泡澡对杰米有多重要。那天，杰米手里仅仅抓着一瓶浴盐，非要让妈妈泡个澡。当浴缸里逐渐加满了水，泡泡越来越多，杰米跑去拿妈妈最喜欢的书。瑞秋躺在浴缸里，泡泡在她下巴上挠痒痒，杰米“读”书给她听。不一会儿，杰米又跳了起来，朝楼上跑去，回来的时候端着一盘花生酱咸饼干和一杯牛奶。“‘母亲节’快乐。”杰米兴奋地叫道，她很高兴自己能奖励妈妈一个抚慰、平静的活动。

3. 想象力：大多数性情儿有着活跃的想象力。你能借用这种想象力帮他们缓和自己的强烈情绪，还能带来欢乐。

“利亚奶奶的装扮会”就是一个富有想象力的游戏，能在任何时候使紧张的孩子平静下来。让你的孩子假装他们要去参加高雅的舞会或化装舞会。然后,你来“打扮”他们。让他们站在你面前,或坐在你的腿上。首先，假装给他们洗头发，按摩他们的头部，用指甲喷嘴里喷出的水在他们头皮流动。你还可以用虚构的钻石耳环或海盗戒指挠他们的耳朵。如果他们想象的场景中，还要化妆，用指尖轻点他们的脸颊、划过他们的眉毛、鼻梁和嘴唇。温柔的抚摸能抚慰他们，让他们平静下来。如果是男孩子，你可以假装给他们剃须——将剃须膏刷到他们脸颊上，然后用指尖模仿剃须刀，轻轻地在他们脸上划过。

用手指在他们颈部轻轻滑动，好像给他们戴上金项链或丝领带。用手指沿他们的脊背滑下，模拟拉拉链的感觉，或在他们腰间戴上魔法腰带。别忘了还有袜子，滑过每个脚趾，一直拉到脚踝，或者拉到小腿肚。

戒指和手镯是最后的装饰。在每个手指上戴一枚戒指，轻轻滑动至手指根部，先戴一枚红宝石戒指，再戴一枚钻戒，然后再戴一枚金粉戒指。最后，用一块手表或一个金手镯轻轻套在手腕上。这时，他们已经准备好参加舞会或派对，情绪也好了很多。

创意戏剧活动也很有效。一次，我曾观摩一位音乐老师教一群小孩子。她试图教他们“强音”和“钢琴”的概念。她让孩子们扮演叶子。当她用强音演奏时，会有风刮过来，“叶子”要在空中起舞。随着音乐逐渐变成舒缓的钢琴乐，风会停下，“叶子”也会落在地上。

课程快结束时，一位孩子还在风中起舞（肯定是性情儿）。“我觉得你身体内还有风在吹，”这位老师对她说，“深吸一口气，然后把风从你身体里吹出来。”这个孩子鼓起双颊，平稳地吹出一口气，她的胸口也随着消失的空气收缩。

“好了，”这位老师回应说，“你现在感觉到所有的叶子都在你体内沉下来了吗？它们堆在一起，睡着了。”

这个孩子点点头，安静地走出了门。她丰富的想象力帮她以积极的方式释放了自己的兴奋和能量。

也可以让大一点的孩子和青少年参加戏剧或即兴表演课程，从而鼓励他们使用自己的想象力。他们对细微的肢体语言和音调的感知力，能让他们表现出众。

4. 感官活动：性情儿非常喜欢感官享受。他们喜欢那些能让他们摸、闻、尝、听或看东西的活动。使用自己的感官能让他们平静下来。

大一点的孩子可以通过这些活动受益：听自己最喜欢的音乐、嚼口香糖、吸吮吸管、在最喜欢的毯子或毛绒玩具的丝质包边上来回搓，或用最喜欢的乳液或润肤油，尤其是薰衣草味的。园艺和烘焙也是适宜所有年龄段的感官活动。

在普通的幼儿园中，通常会有一到两个感官活动。对性情儿而言，我们会扩展到五项。我鼓励老师们使用多种用于感官活动的材料，因为其他孩子喜欢，而性情儿需要。在家里常备这类材料是很有必要的，因为它们能帮你化解孩子的强烈情感。

黏土和彩泥是孩子们最喜欢的感官活动。黏土和彩泥并没有所谓的正确方法，两岁的孩子可以扯、搓、拉，八岁的孩子可以用来做木屋、想象的食物，或随便什么别的东西。许多性情儿的父母把黏土放在橱柜里，便于随时取用。

好的幼儿园都有一个感官桌。通常感官桌只是一个空心桌架，空的部分嵌入一个大盆。盆里装满了水、沙子、燕麦粉、玉米粉、雪、碎纸，或是老师选的一些别的东西。性情儿总是会被我们教室里的感官桌吸引。你也可以自己做一个感官桌。你只需要一个洗碗盆或随便一个小盆就可以了，都不用桌架。只需在小盆下放一块塑料桌布，以免里面的东西溅到地板上。在小盆里装满温热的肥皂水，开始有趣的宁静活动以前，还要准备小吸管和海绵。如果孩子玩海绵玩腻了，可以让他们洗餐具或自己最喜欢的玩具。如果你不想用水，还可以试试沙、燕麦粉或玉米粉。还可以加入杯子、勺子、漏斗等其他多种玩具，这样孩子可以玩上几个小时。

用剃须膏在浴室的墙上画手指画，也是一种安抚练习。孩子画完以后，可以把手指画冲掉。

轻挠背部或按摩颈部，也是任何年龄都适用的。我们都需要健康的非性抚摸——甚至包括青少年。

有时，你的孩子渴望的是一种身体压力。他所需要的可能只是一个紧紧的熊抱，你可能也会发现，让他穿有弹性的紧身T恤，或晚上睡觉时盖较重的被子也挺有效。施于他身上的压力也会让他平静下来。（青少年有时会把书和衣服堆在自己的床罩上，然后自己再爬进床罩里睡觉，他们并不是故意把床弄乱，而只是想给自己做一个加重的毯子。）

婴儿用不上感官桌，也用不了加重毯，只要将他抱起就能抚慰他。加拿大的研究人员发现，你与婴儿的身体接触越多，就越能安抚他。你在他身边，就能帮他调节自己的身体。因此，除了开车时，孩子要在安全座椅里以保证安全，你要尽可能多抱他，或用婴儿背带把他背在身上。按摩、柔和的摇篮曲或外出散步，也能抚慰他。有时，将明亮房间的灯光调暗，也能起到效果。

任何使用感官的活动，通常都会吸引、抚慰性情儿。

5. 体育运动和重复运动：“我试图让四岁的德里克穿上鞋，我们好去接他的姐姐，”娜丁告诉我，“我催他快点，他就在那里拖拖拉拉，还嘟嘟囔囔的。我对他说，我们真的要走了，不然就迟到了，他说，‘但是，妈妈，那我身体里的小蜜蜂怎么办呢？’”

“我有点震惊，回答说，‘你现在觉得身体里有小蜜蜂？’

“‘是的！’他大声说。

“‘好吧，我们先干掉它们！我们要跳吗？’于是，我们在迷你蹦床上跳了一会儿。过了 5 分钟，他平静地上了车。”

运动（尤其是重复运动）能让身体里产生天然的镇定剂，会更容易让你的孩子留在绿色区域。安排他每日的运动，就如同给他做饭一样。如果可以的话，你们早点起床外出。让他有机会跑、爬、骑车、荡秋千、游泳或滑轮滑。鼓励他做“重活儿”（但不要太重），比如拉、推、提洗衣篮等。

如果不能外出，建议让孩子坐在摇椅上阅读，也可以坐转转椅、骑固定式健身自行车或跳迷你蹦床。他没机会使用自己的大肌肉时，可以给他玩螺旋弹簧玩具或手指拼图，让他动动他的小肌肉。所有这些身体活动都能提高天然“镇定剂”水平。

6. 阅读：当你犯难时——无法玩水或进行感官活动，也想不出什么别的法子，而且外面还在下雨——试试阅读吧。许多性情儿的父母发现，只是拿出一本书，让孩子坐在自己腿上，或坐在自己旁边（尤其是坐上摇椅），就能化解升高的强烈情绪。你的孩子不仅学会利用阅读来管理自己的强烈情绪，他也沉浸在书的奇妙世界中。关于阅读的研究表明，坐在父母温暖的腿上阅读的孩子，长大后会成为最热爱阅读的人，也会是最佳读者。可以去当地图书馆借阅，也可以选购一些二手书。不管孩子多大，总在身边放一些孩子最喜欢的书。

7. 深呼吸：即使是学步的孩子也能学会用深呼吸来平复自己的情绪。只要对他们说：“吸气。”然后，你自己夸张地演示吸气，来解释你的意思。你可能会发现,如果让孩子把他们的手放在自己的小肚子上，会效果更好。紧接着说：“呼气。”你同样也要夸张地慢慢吐气。举起你的拇指来假装“生日蜡烛”，让孩子来吹，也会有助于他慢慢地平稳吐气。

8. 幽默：为了让你们完全理解这个故事，我要先介绍一下我的丈夫。他身高 1.75 米（如果拉一拉的话），体重 70 公斤，颇有性情。他喜欢小人物获胜的电影；只要有孩子上门推销任何东西，他都很感兴趣。他还有另外一面。他的父亲在苏必利尔湖的矿石码头边长大，喜欢给我们讲从货船上跳水的故事，逗我们开心。我相信他，尽管没人能证实他的故事。不过，我觉得他这些富有男子气概的行为，影响了他儿子（我丈夫）有时表达自己的方式。

一天，我儿子放学回家，突然打开门，冲进厨房，把自己的书包扔到地板上，使劲儿踢冰箱。“别踢了，”我制止道，“你怎么了？”

“操场上的那个老太婆居然指责我不该打架，但我根本就没打架啊！”他吼道。

“这是挺难堪的。”我说。

“这不是难堪，”他纠正我说，“我根本就没打架。”

“嗯，这感觉是挺糟糕的。”我回答说。

“笨蛋助理，”他大叫道，“她肯定是瞎了。”

我有点没耐心了，开始试着说教：“下次，你要更仔细选择自己站的地方。”我评论道。而我的点评完全是火上浇油。

直到他爸爸回来，他火气都没消。

我丈夫注意到厨房里的气氛不对，问我：“他怎么了？”我很快给他从头到尾讲了一遍，希望他会知道该怎么办。当他大步走向乔什，我注意到他的胸微微鼓起，我就知道情况不妙。

“没问题。”他郑重地说。我大吸一口气。乔什震惊地抬起了头。“什么意思？”他结结巴巴地问。乔继续说，“下次你只用对那位女士说，‘嘿，女士，地上有血吗？’”然后，他用拳猛击自己的胸膛，宣称：“我打架的时候，地上是会有血的！”

乔什的眼珠子都要出来了。我几乎昏厥。这么多年的非暴力训练全都付诸东流了。我都可以想象出，这孩子回到学校，引用自己爸爸的智慧之言，然后这一年都得停学了。

“你不能那样说！”我喘着气说。

这时，他们两人都狂笑了起来，乔什知道他爸爸只是在逗他。幽默就这样化解了强烈的愤怒情绪。笑声减少了我们的应激激素，同时提高了“感觉良好的”激素。事后，当大家都冷静下来，我们也讨论了一些更有效的方式来解决操场冲突。

能很好地学会管理自己强烈情绪的性情儿，他们的家里肯定少不了幽默，不会有讽刺或嘲笑，有的只是由衷的欢笑和快乐。尽情享受这种幽默感；用幽默来化解紧张气氛，团结家人。托德就是这样做的。

“我有时会做一些出人意料的事，”他笑着说，“昨晚，我听到本和他姐姐在打架。我心情不错，就四肢着地，悄悄爬到角落，扮成狗对他们吼叫。他们都吃惊地咯咯大笑了起来。他们跳到我的背上骑马，也就不打架了。”

阿曼达用幽默来避开了权力斗争。“我准备晚餐时，麦肯齐真的帮了不少忙。她摆好桌子，撕好做沙拉用的生菜，还洗了一些餐具来盛食物。吃完晚饭，我让她把盘子收到水槽里去。她开始不高兴了。‘哟，你不能好太久哦，’我评论说。她很震惊，沉默了一会儿。

“‘是的。’她笑着回答说，然后把盘子拿到了厨房。”幽默是讨人喜欢的工具，能缓解强烈的情绪。

9. 暂停——非惩罚：对于成人和青少年而言，休息片刻是最有效的冷静策略之一。不幸的是，我们把暂停变成了一种惩罚孩子的方式（计时隔离）。这本是一种机会，可以教孩子冷静片刻来自控，但却变成了可怕的命令。“进房间去，我没让你出来，就不许出来！”或“你坐那椅子上，一寸也不能动！”我们心里想：没有痛苦就没有收获；如果他们尖叫、呼喊，让我们知道他们真的很痛苦，我们就欣慰得多。但是，一个恢复精力的机会就这样浪费掉了，我们极力把他们关在房间里，而他们在踢门、扔东西到墙上时，把自己的精力也都消耗了。

我建议性情儿的父母参照篮球教练的方法来使用暂停：停止当前活动，休息片刻，恢复身体能量，再制订比赛计划。

不过，把我们这里的暂停和运动中的暂停相比，似乎有些不妥。申请暂停时，大多数三岁的孩子（甚至八岁的孩子），尤其是那些性情儿，往往不会乖乖走到场边；改变比赛计划时，他们也不会注意听。相反，当你试图和他们沟通时，他们会躺在地上，踢、叫，用双手捂住耳朵。那么，家长到底要怎么做呢？

你可以先提醒他们注意自己身体发出的信号:传达“我累了”或“我有点受不了了”的信息。帮助他们意识到，紧缩的肌肉、变大的声音，或感觉到血液在血管里流动，都是他们需要暂停的信号。如果我们教他们,暂停是抽身休息的机会,而不是惩罚,他们会很愿意休息片刻。而且，要在一个安静舒适的地方休息，可以是卧室，也可以是你所在房间里的任何一个角落。休息时不一定非要处于隔离状态。一开始，你要温和地帮他们找合适的地方,要远离当下的行为和刺激。轻声对他们说话，帮他们听、感受宁静，感受到挫败感从身体内流出，同时感受到自己心率降低。

你可能会有些犯难，面对哭着要吃的宝宝、抱着你的腿不放的学步儿，或响起的电话，不知如何是好。先别管电话了，让宝宝在婴儿床里躺几分钟，在你帮性情儿找舒适地方休息的时候，可以带上学步儿，也可以把他留在安全的地方。

在每个房间都做一个镇定篮，可以让你需要的时候更容易找让孩子暂停的地方，也更诱人。可以在每个篮子里放入毛绒玩具、书、乐高、无声玩具、贴纸、画画用的笔，以及其他一些可以使你孩子平静下来的东西。你的孩子不用“去”任何地方——当你最需要的时候，篮子就在你面前。鼓励孩子从篮子里选一个自己最喜欢的抚慰活动，直到自己身体平静下来。如果他需要帮助，你也可以选一本书，读给他听。你不是在鼓励他的不当行为，你是让他平静下来。等他平静之后，再教育他。如果他在自己平静以前想离开，再次帮他在篮子里找点事做，直到他的身体恢复平静。

我们要让孩子知道，放松的身体是怎样的。告诉他们，他们平静时，他们会与你四目相对；他们的四肢是静止的；他们会听，也会回答；他们的声音是轻柔的。直到你和孩子都能看到这些，同时感受到他身体的平和，才能结束暂停。

如果说暂停是放松的机会，不用计时隔离，那么孩子做错事以后该怎么办呢？请记住，如果孩子学会在自己发脾气以前就独处片刻，那么他也就不会做错事了。

一旦孩子学会回应自己身体发出的信号，知道暂停是缓解自己压力的良好机会，他们会自己安排。实际上，你会发现，孩子逐渐会自己停下当前活动，走进自己的房间，或走向镇定篮，休息片刻。他们凭直觉将自己的身体带回绿色区域。

对性情儿而言，随着他们进入青春期，学会用暂停来抚慰自己、使自己恢复平静，是非常重要的。当激素开始充盈他们的身体，管理他们强烈的情绪也变得更具挑战性。到这时，以他们的体格，你根本就无法强迫他们计时隔离了。他们要主动选择暂停。如果暂停让他们感到轻松，他们会主动使用，也就能成功管理自己的强烈情绪。

当孩子能理解自己的强烈情绪，意识到自己能控制、疏导这种情绪，用于体育、创意或其他方面，他们会自我感觉良好。他们大发脾气的次数也会急剧减少。这是一种预防措施，通过让孩子留在绿色区域，更容易管理自己的强烈情绪，将争斗扼杀于萌芽中，从而教孩子“正确的”举止。

所有这些方法中，困难的是我们自己要稳稳地伸出手去帮他们。正因如此，我们必须要有“关键时刻”计划。

合作

即使你监测他的信号、教他语言，给他安排满满的抚慰、平静活动，也总是会有孩子处于“边缘”的关键时刻。你自己的情绪也涌了上来。这些都来得太快，你都来不及想。那么，事先制订计划就很关键了。要清楚知道自己要说什么、做什么。你会自动回应，根本不需要思考。我就来解释一下我的意思吧。

当我和凯特、托德坐在餐桌旁时，家庭活动室里响起了争吵的声音，“那是我的！我先拿的！”凯特摇摇头，抱怨道：“他们又来了。”我当时正给他们提供私人咨询，于是我朝孩子们走过去。四岁的怀亚特紧紧抓住 iPad，贴在胸口，扭动身体，躲避六岁的凯尔的抢夺。凯尔看到我走过去，退了回去。

“我会帮助你的。”说着，我朝他走近了一点。凯尔看了我一眼，眼神中有点疑惑，仿佛在决策自己的防御方式：跑还是叫。但我弯下身，平静地继续说：“我看到你用手打他了。你想告诉他什么？”在这一刻，他转向我，准备和我合作了。

他们打架，我为什么不责备他们？我这是纵容他们的不当行为吗？在教导性情儿以前，我们得先把他们吸引过来。如果我们像推土机一样强行介入，他们的反应只会加剧，来和我们较量。就在这个时候，叫喊演变成了踢打。我们抓不住他们敏捷的身体，还会被“我讨厌你”这种言语刺痛。

性情儿得知道，接近他们的成人是来帮助他们的。这位成人不是敌人或对手，不是来吼他们、威胁他们或抓住他们的，而是帮他们平静下来，一起想出解决方法的。他会说出这样的话：

我会帮助你的。

我在努力了解你。

你需要什么?

我认为你有重要的事情要说。你想告诉他什么?

想一想你喜欢用哪些言语来吸引你的孩子。反复练习，直到这些语言成为你的第二天性。那么，当关键时刻来临，你能随时准备好应对。

选择把孩子吸引过来，并不意味你在“让步”。温暖、善解人意地回应孩子的消极情感，才能打开“教育时机”的大门。研究证明，在难过时能获得支持回应的孩子，能提高自己的应对能力。你的回应真的会改变你的孩子。

“真是这样，”罗伯一周后在课堂上承认说，“里奥喜欢冲洗盘子，这是个好事。但只要有人把脏盘子放在水槽里，他就会大发脾气。我希望他能灵活一点。所以，我一直都试图告诉他，这没什么大不了的，也会建议他用喷雾器或另一个水槽。但这只是让他更烦了。今天早上，这种情况又出现了，但我克制住自己，说，'啐！这里有个脏盘子。我来帮你吧。你需要什么？'他冷静了下来。然后他对我说，'爸爸，我干嘛不用喷雾器呢？'"

罗伯惊讶地摇了摇头，补充说："我想，表示一点同情，真是大有帮助呢。"

你把孩子吸引过来，能让他平静下来。

作为情绪强烈的性情儿的父母，你要能善于思考、能集中精力，注意细节。孩子情绪崩溃的频率会大大降低——是你努力的回报。但坦率地说，即使大家管理强烈情绪的能力都有所提高，也还是会有情绪崩溃的时候。这些策略虽然有效，但不是每次都有效。尽管你尽了最大努力，有时大家还是会走入红色区域，因此，知道这个时候自己该做什么也是非常重要的。请继续阅读。

总结：
帮助情绪强烈的孩子学会自我调节

情绪强烈是性情儿强烈反应背后的驱动力。正是这股无形的力量，使性情儿做出每个即刻、强烈的反应。情绪强烈如果管理得好，会让性情儿体验到少有人体验过的情绪深度和愉悦。这种情绪既有创造的潜能，也有肆虐的潜能，使其成为人们最难学会管理的性格特征。

情绪强烈的性情儿需要听到：

你做任何事情都满怀热情。

你很热情、善于表达、精力充沛。

你的强烈情绪能让你成为出色的运动员、领导者、表演者等。

你容易受挫。

有强烈情绪并不意味着好斗。

教导小窍门：

帮助你的孩子注意自己的信号——表示自己情绪强度上升的身体变化。

教她表达自己强烈情绪的语言。

安排抚慰、平静的活动，如温水澡、读书、安静的想象游戏等。

用幽默来化解强烈情绪。

保护她的睡眠。

腾出时间让他运动。

让孩子知道，暂停是一种休息方式，能让自己感觉更好。

如果你也是情绪强烈的人：

不要害怕孩子的强烈情绪。

记住你们是一队的。

想一想，自己在关键时刻说什么能吸引孩子，计划一下。

8 情绪崩溃：当一切坍塌时，怎么办

“我在黑色区域里。”

“什么是黑色区域？”

“比‘红色区域’糟糕得多的地方。”

——五岁的达科塔

“你现在就得帮我！”电话那头脱口而出的就是这句话。这是来自美国另一头的请求。好像她的儿子杰登那天干了所有能惹恼她的事——说脏话、打妹妹、顶嘴，要他干什么他都不干。她绝望之下把杰登关在他房间里，恨不得让他这辈子都烂在里面。他把床上的床单和毯子都扯了下来，自己在床上歇斯底里地跳了起来。她给我打电话的时候，杰登还在房间里跳。

有时，尽管你尽了最大努力与性情儿合作，你需要的语言还是没有说出口。抚慰的活动没效果。经历了太多转换、太多刺激，或是太大压力——这时你的孩子横冲直撞。他的力量在增强，你可能也受了伤，甚至觉得自己根本无力回应。

所有的孩子都会有大发脾气或情绪崩溃的时候，但性情儿的精力更旺、力量更强，发脾气（或崩溃）的频率也更高。我有个朋友养大了五个孩子，她说："如果我把另外四个孩子的崩溃次数在一个表上加起来，也远远比不上我家老大一个人崩溃的次数。今天，我可以告诉你，她是一个非常有魅力的人，但我们俩都能活着看到她今天的样子，也真是奇迹了。"

性情儿经历情绪崩溃

杰登的情绪崩溃看起来好像典型的小孩无理取闹。听起来也像，但其实不是。随着我和杰登妈妈的交谈深入，我意识到杰登的情绪崩溃与争取权利、获得关注毫无关系。甚至都不是故意针对他妈妈的人身攻击。他的情绪已经积累了好几个小时，甚至好几天。在近三周中，他的爸爸每天进行封闭谈判会议，从早上 6 点一直到晚上 12 点多。他的妈妈每天在家带三个学龄前的孩子，筋疲力尽，也有点缺乏耐心。杰登是个性情儿，他属于气质敏感型。他吸收了他的家庭正在经历的紧张与压力，直至到达自己的极限。然后，他就爆发了，把自己的房间也掀个底朝天。这就是一种情绪崩溃。

斯特拉·切斯和亚历山大·托马斯率先在他们的经典著作《了解你的孩子》（Know Your Child）中描述了这种情绪崩溃。他们将情绪崩溃定义为"以混乱的方式流露情感"。性情儿的基因组成促成了他们强烈反应的倾向，也就让他们更容易出现情绪崩溃——这种情绪洪水让他们不知所措，将他们推向自己气质能力无法应对的区域。以我的经验来看，大多数性情儿的无理取闹其实都是情绪崩溃的表现。他们并不是有预谋，也不是想要控制成人。（事实上，我相信孩子并不会想要控制成人，尽管有些时候，除了情绪崩溃，他们可能在试探边界或想弄清规则——我们会在本章后续部分探讨这个话题。）

我们不能通过忽视情绪崩溃来解决这个问题，因为忽视没有考虑到真正的源头——孩子正面临气质问题。这个问题引发了孩子的身体反应，使他陷入红色区域。你的孩子需要你帮助他发现情绪洪水的源头，并将其止住。他需要你的指引来帮他恢复平静，并重获自我控制。没有这种指引，他的愤怒会持续几小时，因为他的自我控制已受到破坏，内心已刮起狂暴情绪的飓风。看到这一幕的父母会很痛苦。而经历着这一切的孩子会很害怕。你的性情儿并不想变成那样。

七岁的琳赛的经历就证明了这一点。她经历了极其强烈的情绪崩溃后，大哭："我能让自己不要这样吗？"答案是肯定的。但这个过程需要她生活中的成人付出耐心、支持和帮助。

婴儿时期的情绪崩溃

情绪崩溃与气质相关，因而甚至会在婴儿时期就很明显。

"特拉维斯第一次发脾气时，只有一周大，"艾丽卡在讨论情绪崩溃时说，"他在小睡时，家里来了客人。陌生人抱起他，和他说话。房间里的声音非常大。我和他爸爸尽力招呼大家，给每个人倒咖啡、拿吃的。我们的精力都不在他身上。特拉维斯专注地听每个人说话、观察每个人，但他很敏感，而且适应得慢，过不了一会儿他就受不了了。突然，他的脸涨得通红，然后开始尖叫。他发自心底地啜泣起来，完全被自己的情绪淹没。"

婴儿时期出现的情绪崩溃，通常是向家庭发出的最早的性情信号。对于像特拉维斯这样的孩子而言，情绪洪水所引发的啜泣是发自肺腑的。这时，他们的身体抽动，脸通红。但不是所有情绪崩溃看起来都一样，尤其是孩子逐渐成长以后。

凯西的儿子奥斯卡眼里闪烁着性情儿的光芒，他向我们解释说："奥斯卡不哭，而是会陷入忙乱之中。上周日，我们请朋友到我家吃晚餐。奥斯卡非常兴奋，朋友到我家来了几分钟，他的强烈情绪就失控了。他就像飞碟一样，在房间里往所有方向乱转。根本就停不下来。"

考特尼的儿子贾斯珀不会尖叫，也不会用行动来表现情绪。他的强烈情绪会向内在转化。她对组内成员说："上周，贾斯珀有一次系不好自己的鞋带。我能看出他真的很烦，但他没有大叫，而是脸朝地趴着，身体下垂，像被雨淋过的纸盒。'我弄不好。'他抱怨道，接着就开始流泪。"

七岁的卢克会狂奔。"每当我在公园里告诉他，该走了，他总是会跑，"卢克的爸爸承认说，"这会让我热血沸腾。"然后，他叹了口气，坦承道："说实话，我真是被吓死了。"

无论你的孩子是痛苦地尖叫，兴奋地到处转，跑开，或是完全不理人，关键在于你要看出这是性情儿陷入了自己的情绪，进入到自己无法应对的状态。他的大脑被劫持了。他不知道怎么办，也不知道怎样停下来。你得教他。

使用语言

当然，问题在于人们谈到情绪崩溃时，仿佛孩子独自走到孤岛上尖叫。没有人谈到当孩子在地上打滚，发出令人毛骨悚然的哭声，而收银台后面排着长长的队伍时，孩子的父母感受如何。网上的交流从来不会讨论，孩子不愿上车而导致迟到后，怎么给自己编理由（除非你在养育性情儿的 Facebook 群里，这种交流才会很常见！）。而节假日的美好故事往往没有，你惊恐地看着八岁的孩子放声大哭，只因祖母没有像过去的八年中那样把蔓越莓果冻切成火鸡形状。情绪崩溃——不只是孩子在经历巨大反应。你、我以及所有其他父母也要顶住性情儿强烈情绪的渗透。

让你自己保持冷静看似是无法达成的壮举。你越是尽力控制孩子，你就越会觉得无力。你的方法无效，但你也不知道别的方式。这时，你很难平静下来，问自己："这到底是怎么回事？"你可能只想和孩子一起尖叫。但你不必这样，而且，为了你和孩子，你也不想这样。相反，你可以学会深吸一口气，然后告诉自己："我的孩子正处于情绪崩溃中，我不要也进入那种状态。"

这一秒钟的暂停，能让后续发生的事情大有不同。

在"高温时刻"怎么办

今天，只是让孩子去冲个澡这样的小请求也触发了孩子的脾气。昨天，则是因为家庭作业。再之前，穿衣服也能成为导火索。劳拉感觉自己陷入了无解的困境，从来不知道，在这种时刻，到底是什么引发了她的女儿尖叫、扔东西、踢、掐。劳拉发现自己越来越沮丧，直到自己也开始尖叫、摔门。"我们试过所有办法，"我们交谈时，她告诉我，

“我们吼过她，取消她的特权，让她在房间里反思，压制她。”

恐吓并不能抑制情绪崩溃，而倾听却可以。

停下来，去倾听：当孩子把枕头扔向你的时候，你的第一反应可能会是一把抓过孩子，大叫：“你想什么呢？”你还会说几句威胁的话，或警告后果，保证孩子清楚地知道你有多生他的气。我要给的建议是：忍一忍。别误会，暴力和破坏行为是绝对不允许的。你要解决这种问题行为——但现在还不是时候——后面会有机会的。首先，你要帮助他恢复平静，因为此时生理上的激素爆发，充满了他的身体。直到他的身体冷静下来，他才会看你，听你说话，才会思考。

如果孩子在做一些对他自己、他人或环境危险、有害或不礼貌的事，你要制止。（后文中我会给出一些小窍门。）不过，当你去制止他的时候，要提醒自己：“我的首要任务是沟通并保持冷静。”使用你为关键时刻选好的表达（第 7 章中讨论过），比如“我会帮你的”。然后，深吸一口气，表示同理，“我知道，你真的不想去冲澡。”不要陈述事实——你必须要洗澡。也不要说教——你得爱干净。同理能让孩子冷静，而事实和说教却不能。

但不要止于此。当我提供私人家庭咨询时，我问他们：“你认为在这种情况下，你的孩子感受如何？他需要什么？”最常见的情况是，他们会停顿很久，才回答说：“我从来没停下来问他。”要想解决情绪崩溃的问题，你得知道是什么激发了他们的情绪崩溃。可以这样问孩子：“你为什么不想冲澡？”或“你不喜欢穿的这些袜子有什么问题？”如果你的孩子没有答案，可以用问题或陈述来证明你正试着去理解他。回想一下刚才发生的事情。“是因为你不喜欢水流进你的眼睛或耳朵吗？”

浏览一下孩子的精神气质清单，找出洪水的源头。如果他是内向型的孩子，而有人进入到他的空间，可以问他：“他挤到你了吗？”

如果你的孩子较难适应，而他面临的转换太多，你可以这样对他说：“你还需要一点时间来完成你的游戏吗？”

如果你的孩子能量水平高，而没有得到足够的锻炼，你可以说：“你安静地坐了很久了。你需要去跑一跑，玩一玩吗？”

如果你刚拒绝了一个执着的孩子，你可以试着说：“我刚刚拒绝你，是不是让你有挫败感？”

无论诱因是什么，发现诱因能让你及时制止他的情绪崩溃。说出孩子的情绪，有助于他知道自己所经历的是什么。这个过程本身也是一种抚慰，因为命名情绪能降低心率。而且，孩子下次经历类似的情绪或感觉时，知道怎样表达。

倾听不代表认同；也不代表你放弃自己的权威；更不代表你“纵容”孩子的不良行为。你是在努力平复他的情绪，了解触发情绪的源头。

另外，你要像对待大孩子那样对性情婴儿说话。虽然性情婴儿不能给你一样的回应，但总有一天会给你回应，而且会比你想象中的早。

当我建议劳拉这么做的时候，她抱怨说：“但停下来倾听太难了。我是一个有计划的人。我就是想完成计划中的事情。”

不幸的是，当孩子抵抗的时候（红色区域信号），向他施加更大的压力只会使情况恶化。

后来，劳拉终于明白了，她的女儿玛塞拉非常敏感。因为水流到玛塞拉的眼睛和耳朵里，她才不愿意冲澡。理解了这一点以后，劳拉现在能和玛塞拉一起想办法解决。她们可以选择泡澡来替代冲澡。玛塞拉也可以用毛巾遮住眼睛。解决这个问题的方法还是很多的。

如果玛塞拉不愿意，劳拉可以给她几分钟冷静一下，然后建立明确的界限 :“你得爱干净。你可以想个方案，不然我就帮你想，我的方案就是，我帮你拿淋浴喷头，防止水流到你眼睛里。我会设一个 5 分钟的定时器。到时候，如果你没想到什么方案，那就用我的方案。”

当劳拉用这个策略时，玛塞拉马上说:“我有个方案，我可以泡澡。”

我知道你可能怕第一次这么做的时候，会因为定时器又引起一次情绪崩溃，但如果你坚持下去，孩子会知道你言出必行。这样一来，她会马上开始想方案。（我会在第 9、10 章中介绍如何合作确定明确目标。）

到了这个时候，你可以松口气了。情绪崩溃结束了。你可能想忘掉这一切，但你不能忘。为了防止将来再出现情绪崩溃，你还要采取进一步行动。

合作 : 重来——回到教育时刻

当孩子经历了一次情绪崩溃，有必要在他平静以后再回顾这次情绪崩溃，教他未来可以采取的适当言行。我将此称为“重来”。重来可以在情绪崩溃片刻或一小时后进行，对于大一点的孩子，也可以在一两天以后进行——但这个过程不能省略。

重来有四个步骤。

1. 帮助孩子了解他当时的感受或他当时的需求。选一个你和孩子都冷静的时刻。在这个过程中，利用你对他气质的了解、你和他的对话，以及你对情绪崩溃以前发生的事情的反思，从而深入了解他的想法。

当他打人或大叫时，他想要表达什么？当你和孩子交谈时，邀请他与你合作。你可以说：“今天发生的事情，让大家感觉都不好。我们一起制订一个方案，防止以后再发生这样的事情。”没有必要责备孩子，那样只会让他处于戒备状态。了解孩子的性情，有助于引导他的情绪。

如果孩子的气质属于……	你可以说：
慢适应型：当你赶时间，告诉他你不能照计划在冰激凌店停留时，他会崩溃。	我觉得，我让你感到意外了。
敏感型：在商场里情绪失控。	我想知道，你是不是很讨厌这里的噪音。
执着型：拒绝执行你的方案。	我想知道，你是不是另有计划。
无规律型：不睡午觉，吃晚饭的时候情绪崩溃。	我看你打哈欠了，我觉得你是累了。
外向型：打断你的谈话。	你也想和我们一起交流吧。

你会发现，这些言语中都不带评判，而如果你说：“你今天给人感觉好像很生气”，就是在评判了。而且，这些都是开放式的表达，表示你也有可能猜错了。你不是在告诉孩子他感觉如何；你是在探索他可能有的感觉。如果你错了，他会告诉你。进而你们可以更多地交流，直到你们一起想出答案。

2. 说明期望。期望要以你的家庭价值观为主。你可以构思自己的价值观。以下是我重视的几条。在我们家里：

无论我们多生气，我们都不能伤害任何人、任何物。

尊重很重要。

合作很重要。

言出必行很重要。

整洁很重要。

3. 教孩子，当他下次经历这种情绪或需求时，你希望他使用的语言或采取的行动。要明确具体。

下次他可以说：

“我能泡澡吗？那样水就不会流进我眼睛里了。”

“这让我很意外，这不是我想要的。”

“这里太吵了。我们能离开吗？”

“我累了。”

“我不喜欢这项规则。我们能谈一谈吗？”

“我不想离开。我们能计划下次来的时间吗？”

“这看起来不公平。”

4. 练习。对于你希望孩子使用的言语、采取的行动，你和他一起实际练习非常关键。如果可以的话,带他回到情绪崩溃的场景中。比如，当你接孩子放学时，他不愿意牵你的手或自己跑开，只要他冷静下来，就带他走进学校。你们再次走出学校时，练习牵着手走进停车场。

如果不能回到真实的场景中，布置一下“舞台”，和他一起表演。如果你的孩子比较内向，不习惯口头练习，可以让他听你说。你可以问他：“你想说吗？还是你想要听我说？”如果他选择听你说，向他演示你期望的行为或言语，然后可以提醒他：“我希望你下次能这样说、这样做。”

后来，劳拉向我描述了她和玛塞拉后续的对话。“我等到第二天，”她告诉我，“我们单独在她的房间里，我对她说，‘昨天发生的事情真是把我们都吓坏了。我们一起定个计划，好让以后不要再出现这种情况了。’玛塞拉表现得很谨慎。我们以前从来没有这样谈过话。

“我继续说，‘我觉得，你昨天和表兄妹玩得很开心。但你是个内向的人。你还记得这意味着什么吗？这意味着你喜欢与人共处，但过一会儿你就要独自休息一下。我认为，之所以会发生这样的事，是因为你太累了，需要暂停休息一下。但他们刚走，我就要你去冲澡。你不喜欢冲澡，因为你很敏感，而且水流进你眼睛里，让你难受。’

“整个过程比我想象的要顺利，”劳拉承认说，“于是我提醒她，‘无论我们多生气,伤害别人是不对的。’玛塞拉垂下眼睛。我不想再说细节，因为我知道她很难过。‘我们来定个计划吧，’我邀她和我合作，‘下次，如果你想多休息一下再洗澡，你可以说，‘妈妈，我能先休息一下吗？’或‘妈妈，我今天好累，我能泡个澡吗？’玛塞拉看起来轻松了许多。

“我知道我们应该多练习，所以我鼓励她试试。‘该冲澡了，’我告诉她。

“‘妈妈，我能泡个澡，不冲澡吗？’她回答说。

“我们都笑了，还举手击了个掌。谈话最后，我提醒她，‘下次，我希望你能这样说。’玛塞拉赞同地点点头。”

学步儿的重来：学步儿的重来需要适当调节，来适应他们所处的发展阶段。学步儿的脑子里总有个声音大叫：“做一做！试一试！看看会怎样！”而且他们的记忆也很短。每一次，你都得制止他们，然后向他们展示该怎么做。

当学步儿将玩具卡车扔向你，你抓住卡车，说："把卡车递给我。"请他练习把卡车放在你手上。（很可能是有人教过他扔球。他还没弄明白，我们扔球——但我们递玩具卡车。）

性情儿的父母往往不愿意回顾情绪崩溃的场景。他们害怕这么做会再次触发孩子的情感，于是避免这个话题。但是，正是在重来的过程中，你的孩子才能了解自己的情绪，学会应该使用的言语和应该采取的行动。就好像递给他安全带，防止他跌落，坠入红色区域的深渊。

如果孩子能够看着你，你会知道他已足够平静，能够进行重来。他的声音正常，四肢平静，双耳能关注你的声音，忽略周围的噪音。他能回答你的问题。如果不是这样，把他放到镇定篮里，如果他有四岁（或以上），让他休息一下，直至他恢复平静。如果你的孩子是学步儿，你会希望趁他还记得这件事的时候，早点跟进。

弥补：如果在情绪崩溃中，有人受伤，重来也应包括弥补的过程。一旦你的孩子平静下来，带他去见受伤的人。教他问，他需要什么。他是否需要冰块或创可贴？他是否需要拥抱？他是否需要知道，你们以后还会一起玩？无论他需要什么，主角都要满足他的需求。

你会发现，弥补并不强求道歉。因为强制的"对不起"是毫无意义的。当你关注受伤的人的需求时，你教会孩子同情。最终会有显著成效。

冲澡事件过后，没有任何的敦促，六岁的玛塞拉花了 30 分钟，在一张卡片上写道（手写的印刷体）："对不起。"这是发自内心的。

场景重现，你的重来：如果我们诚实地面对自己，我们会发现，在情绪崩溃中，我们也有责任。当然，我们是无意的，只因我们自己也在学习。情绪崩溃后，想一想之前发生的事情。今后你是否可以有不同的行为，从而有助于你和孩子远离红色区域？

当我问劳拉这个问题时，她回答说："我也是个内向的人。回想一下，玛塞拉的表兄妹走了以后，我和她一样，也需要休息一下。我们只需休息片刻，但这片刻非常关键。"

劳拉也意识到，因为当时她自己的能量水平低，她忽视了玛塞拉走入黄色区域的信号——逐步走向红色区域。她发誓以后要更关注这一点。

当你的孩子打、踢、扔东西时：如果你首先改变自己的方式，停下来倾听，你会大大降低孩子打、踢、破坏东西的几率。但是，如果你已尽力理解当前的状况，他还是可能会走到这一步，你必须制止他。你还是要以坚定但平静的声音告诉他："如果你自己不能停下来，我会来帮你。"或"我不能让你伤害自己或他人。"如果孩子比较小，可以把他抱到你的大腿上。你坐在地上，双腿伸展开，让他和你面对同一个方向。用你的腿把他围住，好让他不能踢你。用手臂把他抱住，好让他不能打你。牢牢地把他抱住，让他不能用头撞你或咬你，但是不要用力挤他。深呼吸，对自己说："他被情绪淹没了。""他的大脑被劫持了。""他这么做不是'针对我'。"这些想法有助于你保持冷静。请记住，在飞机上，你得到的指示是遇险时先给自己戴上氧气罩。先让自己冷静下来，你才能让他冷静。

你的孩子很可能会大叫"放开我！"向他保证，只要他的声音温和，四肢平静，你会放开他。温柔但坚定地抱着他，直到他恢复平静。请他和你一起呼吸。让他平静下来时，放开他。如果他又开始动手，再一次抱住他，告诉他："我觉得你现在还没准备好。"继续拥抱他，直到他平静下来。

当你的孩子大叫、骂你、叫你的名字：孩子在情绪崩溃时，说脏话也很常见。这其实是一种进步——他在动嘴，而不是动手。当然说脏话也是不可接受的。但不要上钩。你之后会解决这个问题；但此刻你要做的是拉住他，防止他坠落。你要温柔而坚定地对他说："我知道你现在非常生我的气。试着重新表达。你要以一种我愿意听的方式来表达。"然后等待。必要时，可以再重复一遍："我会帮助你的。再试一次。"

如果一个孩子在大叫"我恨你！"或"我要使劲打你的头"，那么这个孩子往往是因为自己心声无人倾听，或觉得某些事不公平而生气。这时，你应把握机会帮他懂得，无须害怕强烈的情感，但应有礼貌地表达。一旦他冷静下来，你会解决他的攻击性用语的问题。这时，你可以教他说"我觉得这不公平"来取代"我恨你。"

当学步儿不知道如何用语言表达自己想要你刚刚收起的玩具，他们常常会沮丧地大叫。面对他们的强烈情绪，你可能会忍不住满足他们的要求，好让他们不再尖叫。然而，这样的行为无意间强化了他们的这种行为。这就是我在本章开头提到过的试探底线的情绪崩溃。情感强烈的孩子如果因尖叫获得"奖励"，即使长大后能使用语言表达，还是会继续以尖叫的方式来达成目的。因此，当孩子尖叫时，你去和他沟通是非常重要的。要平静地对他说："我在听你说话。我会帮助你的。"接着，要求他用适当的方式表达："请给我玩具。"然后等待，直至他做到。在他安静下来以前，不要满足他的要求。一开始，因为你在教他停止再重试，当他有礼貌地提出要求时，你要满足他的要求。（刚开始，哪怕音调上有一点点变化，也应强化。）一旦他学会用尊重的口气，你会期望他与你共同想出双方都可接受的方案。（第9章会有更多介绍。）

陪伴与抚摸：不是所有的孩子在经历情绪崩溃时，其大脑都会进入“战斗”模式。有的孩子会愣住，就像车灯前受惊的鹿，他们只是需要时间和空间来恢复。你的陪伴是非常重要的。一天早上，一位妈妈送孩子去幼儿园时，我正好在这家幼儿园观摩。这位妈妈刚走出门，小女孩就开始又叫又踢。我看出这个孩子属于慢适应型，应对这种转换有困难，但她妈妈和老师并不熟悉气质概念，也不知道这是怎么回事。他们让小女孩独自到角落里大哭，他们继续忙自己的事。我朝小女孩走过去。她不认识我，我感觉到她并不想让我碰她。我身体放松，告诉她，如果她不想我靠近她，我是不会走近的。我坐在旁边的地板上陪她，她可以随时靠近我。她一点一点向我靠近，把头靠在我腿上。直到这个时候，她才停止了哭泣。

对孩子而言，独自面对如此强烈的情绪是非常可怕的。他们需要你冷静的身体陪伴，从而得知你关心他们，随时可以帮助他们。

如果拥抱能使你的孩子平静下来，那么就给她拥抱。不要害怕养成坏习惯。就算你认为拥抱是她想要的，害怕这样做会加强她的不良行为，你还是要这样做。如果她摔跤了，擦伤了膝盖，你会安慰她。在情绪崩溃时，她体验到的是情感上的伤痛。她需要你的同理。

约翰·戈特曼将此称为“滑门瞬间”。你的孩子表达了沟通的需求。你有了机会。如果你将门滑开，走进去，你让孩子知道，你是去帮她的。如果你将门关上，不理她，你迫使孩子将情绪升级，来重新获得你的关注。温暖地回应并不是“坏习惯”。抚摸能提高孩子体内安抚、平抚激素的水平，降低她的脉搏，阻挡情绪洪水。而且，拥抱还有一个好处：对你的心脏有益。

如果你发现自己很烦躁，你可能要走开一会儿。告诉孩子，你要走开一会儿，让自己冷静下来，但向她保证，你会回来。你不是“离开她”，只是休息片刻。这是件好事。

给孩子空间：有时，抚摸不仅起不到抚慰作用，可能还会使性情儿的情绪加剧。对于那些更内向的孩子而言，尤其如此。这些孩子需要空间。他们后退、推开你，就是向你传递信息。他们也可能会说：“别看我！”“走开。”或“离开我的房间！”如果你的孩子会这样，而且他们是学龄前儿童（或大一点），此时他们没有伤害自己，也没有破坏物品，那么尊重他们的界限，轻轻离开。让他们知道，你会再来看他们、你随时可以提供帮助、你关心他们。在之后的重来中，你会教他们使用更得当的言语，比如：“我现在需要一点空间”或“我要先休息一下，等下再谈”或“我只需要几分钟”。

克里斯蒂娜表示认同：“我做的最糟糕的事就是试图把罗温抱起来。他需要靠近我，但他不喜欢我抱他。”

如果你是外向型父母，你总是想摸孩子，想跟他好好谈一谈问题。当他难过时，你看到他后退，听到他哭，以为他想要沟通。这是因为，当你难过时，你通常更喜欢、需要抚摸和沟通。但在这个方面，你要尽量抑制自己最初的“自然”反应，尊重孩子对空间和安静的需要。他不久后就会愿意和你拥抱、沟通。但你要等一下。你可以告诉他：“我不会碰你，但我会在附近，直到你的身体冷静下来。”

鼓励孩子动：当你的孩子陷入情绪崩溃，血液会涌向他的肌肉，身体释放的肾上腺素、皮质醇和应激激素会进入他的系统，告诉他快动。正因如此，你的孩子可能会“乱窜”。他需要释放所有这些能量。我们只需教他们如何安全、适当地释放能量。如果他还很小，牵着他的手，和他一起快步走。如果他大一点，鼓励他站起来，在走道里来回走，爬爬楼梯，或者做些其他运动。如果他再大一点，而且需要跑的话，帮他找个安全的地方，比如在你家房子周围，或带他去有跑道的地方、操场或公园。

我倾向于引导腿的运动，而不是手掌或手臂，也就是说，我并不鼓励孩子去打沙袋或枕头。我希望他们身体宣泄的方式，在学校以及今后的工作场所都能应用。站起来喝杯水或去趟洗手间总是可以接受的，但敲打桌子是不能接受的。

如果你们在公共场合，大声说话：当我们讨论如何应对情绪崩溃时，玛吉仔细地在一旁听着，然后摇摇头。“在家里，我能抱抱他，或者和他一起动一动，非常有效。我能感觉到他放松了。他开始说话，而且牢骚的语调也转变成正常的沟通语调。但在杂货店时，我这么做就不管用了。”

孩子在餐厅里、宗教场所或家庭聚会中失控是最让人头疼的事了。在公共场合，因为刺激水平更高，你就更难降低孩子的心率，让他的身体恢复平静。在这种情况下，你往往也并不是太关注孩子，因此，你还没注意到，孩子的情绪强度就已经很高了。而且，你和孩子也面临他人的期望及社会规则的压力。

雪城大学（Syracuse University）的教授爱丽丝·霍尼格（Alice Honig）说：“别管陌生人了，反正你以后也不会再见到他们。”照顾好你自己和你的孩子。如果你和朋友、家人在一起，请求他们的帮助。如果这样做，你觉得不自在，那么就集中精力想想你要怎样让自己恢复平静，然后让孩子恢复平静。你知道，你之后会再与亲戚或操场上其他父母沟通。

当你平复孩子的情绪时，提高音量，让周围的人都能听到你清楚、自信的声音。让他人知道，你在有效地解决问题，也会让你自己状态更好。同时，也避免了他人给你一些你不需要的建议。

“我们刚刚在餐馆里吃完饭，”希拉在讨论发脾气的课堂上解释说，“怀亚特不想走。他正在给桌垫填色，想填完再走。但我等不了了，因为我要去学校接女儿。‘该走了，’我对他说。

“他开始扭动身体，表示抗议。我知道，这下要带他走可不容易。所有的人都看着我们。我开始大声说：‘我知道你不想走。你还没来得及完成你的画。但是，我们得去接你姐姐，你可以把这个带回家画。’我不知道这么说对他是否有帮助，但让我自己保持了冷静。”

不要推测周围人的想法。如果是陌生人，谁在乎他们想什么？如果是朋友，他们会支持你；如果不支持你的话，或许他们根本不是真正的朋友。如果是亲戚，可以听听他们的建议，然后自己决定是否采纳。他们的建议可能有用，也可能不适合你的孩子。你可以自己决定。

打没有用：实际上，这种做法只会加剧孩子的反应，将孩子推向边缘，因为这会使情绪洪水更汹涌。说实话，如果我们打孩子，说明我们自己也处于情绪崩溃中。我建议、请求你们不要打性情儿。性情儿的外在行为强硬，但却有一颗柔软的心。性情儿有着深入内心的强烈情感，打孩子很容易使情况恶化。

寻找源头

情绪崩溃会让所有牵涉其中的人感到难过。识别出常见的源头有助于你预防情绪崩溃的发生。

高峰时刻

情绪崩溃会在一周或一天中的任何时刻发生，但似乎有些高峰时期，你的确需要有心理准备。我曾问过一组父母，他们的孩子在什么时候出现情绪崩溃最多。他们告诉我，下午 4 点到 6 点。每个孩子情绪失控的时间、场景可能各不相同，但知道情绪崩溃有高峰时期有助于你关注他的信号，也能让你更有耐心。

傍晚：情绪崩溃在傍晚的发生频率很高，因为当每个人都又累又饿，当你积累了一天的情感，或当太多的转换堆积时，情绪更容易涌现。如果出现了这种情况，那么很可能是因为你的孩子缺乏睡眠。记录孩子每天的睡眠时间以及不同睡眠时间下的行为差异。据我私人咨询的经验，我发现每天出现情绪崩溃的孩子中，有 90% 以上睡眠不足。这种情况存在于所有年龄段的孩子，从学步儿到青少年。如果有治疗情绪崩溃的神奇疗法，那就是充足的睡眠。

在他没有得到所需睡眠的时候，或在他倒时差的时候，你要仔细想想傍晚的计划。考虑省略一两项活动，尤其是那些需要孩子与他人合作、集中精力、屏蔽刺激或控制自己身体的活动。在这一天的这个时候，他只是没有能量去做这些事。当他缺乏睡眠时，他的情绪洪水会更容易涌现。你这时也很可能缺乏精力去帮他。

早上：所有孩子早上起床、穿衣服、道别都很费事，而如果你的孩子适应得慢、敏感、情感强烈，情绪崩溃最容易在早上出现。早上，慢适应型的孩子不仅很难从一项任务切换到另一项任务，而且他的大脑还很难从睡眠状态转换到清醒状态。如果你要在早上叫醒孩子，他经历情绪崩溃的几率会明显升高。

要缓解早上的情绪崩溃，就不要催促。给孩子足够的时间，让他慢慢清醒。提前在头天晚上就尽量计划好第二天早上的日程,要纳入沟通、拥抱的时间。花点时间和他一起吃早餐，表示理解早上起床、分离的困难，都有助于防止早上的情绪崩溃。

当你压力大时：最早是一些当地的社群和教堂邀我谈论性情儿，所以我经常和家人吃过晚餐后，就匆匆赶去那些研讨会。好像出现了一张无法避免的局面：我匆匆出门，赶去告诉别的父母如何与自己的性情儿有效沟通，而我却还在对自己的性情儿大吼大叫。我感到沮丧，同时更多的是难堪，一天晚上我大叫："我做不到！我是个骗子！我还在吼我的孩子，我怎么能告诉别人怎样与自己的性情儿有效沟通？"

幸好我后来发现，约书亚是因为注意到了我因演讲承受的压力。当我的压力逐渐累积，我开始把自己封闭起来，疏远了约书亚，于是让他感到害怕。他的小脑袋里所有的信息都要他去追我、拉我回来——他也做到了。遗憾的是，我当时并未看出他在做什么，也因为他年幼、缺乏技巧，他的方法并没有赢得我的亲近。结果却是，我们两个人都变得更痛苦了。

当我理解了所发生的事情，我选择在外出以前陪陪他，然后，在我的焦虑水平开始上升以前就出门。于是，我不再和他在厨房里争吵，我坐在研讨会举办地的停车场里休息，等快开始时再进去。这样一来，结果差异显著。我们不再大吼大叫，我们用亲吻和拥抱来道别。我们的分离很平和，我也不再觉得自己像个骗子。

性情儿就像个顶级吸尘器，他会吸收你所有的压力。他的情绪崩溃是一个警报信号。

停下来想一想最近发生了什么事情。是否爸爸或妈妈最近出差变频繁了，或经常加班？你是否担心自己的工作不保？家里最近新添置了什么东西吗？有人生病了吗？你近期的日程是否很混乱？你和配偶是否有冲突？发生了自然灾害吗？性情儿吸收所有点滴，直至自己爆发。谁都会承受生活的压力，但监控你自己的压力水平，能让你保护自己的孩子。

"我这一周都在洛杉矶工作，"安德莉亚告诉我们，"我走进门，发现厨房一团乱，我留在厨房台面上的购物清单是给我丈夫的'暗示'，却还保持原样。我气死了。莉比是性情儿，她感觉到我的压力，马上就来寻求我的关注。'妈妈，你能开车送我去朋友家吗？妈妈，你怎么不听我说话！'

"我能感觉到我的脸通红，不过还好，我想吼叫之前先停了下来，对自己说，'我怎么了？我需要什么？'我意识到，我非常累，我希望我的丈夫能知道我的想法——我们需要生活用品，他应该去买。现实检查：我从没要求过他去买生活用品。我还答应过莉比，我回到家时，她可以和朋友一起玩。我坐了下来。'等一下，'我说，'我需要休息一会儿。'休息几分钟以后，我们能共处了。"

通过管理自己的压力，你为孩子伸出了稳定的手。当你发觉自己处于情绪崩溃的边缘，要承认自己正在做的无效，并选择不同的方式。

可以和孩子一起玩。选一个让你们都会咯咯笑的活动，让自己想起孩子的好。也可以一起坐在摇椅上看书，重复的晃动能平复你们两人的情绪。还可以出去——在户外的时候，似乎一切都更可控了。如果天黑了，外面有点危险，那么就都去泡个澡吧。通过意识到自己的情绪与需求，你的确能帮助孩子远离情绪崩溃的深渊。

发育高峰：孩子会经历发育高峰。你可以记在日历上。他们周岁、半周岁生日前后，可能会出现情绪问题。你也会想记录发育变化，如学走路、突然长高、进入青春期等。刚开始上学、进入中学及其他显著的发育阶段也是情绪崩溃的敏感时期。

当孩子开始变得暴躁、不配合时，你会知道他可能进入发育高峰期了。可能几周以前他们还能做的事情，现在忽然就不能做了。一切似乎都不对。他们很容易感到沮丧。你每解决好一件事，他们就会哭诉另一件。他们不配合你。他们想要拥抱，但当你抱他们时，他们又把你推开。他们很生气——生你的气、生世界的气、生自己的气。任何事都更容易惹他们心烦。

发展理论家告诉我们，这是一个分裂的时期。在这个时期里，儿童从一个阶段发展到另一个阶段。他们的内在系统在重组，从而创建一个更复杂的新方式，来理解世界。

想象一下五块积木：将它们一块接一块地往上堆，于是就有了五层楼的塔楼。这就是你五岁的孩子——控制他看世界、回应世界的方式的内在结构就是如此。本来一切都很好，但当他快六岁的时候，结构开始发生改变。这座塔楼要加入一块新的积木,但并不只是接着往上堆而已。而是这座塔楼会完全坍塌，变成一块一块的，然后重新堆砌。这次可能会是金字塔型，三块积木在底层，两块在中间，第六块在最上一层。这会是完全不同的结构。在这个三至六周的搭建过程中，以前对孩子有效的方法可能都不起作用了。他变得容易激动,也更易遭受情绪崩溃。

日程安排得松散一点，要有前瞻性。在生长陡增的过程中，孩子会倒退。昨天还能自己穿衣服的孩子，今天突然就不会自己穿袜子了。预料到这一点，你会提前准备，就不会觉得自己“被控制”了。在他要求你的帮助以前，问他 :“今天你穿衣需要帮忙吗？还是你可以自己来？”如果他说他需要帮助，去帮他吧。不过，可以温柔地鼓励他:“也许明天你可以自己穿了，我们就有时间一起看书了。”不久的将来，他就能做到了。

所有的孩子都会经历发育高峰，但性情儿的反应总是会更强烈。在你的日历上做标记，为高峰时期做准备。

能量耗尽 : 能量耗尽也可能引发情绪崩溃。如果你的孩子是内向型,没有独处的时间来充电,那他就会坐立不安。这时别的孩子只是“看着他”，根本还没有进入他的空间，他都会大发雷霆。如果你的孩子是外向型，他没机会和别的孩子一起玩，或和你互动，那他很可能会失控。当应对水平低时，根本无法阻止情感洪水爆发。

害怕 :“这么做太蠢了。”“我不！”“你不能强迫我！”当性情儿面临新环境，或害怕犯错时，常会出现情绪崩溃。不幸的是，如果他们不理解这种害怕，他们不会向我们表达自己的恐惧情绪，而是变顽固或变凶，常常说出一些我们反感的话，但他们真正需要的是我们的支持。

你要看出这种反抗很可能是因为害怕，和孩子聊一聊。将新的技能分解成容易完成的小步骤,让他逐步获得成功。当孩子一步一步往前走，恐惧会逐步缓解。

这只是情绪崩溃的常见源头示例。仔细观察你的孩子，看看他什么时候最脆弱。

享受成功：我们帮助性情儿管理自己的强烈情绪的最佳方式是关注他们做对了什么。学会刹车需要时间。我们要在学习的过程中庆祝、享受点滴的成功。告诉孩子："我听到你说，你感到沮丧。你真的长大了。"或"我看到你走开了,而没有推你弟弟。你肯定也为自己骄傲吧。"关注孩子得当的行为。这种行为是你期望在未来能反复看到的。寻找这种行为。总会有一些他做对了的事情。找找看。

照顾好自己：情绪崩溃会耗尽每个人的精力。处理一天的情绪问题后，可以请保姆来帮忙，晚上外出放松、泡个热水澡或干脆早点睡觉。处理情绪崩溃的状况会消耗爸爸妈妈的精力。照顾好你自己，然后你才能好好为孩子服务。

情绪崩溃止不住时

有些时候，尽管你尽全力理解孩子的强烈情感，教他疏导、利用情感的有效方法，他的情绪崩溃还是止不住。如果你发现自己很生气，怨恨孩子，看不到他的潜能，或害怕继续与他共处，那此时你应该寻求专业人士的帮助。你的孩子可能有健康问题,同时体现出性情儿气质。

也可能更多的是健康问题，而不仅是气质原因。相信你的直觉。有很多人能帮助你。

预约专业人士。爱护你的情感关系，帮他寻求所需的支持和帮助。孩子是不可替代的。这是建立终生关系的时刻，一切时间、努力、金钱都是值得的。

总结：
如何应对情绪崩溃的孩子

性情儿的激烈反应让他们更容易进入情绪崩溃状态——情绪的洪水会淹没他们，将他们推入自己无法应对的地带。

经历情绪崩溃的性情儿需要听到：

这是情绪洪水。

你被自己的情绪淹没了。

我在这里，我会帮助你。

你可以哭，但不能踢打或咬人。

如果可以的话，我们会阻止情绪洪水淹没你。

教导小窍门：

陪在孩子身边或留在离孩子较近的地方。孩子会非常害怕独自面对强烈情绪。

浏览孩子的气质清单，找出洪水源头（太多转换、刺激过多等）。

如果可以的话，止住他的情绪崩溃。

在孩子情绪崩溃的高峰时期，尤其是傍晚、发育高峰、你的压力大以及能量存储低的时候，减少对孩子的要求。

保证孩子睡眠充足。

不要打孩子。当每个人都很生气的时候，动手只会让情况失控。

当大家都冷静后，再回头帮孩子了解自己的感受，教他采取更适当的言行。

享受点滴成功。

应对你自己的强烈情绪：

意识到孩子现在不知所措。

照顾好自己，好让自己有能量帮助孩子。

如果你尽全力后，情绪崩溃仍持续，知道何时寻求专业人士的帮助。

⑨ 意志坚定：选择你的战斗——何时肯定

坚持不懈和固执的区别在于

前者源于强烈的意愿

而后者源于强烈的否定。

——亨利 · 沃德 · 比彻

我女儿上大学的时候，选了个四面环山的大学。一个秋日，她和另外一位年轻女性决定去徒步。那天，山谷里美丽温暖，她们就没怎么想为上山后做点准备。想象一下，当她们开车上了几千米的高山，开始徒步时，发现自己被困在了 0.6 米高的雪地里，猝不及防。她们没带铲子，没戴厚外套，没人知道她们在哪里，手机也没信号。

我问她 :“你怎么办呢？”

“嗯，妈妈，”她淡淡地说，“我得承认一开始我是有点害怕，我的朋友简直吓坏了。但我深吸了一口气，告诉她，‘萨拉，我来自一个善于解决问题的家庭！’这句话足以让她大笑，让我们两个人都冷静下来。然后我们开始想办法，我们在后备箱里找到一个咖啡罐。我们用这个把自己挖了出来。”

当我在研讨班上讲述这个故事时，大家总会大笑，不过，“我们是善于解决问题的家庭”真是非常有力的表达。这句话意味着，在这个家庭里，我们听取彼此的意见，相互合作。对于执着的孩子而言，和他人共同解决问题是必备技能。

执着的孩子就像“未加工的宝石”，和他们一起生活并不是件容易的事。拒绝这些孩子、阻挠他们的努力，就有可能引发他们的暴怒。即使还在婴幼儿时期，他们都极其坚定顽强。其他孩子妥协的方面，他们会继续坚持。他们的要求比其他孩子更多。而且，他们从不放弃。忽视他们或转移他们的注意力几乎是不可能的事。

在权力斗争中，毅力是主要的气质特征。这种气质如未经改善，会每天都激起你们两人间的拔河比赛，让双方身心俱伤。如果你有个执着的孩子，不要总是拉扯绳子的另一头，要和他结成一队。如果孩子往东拉（表明态度:“我不干”），不要拒不让步，非要往西拉（反驳:“不干不行”）。相反，你要放手，往南走（说：“我们来合作吧”）。当你这样做的时候，你的孩子会放松，也会往南走，于是你们就走到了一起，成为队员——至少大多数时候如此。你们不用每天吵架。你们可以成为善于解决问题的家庭，鼓励执着追求同一目标，凸显与他人合作的能力。这一切都始于谈论毅力。

使用语言

毅力预示着未来的成功。韧性甚至能超越天赋。坚持不懈、决心、坚毅和勤勉都是毅力的同义词。马丁·路德·金（Martin Luther King）

和莱特（Wright）兄弟都是非常有毅力的人。我们应告诉性情儿，我们珍视他们的毅力。

“我以前非常受不了，”金姆在一次采访中告诉我，“只要我让我女儿做什么事情，她总会坚持要按她的方法来。直到我看看自己的性情，发现我自己也是个有毅力的人。有时我的毅力的确会给我带来麻烦，但大多数时候，毅力真是我的财富。现在，当她说她想要点不同的，至少我能倾听，不会烦躁。我不会否定她的决心。”

看看你的标签——你用来描述毅力的词汇。这些词汇有助于孩子理解、欣赏自己的毅力吗？

意志坚定的性情儿需要听到：

你执着坚定。

你知道自己想要什么。

你的朋友无法说服你做自己不想做的事情。

你独立能干。

你有成大事的干劲。

当孩子听到这样的表达，他们很快学会将其转化为自己可用的信息，来与他人合作：

我有个想法。

我们能谈谈这个事吗？

我们来做个方案吧。

我们一起合作吧。

我知道我能完成！

好父母会肯定

选择共同解决问题是一个过程，这个过程中，你和另一方有共同的利益，也有利益冲突。为达成你们双方都能接受的协议，你们会反复沟通。大多数人都有这样的经历：有人会告诉你，反复沟通就是跟父母顶嘴——这是禁止的行为。合作达成协议并不是理所应当的目标。如果爸爸要我们做什么事情，我们就应该去做，不管我们认同与否。协商是不允许的。原因在于，过去我们总以为只有两种可能的结果：你赢或我赢。幸运的是，还有一种方法能达成共赢。

成为善于解决问题的家庭，我们不会困在旨在分出胜负的摔跤比赛中。我们不会关注每一方表明自己要做什么、不做什么，而是关注共同利益、想出解决方案。这样能降低情感的强烈程度，实现有创意地去解决问题，营造团队感：双方共同合作，尊重彼此，想出解决方案，让人感受到尊严和个人的力量。正是这种关系让性情儿与我们合作——甚至让十几岁的孩子也容易管理。

成为善于解决问题的家庭有三个步骤：

1. 你要理解孩子重视的是什么。
2. 说明你重视的是什么。
3. 共同解决问题。

三个步骤合起来，

你们就达成了一致！

寻求理解

选择首先寻求理解，并不意味着放弃你的权威。获胜的教练有大把的策略备选。他们会根据当时的情况，选择寻求理解、坚持下去或放手。这是他们作为生活竞技场上的领导人所控制的选择。

我的同事琳最近就证明了这一点。琳负责管理派迪亚儿童发展中心（Paidea Child Development Center），中心的服务时间是从早上 6:45 到晚上 6:00。在这期间，教学时间是从早上 9:00 到下午 4:30。该中心的规定是，在非教学时间，孩子可以从家带玩具和朋友分享，也可以自己玩。但到了 9:00，所有家庭玩具都要收到孩子的小杂物间里，直至教学时间结束。

这天早上，雅各布把自己最喜欢的恐龙带到派迪亚。当老师告诉雅各布，教学时间快到了，该把他的恐龙收起来时，他情绪失控了。正在这时，琳走进了教室。

"你真的很想要你的恐龙。"她表示理解。

雅各布抗议说："这不是家庭玩具。"

"噢，那这个恐龙是大家的吗？"琳问道，"如果这个玩具只是你一个人的，那么这就是家庭玩具。派迪亚的玩具是所有人都可以玩的。"然后她暂停了一会儿，让雅各布思考片刻，然后继续说："这是你的玩具，你可以晚点再玩，你是想放在我办公室里还是想放在你的小储物间里保存？"

雅各布想了一下，然后回答说："放你办公室。"然后和琳一起去存放恐龙。

停下来，寻求理解，并不一定要说服孩子他错了。也未必非要他认同你的观点。也并非意味着，你会不考虑自己的利益，完全满足他的要求。这只是一个理解孩子的想法与感受的过程。你在寻求理解的过程中会获得所需的信息，从而决定接下来怎么做。

寻求理解的关键在于做个好听众。

做个“好”听众：一次，我在课堂上问大家：“你们怎么知道一个人是否在听你说话？”紧接着就有人问：“你怎么知道一个人没有听你说话？”我们开展了一场快速头脑风暴，列举了以下例子：

如果一个人有以下表现，你知道他在听你说话：	如果一个人有以下表现，你知道他没听你说话：
看着你。	不看你。
冷静。	打断你。
关注你和你说的话。	做别的事情。
回应方式和你所说的内容相符。	不适当的回应，或偏离话题。
没有做别的事。	眼睛到处转。
点头。	目光呆滞。
双臂放松，在身体两侧。	双臂在胸前交叉。
面部表情和你所说的内容“对应”。	皱眉、向下看、仿佛准备猛扑。

艾比想了想，说："我和我哥哥打电话的时候，我总能知道他是不是在电脑上干别的。我可以通过他的回应知道他有没有听我说话。"

克莉斯多看着"没有听"的例子，风趣地说："我们家每天都是这样的。"

"我们来看看这种感觉是怎样的，"我开始引导小组讨论，"每个人找个搭档。一个人说，一个人听。说的人分享一些对自己重要的事情，听的人使用好听众技巧。"

大家马上进入了深度交流。欢笑声在房间里回响，大家频频点头，投入时，身体向对方靠近。我得闪一下灯光才能吸引他们的注意力。"感觉如何？"我问。

"感觉得到真正的认同，"麦迪回答说，"我还想分享。"

史蒂夫也表示赞同："感觉很好。我感觉受到了尊重。"

"交换角色，"我指示说，"之前说的人现在听，但这次我想要听众不听。"声音开始爆发，很快变得越来越大。突然，艾比开始大叫，当希瑟开始推罗伯时，我停下了这个活动。"哇，这次感觉如何？"我问。

希瑟生气地瞪大了眼睛，说："他老是看他的手机。他根本就不听我说话！"

"感觉的确很糟糕。"艾比摇着头说。

马特耸耸肩说："我干脆不说了。"

当我们没有真正听我们的孩子说话时，他们有同样的感受。

选择倾听，需要我们全身心地投入，停下手中的其他事情，也不要去想我们要怎么说，而是关注孩子说什么。我们得检查自身的肢体语言，保证我们是在沟通："我想要理解你。"当你选择用心倾听时，你会发现倾听本身也能消解孩子的防御情绪。

如果你发现自己情绪不好，无法集中注意力，你可以回顾一下第6章中介绍过的“保持冷静”的技巧，对孩子说：“等一下。我得自己先冷静一会儿，等下才能听你说话。”然后后退，深呼吸，让自己冷静下来。一旦你冷静下来，你也可以继续寻求理解。

完成这项练习后，我让父母回忆自己最近一次和自己意志坚定的孩子的争吵。“你们为什么争吵？”我问道。这是个很简单的问题，他们马上就回答了。

“昨天吃午饭的时候，”克里斯多弗说，“我问迪伦，他想喝水还是牛奶。他回答说，‘我想喝汽水。’”

“我们也是在吃午饭的时候爆发战争，”克莉斯多补充说，“我的孩子十岁了，我让她坐下来吃午饭，她坚持说自己不饿，想去朋友家。”

当你问孩子，他午饭时想喝水还是牛奶，他回答：“我想喝汽水”，你们双方都表明了立场——水和牛奶对汽水。立场表明了你们想要什么，可以是任何事情，从“我想要”对“我不让”，到“我想去朋友家”对“你要坐这里吃午饭”。

这些立场每次都把我们逼入死角。就像拳击台上的拳击手，我们总是会在脑海中听到鸣锣声，让我们进入每次争吵。始终有个未定的问题：谁会赢？谁会输？难就难在，我们要跳出角落，找到双方都能接受的方案。关注我们共同的利益——我们为什么想要，而不是关注立场——我们想要什么。我们不用拿起手套，而是可以教自己停下来，寻求解释：这为什么重要。首先，我们问：“怎么了？”

怎么了：每次你和孩子困在各自立场中，都有原因：你们试图达成一致的利益或需求。为解决我们的差异，我们要说明这些利益。这为什么重要？当孩子的立场与你不同时，忍住强迫她的欲望，也不要以批判或轻视的态度开始对话。相反，保持开放的态度，去了解对孩子重要的是什么。她的感觉如何？她需要什么？

在课堂上，我问克里斯多弗，他认为是什么让汽水对迪伦来说这么重要？

“他想要汽水，也许是因为我咖啡杯里藏了汽水？”他笑着说。其他父母也跟他一起笑了起来——我们都有做过这种事情。

“会不会有其他的原因呢？”我问大家，只想保证我们探索了所有可能性。

“也许他喝腻了牛奶和水。”格雷格说出了他的想法。

“我女儿喜欢冰块，”斯蒂芬妮说，“她因为想要冰块，就会管我要汽水。”

类似的问题，我也问了克莉斯多：“你认为你女儿为什么不想吃午饭，要去朋友家？”

“她自己一个人待了一早上，”克莉斯多回答说，“她很外向，肯定是要充电了。”

“有没有其他可能的原因？”我问。

“可能她不饿。”克莉斯多说。

无论孩子的感受如何、需求是什么，我们都要尽力探寻。蹲下来，和孩子的目光平视，开始倾听——认真地倾听。让孩子再多告诉你一些。“是什么让去朋友家对你这么重要？”你会发现，我用的是“什么”，而不是“为什么”。孩子们通常很难辨别自己为什么有某种感觉或为什么需要某种东西。

如果你的孩子太小，无法回答你，或根本不回应，你可能要通过描述你看到、听到，或知道的情况来猜测："我看到你今天不想吃午餐，怎么了？"或"我听到你说你不想离开，怎么了？""你很伤心，是因为妈妈不在吗？""你一早上都在家里，你想出去吗？"

如果你继续探寻孩子的需求，你会知道发生了什么，分辨出孩子是想要玩具，还是觉得累了。还可以说点蠢话，表现出一点幽默："你生气是因为院子里没有大象吗？"

就算是两岁的孩子也会开始意识到，你正努力了解什么对他来说很重要。随着你慢慢努力，他会逐渐放松。

深挖。如果你觉得孩子的答案很离谱，继续挖掘。一天，我在参观派迪亚时，看到三岁的莉莉出去的时候不愿意穿外套。她的老师塔米对她说："我看到你今天不想穿外套。怎么了？"

"风太大了。"莉莉声称道。

当时风并不大，但塔米没有否定她的说法，而是解释道："哦，你不想出去，是因为外面风太大了？"

莉莉点点头，还补充说："而且停车场里还有个大垃圾车。"

"哦，"塔米为了验证自己完全理解莉莉的意思，继续回应说，"你想留在里面，因为外面有个大垃圾车，而不是因为风太大了。"莉莉舒了口气，肩膀也放松了下来，此时她意识到老师帮她弄清楚到底发生了什么事。莉莉害怕吵闹的大卡车。

深挖可能会让你感到不适。凯西在课堂上告诉我们："我会问里奥有什么感受，但他回答，'没什么。'就这样冷冷地打断我。我不想强迫他。

我觉得费力打探只会让情况恶化。但当我向他指出，他说没什么问题时，我看出他脸上露出一丝不悦，好像脑子里有一盏灯灭了。他有了表达自己的渠道。”

不要害怕深挖。但要检查自己的音调、监控自己问的问题。如果你听到自己说“你为什么噘嘴？”或“你为什么又生气了！”你的言语带有评判。你听起来更像恐吓者质问证人，而不是在寻求理解。也要记住，你不是试图让他振奋起来，或说服他摒弃现有的感受。如果想不出怎么说，只用问：“怎么了？跟我说说。我真的想知道。”和“还有什么是你想要我知道的吗？”当你看到孩子身体放松时，你就看出，自己真的理解孩子的感受了。

一旦你理解了孩子，就轮到你解释什么对自己重要了。知道这一点，有助于避免你们陷入权力斗争——几天前，当我试图寻求理解时，就发生了这样的事情。焦虑的我给琳打了电话：“帮我理清怎么回事吧。我失控了！”

她提醒我说：“倾听并不代表你要放弃自己重视的事物。”

我的血压突然就降了下来。（后来，我反复对自己说：“这是一个永无止境的过程——追求进步，而非追求完美，是我们的目标。”）

说明你重视什么

陷入僵局的双方需一同来解除僵局。你的利益和孩子的利益一样重要。在这个过程中，你不仅就你所重视的事物与孩子沟通，也向孩子传递了家庭价值观。可能说一句“因为我要你这么做！”强迫孩子服从，似乎更快更简单。但如果没有沟通，孩子不知道这个问题为什么对你重要。花点时间解释、说明你的价值观。这样一来，孩子就有了他所需的信息，来形成他自己的价值观。

课堂上，我又问回到克里斯多弗的问题："你为什么想要迪伦喝牛奶或水？"

"因为冰箱里只剩这些了。"他回答说。

"还可能有别的原因吗？"我问其他人。

"有营养。"斯蒂芬妮给出了她的答案。

"你呢，克莉斯多？"我问道，"你为什么想要女儿吃午餐？"

"因为如果她不吃的话，她就会非常难受，"她回答说，"而且我也不想两点的时候再做一次午餐。"

说明你重视什么并不是教训或指责，如"我不喜欢你这么没礼貌地跟我讲话。"而只是简单表达自我，比如：

我希望你尊重我。

我担心，如果你不吃饭，你会不舒服。

我需要知道，你吃的东西有营养。

对于我而言，你的安全很重要。

对于我而言，你的准时很重要。

说明你重视什么，有助于你清楚地表达自己的感受与需求。当你开始考虑你们为什么坚持各自立场时，你会发现背后的原因，而不是非要决出胜负。这时，你和孩子重视的都清楚明了，你们就准备好共同解决问题了。

共同解决问题

“我们怎么改善？”塔米问莉莉，“你想留在里面，因为外面有个大垃圾车，而不是因为风太大了。我担心老师都出去了，你一个人留在里面不安全。你能不能想出三件我们可以一起做的事，来改善这个情况呢？”

莉莉皱起了眉头，“但是，我不想出去。”

“嗯，要不你穿上外套，我陪你等垃圾车开走。然后，我们再一起去操场上玩，好吗？”莉莉穿上了她的外套，等垃圾车轰鸣着开走，她就拉着塔米的手走了出去。

共同解决问题意味着考虑双方的利益。没有输家，每个人都是赢家。孩子感受到自己有自主权，同时学到考虑他人利益的重要性。当你请孩子与你一同解决问题时，首先重述一下你们双方重视的事物。“你想去陪朋友。我得马上做晚饭。”

然后请她和你一起解决问题，可以这样问：

我们如何改善？

你能想出三件可以一起做的事，来满足我们两个的要求吗？

我们可以怎么办？

如果你的孩子提议说：“送我去朋友家”，不必生气或马上拒绝。只用说：“这是一个建议。再提三个。”继续共同探寻可能的解决方案，直至你们想到一个能满足每个人的主意。头脑风暴帮你找出肯定答案。头脑风暴的规则是一切皆有可能。到这个时候，你们不会评估、放弃、嘲笑任何一种提议。你们可以想出任何方案。实际上，抛出几个幽默的方案往往能缓解紧张氛围，维系你们的合作，直至你们想出合适的方案。

我将学员分成两组，一组帮助克里斯多夫和迪伦想出可行方案，另一组帮助克莉斯多和她的女儿。

克里斯多夫小组反馈的建议：

午餐喝牛奶或水，点心时间喝汽水、吃爆米花。

水里加冰块。

克里斯多夫午餐时也可以喝牛奶，过后等迪伦外出后再喝汽水。

克莉斯多小组的建议：

不吃午餐。

给女儿打包一份午餐，让她带到朋友家去。

邀请朋友来家吃午餐。

两点钟的时候再做午餐。

我看过清单后，让克里斯多夫和克莉斯多选择他们和孩子最能接受的方案。克里斯多夫选择在水里加冰块，因为他觉得这是迪伦真正想要的。克莉斯多选择邀请朋友一起来吃午餐。

和孩子一起进行头脑风暴，让你看到，你们有非常多的选择——能让你们两人都满意。孩子越小，你们越能想出解决方案。孩子越大，你越要放手，让他使用自己灵活思考的技巧来解决问题。

你们寻求解决方案时，可以充分发挥想象力。性情儿极具想象力。一位妈妈告诉我，她的学龄前孩子要吃水果干，她假装递给孩子一包，并大声咀嚼，巧妙地回避了孩子的要求。一位学步儿想要坐车时，他爸爸就模拟驾驶。性情儿能学会使用这种绝妙的想象力，帮助自己成为善于解决问题的人。

选择同意，允许性情儿尝试新主意、想出解决方案，是我们的主动选择，为的是教孩子必备的生活技能。实际上，对于意志坚定的孩子而言，意识到自己能很好地解决问题是一项重大突破，能将争斗扼杀在萌芽中。近期，一位学员妈妈杰西卡告诉我：

我的孩子艾登五岁了，那天他拿着自己的睡衣走下楼。睡衣全是反的。以前遇到这种情况，我们可能会吵上 45 分钟。我听到他不耐烦地发脾气，对他说："怎么了？我会帮你的。"他停顿了一下，看着我，冷静地说："妈妈，等我一下。我是个善于解决问题的孩子！"他深吸一口气，把睡衣摊到地板上，然后穿上身。教会他解决问题，简直就是奇迹。

回想你和你的性情儿最近的争吵。想想"寻求肯定答案"能否避免部分争吵。下次遇到类似情况，先教孩子善于解决问题的家庭是怎样做的。

如果孩子还不会说话

得到肯定回复需要沟通技能，虽然婴儿和学步儿不具备这种技能，但他们也有自己的坚定的想法。养育婴儿、学步时期的性情儿相当耗费精力。孩子劲头十足地去探索、坚定地去尝试，虽然说你起身追赶、制止他的次数越少，你就越省力，你们发生冲突的次数也就越少。但对这个年龄层的孩子，有另一种肯定的方式。

营造肯定环境

走进良好氛围的早教教室，你会看到一个精心安排的“肯定环境”。在这里，椅子可由孩子自己爬上爬下。学步桌附近没有椅子。孩子站在地板上或靠着桌边站，在学用椅子以前先学着利用桌子。架子和挂钩的高度，正好让孩子在不需要帮助的情况下就能够到。还有适宜他们使用的小水杯。纸、蜡笔及其他物品就放在外面，随时可用。蹦床、摇船、攀爬架是为精力旺盛的孩子准备的，让他们能尽情蹦蹦跳跳。有可以推的玩具，也有可以骑的玩具。防碎玻璃水平悬挂在离地面 0.3 米高的地方，而不是竖直摆放，因此，即使很小的孩子只要抬起头就能看到自己。房间里的一切都是肯定：“让我看看你能做什么，全靠自己哦”“去探索吧”“去学习吧”“相信自己”。这就是一种肯定的环境。成人帮孩子选择材料、家具，腾出时间和孩子交流，教导他们，而不是责备他们，与他们斗争。

我们不想也不可能把自己家里装饰成早教教室的样子，但我们可以在家里看看，安排一个肯定的环境，营造和睦的氛围。你的家适合孩子生活吗？如果孩子坚定、精力旺盛、喜欢探索，家是否会成为父母和孩子的战场？如果孩子处于学步期，是否他每次走向厨房，都会引起一番争斗？除了沙发以外，家里还有可以跳的地方吗？书放在哪里？方便拿吗？家里的电子产品在哪里？你会请求别人帮你按按钮、拔电线吗？衣服的挂钩在什么地方？孩子能不要别人帮忙就拿下自己的毛衣吗？孩子的水杯有多大？放在哪里？便于孩子拿取吗？孩子使用的时候容易溅出水吗？你家中安全、可控的地方越多，你和顽强的孩子间争吵就越少，你限制他的事物、地方就越少。

没错，孩子的确要学会尊重属于他人的东西，但孩子早期大脑里的一切都在推动他去发现这个世界怎样运行。这是一段关键的发育期。再加上执着的气质，探索的需求强于他自制的能力。通过营造肯定的环境，你在接纳孩子的气质，而非否定。你在欣赏、享受他的好奇心和决心，避免无须发生的争吵。这不是让步，而是合作。

合作

寻求肯定答案需要努力，也需要时间，不过最终的结果是会节省你的时间。大卫是两个孩子的父亲，他在一个非常严格的专制家庭中长大。“如果爸爸说跳，你就跳。我也曾怀疑过‘寻求肯定’”，他表情严厉地看着我，说道：“实际上，只是想一想，都会让我生气。上周六早上，我妻子和我想一起去市区买个书架。孩子们情绪就上来了，他们讨厌逛街，不想去。我生气极了。他们为什么就不能乖乖听话上车，非要吵吵闹闹呢？我当时无法控制自己的情绪，于是我妻子去和他们谈。”

“爸爸想去，你们不想去，”她说，“我们可以怎么办呢？”

“要不给我们的邻居打电话吧？”大的孩子突然说，“你们上周帮他们照看了孩子的。也许我们能留在他们家，你和爸爸还能约会。”

“对啊，”小的孩子也说，“就这么办吧。”

一开始我有点不愿意麻烦邻居，本来我觉得这会是家庭成员共处的好时光。不过，当我想到，我们之前也照看过他们的孩子，而且我们这样出去肯定就不会有什么“美好”时光了，我的态度就软化了。孩子们给邻居打了电话，邻居也同意了，我就和妻子单独出去了。

开车的路上，只有我们两人，还是挺宁静的，不过我还是有点挫败感。是我的妻子指出，大多数时候，他们还是会和我们出去，不怎么吵闹。也是她说：“我希望将他们养育成能表达自己的需求、解决问题、有时还能质疑权威的成人。”

当然，我不是这样被养育大的，但这么多年来，我一直努力试图表达自我，有时也会坚持自我。只是，我自己的成长环境并非如此，我很难这样去养育他们。

我平静了一点，但没过多久，我想到我们想出这个解决方案花了20分钟。我又非常生气了。感觉好像我们浪费了20分钟。我觉得周末的时间非常珍贵，不想用来和孩子谈判。

回到家的时候，我的火还没消，不过当我们去接孩子的时候，他们的心情非常好。我们得开车送老大去参加篮球赛，然后决定还要多逛几个卖书架的地方。他们跟着一起去了，一路上都没有抱怨。事实上，他们看起来挺高兴的。甚至到了第二天都还奏效。我提议全家一起散步。

老大马上打断我说：“我们从来都不能做自己想做的事情！”

“等等，那昨天呢？”我提醒他说。

“哦，好吧。”他结结巴巴地说，然后穿上了外套。

全家散步的感觉非常美妙。那天晚上，我明白了，因为我们花了20分钟寻求肯定答案，所以第二天早上才能平静度过。每个人都很开心。每个人的心声都得到倾听，都能做自己想做的事情。肯定答案所营造的善意，融入下午的篮球赛和逛商场的过程中。没有争吵，也就无须谈判。第二天，有可能因家庭散步而起的争执也避免了。实际上，周六早上所花的20分钟，为后面攒了24小时的融洽相处——我说这是非常划算的投资！

我不能保证你们每次寻求肯定答案，就会换来二十四小时的融洽相处，但这的确是划算的投资。寻求肯定答案的过程，教执着的孩子考虑他人的需求，平和地解决问题，灵活思考，做出每个人都能接受的决定。这个过程为良好的情感关系打下基础——这种情感关系能经受住青春期或其他困难时期的考验。

如果你也意志坚定

和大卫一样，我们当中的许多人也觉得寻求肯定答案很困难。可能和我们自己被养育的方式有关，也可能因为我们属于意志坚定的人。我们会和孩子一样，坚定无比地锁定自己想要的。

“噢，对，我的确意志坚定！”金伯利在一次小组讨论中解释说：

杰克逊和我就像两头角被锁住的牛。他说我错了，就会把我惹毛！这个问题的确会让我大发脾气。

昨天下午，杰克逊在写信。八岁的亚瑟在做拼写，需要我帮忙。他们两个都把我逼疯了。杰克逊问我怎么拼“neighbor”这个单词。

“N-e-i。”我说。

“不是的，是 n–a。”他坚持说。

我又说了一遍：“是 n–e–i。”

“不是，是 n–a。”他还是要坚持他的拼法。

我很生气。是他问我问题，现在他却说我的答案是错的。我完全没有心情处理这种情况。

“如果你不想知道正确答案，那就不要问我。”我怒气冲冲地说。他非常沮丧，竟然把他辛辛苦苦写的信给撕了。直到后来我才发现，他在问我以前，已经在纸上写了“n–a”。如果正确答案是“n–e–i”，那么他就写错了，而且擦不掉。我当时都懒得关心他为什么要否定我的答案，他为什么会因为我的答案如此沮丧。我不想花时间。而且，我也忙于应付他姐姐——她正在我面前抱怨个没完。

正巧那天晚上我们去朋友家玩。我无意间听到，五岁的杰克逊指着红色的积木，对他姐姐说是黑色。

“这是红色。”她回应说。

“这是黑色。”他大声说。

我不禁想起几小时前非常相似的对话。不过，这段对话最终没那么让人沮丧。姐姐叹了口气，看着他说：“你看事物的方式还真有创意。”

我都不敢相信一位七岁的孩子能这样回应。姐姐知道那块积木是红色，其实弟弟肯定也知道，但那个时刻弟弟就是想要这块积木是黑色的。姐姐的回应是“你很有创意”，而不是“你错了”。她也知道自己肯定没错。他们两个就这样走开了。

执着的孩子往往也有执着的父母。有时要避免与孩子的权力斗争，我们才是需要自己解锁的人。我们必须意识到，争吵是没有必要的。我们不必感到挫败。只是面对同一情况，两个非常坚定、有主见的人有完全不同的认知。这个世界需要有坚定信念的人。

所以，下次你如果意识到自己因为一些不必要的事情和孩子争执，想想那位睿智的七岁小女孩，知道什么时候该让步，什么时候提醒孩子和你一起解决问题。

下次金伯利和杰克逊意见不同时，金伯利可能会说:“我这是 n-e-i，你说是 n-a，怎么回事？跟我说说看。”换个场景，也可能会说：“我想要你打扫自己的房间，你想玩电子游戏。我们怎样才能达成合作呢？”这样可以简单说明你们各自重视的事物，同时提醒你们相互合作能避免权力斗争。

越过障碍才能共同解决问题

阿曼达皱起眉头，说：“我试图和比雅一起解决问题，但她的火会越来越大。如果我试着去同情她，只会让她的情绪升温，而且她一旦发起脾气，她根本就不想你碰她。那天，我对她说，‘我觉得你就是累了。’

“‘我没累，你才是累了！’她冲我大吼。

“我真的不懂她的感受，而且她要是态度不好，我也不想尝试了。”

有时，要想有效解决孩子的问题，还得看看她完整的气质档案。如果意志坚定的孩子属于分析、严肃型，那么她更注重事实。探寻她的情感会让她感到受伤。她不喜欢这样。如果你听到她肚子咕咕叫，就说：“我觉得，你可能饿了”，她很可能会反驳：“我没饿！我是生气了！”让他们承认、回顾错误，他们会大叫、甩门。

如果在你的孩子身上会发生这种情况，那就转向确凿的事实："有人做了你不喜欢的事吗？""他们说了什么？""你希望是什么样？"

因为这种类型的孩子往往会有很强的正义感，你可以问："有什么不公平的事吗？"这就很可能让她愿意交谈！只有在意志坚定的分析型孩子有机会告诉你他的方案，描述所发生的事情或不公平的事以后，他才会愿意与你一同解决问题。

你可以尝试一个小测试，看看你的孩子是不是分析型的。下次他不高兴的时候，给他一个拥抱。如果他把你推开，他就是注重事实的孩子。你和他的交流就要围绕事实展开。事后，当大家都冷静下来，按照第8章的"情绪崩溃"中介绍的方法，回到原先的场景，重来一遍，谈谈他当时可能有的感受。我们通常会很想跳过"重来"这个步骤，因为问题已经解决了。但是，要让注重事实的孩子能倾听自己的情感，"重来"这个步骤是必不可少的。最后，即使是严肃、分析型的性情儿也能学会重视、清楚表达自己的情感。

要记住，内向的孩子需要时间去体验、处理自己的情感。内向的孩子可能会回到自己的房间，不愿意出来，即使你告诉他，你愿意与他一起解决问题。如果是会认字的孩子，你可以通过写纸条来帮助他。莉莎就试过用这种方法来和九岁的儿子沟通。

表亲到我们家来玩。一早上都玩得很开心。到了午餐时间，我让他们每人选个数字，来决定各自的工作任务。接着，我就发现卢克跑到自己的房间里，锁上了门。我尝试隔着门和他说话，但他不愿意开门。于是，我拿了一个小记事本，在上面写道：

我今天感觉不对劲，想知道怎么回事。你能帮我了解情况吗？在说明情况的方框上打勾？

- 你想要换一项工作任务吗?
- 你午餐想吃别的吗?
- 你觉得选数字不公平吗?
- 你想开车吗？（“就像你对我们说过的，我故意说个荒唐的答案”）
- 其他——请填写……

谢谢你帮我了解情况。现在我知道了，下次我会换个方式，不会再这么做了。爱你，妈妈。

我将纸条塞到门下。10 分钟后，他将纸条从门下递出来。他在“你想要换一项工作任务吗？”旁打了勾。他在“其他”项旁边，写道：“似乎他们比我幸运一些。”他还另外写了一句“我为我的行为方式道歉。”

即使你的孩子起初抵抗，你转换一下方式，花点时间去了解他的感受。了解一个人的情感是一项必备生活技能。

有时，你的孩子不愿解决问题，是因为他很敏感。

卡森把最喜欢的紫色运动衫从洗衣机里拿出来，运动衫还滴着水。“今天是训练日，我想穿这件衣服！”他哭喊道。

“对不起，”他妈妈回答说，“我不知道。这真令人失望。不过，我们善于解决问题。我们可以怎么办呢？”

卡森满脸泪水。

“要不我们找件紫色的衬衣？”妈妈提议说，但卡森倒在沙发上，把脸埋在枕头里。他需要伤心一会儿。

高度敏感的孩子需要时间从深深的情感伤害中恢复。暂停一下，给他们时间和空间。他们需要先“感受”，才能做好准备去解决问题。

如果你们碰到障碍，停下来检查：

- 每个人都冷静吗？如果有人不冷静，休息片刻再继续。
- 内向和高度敏感的家庭成员有充足的时间消化自己的感受吗？内向家庭成员也包括你的孩子。
- 分析型的家庭成员是否有机会回顾事实以及不公平的事？
- 你很急迫吗？解决问题需要时间，但最终会节约时间。你们练习得越多，孩子解决问题就会越迅速、越有效。

如果你们碰到障碍，不要进一步施压。相反，停下来，分析现状。你们能够越过这些障碍。即使是意志坚定的性情儿也能学会灵活思考。其实，他们利用自己的聪明才智和创意思维，可以巧妙解决问题。

欣赏意志坚定

无论是买一个小水壶，好让你三岁的孩子能自己倒果汁；还是花20分钟的时间和你十二岁的孩子努力想出双方都认同的解决方案，你都可以通过寻求肯定的方式来赢得合作。

孩子会用自己的才能和创意带给你惊喜。不要害怕灵活。花点时间了解什么对孩子重要，并解释清楚什么对你意义重大。即使这个过程会比强迫他听从你的要求要长，但你们避免了争吵，分享了各自的价值观，还培养了一种“我能行”的态度。

我们永远不会知道，意志坚定的孩子会在生活中遇到什么。但如果他们成长于善于解决问题的家庭，他们很可能会自己想出解决办法——即使他们被困在了大山中！

总结：
用寻求肯定的方式引导孩子解决问题

其他孩子妥协的地方，有毅力的性情儿会继续坚持。他们的要求比其他孩子更多。忽视他们或转移他们的注意力几乎是不可能的事。正因如此，教他们成为善于解决问题的人至关重要。

意志坚定的性情儿需要听到：

我们是善于解决问题的家庭。

你可以灵活思考。

你坚定果断。

你知道你想要什么。

你独立能干。

教导小窍门：

集中精力合作。

理解孩子重视某个问题的原因。

解释你重视什么。

请孩子和你一起开展头脑风暴，想出利于双方的可能方案。

如果你也意志坚定：

先给时间自己解锁。

意识到好父母会肯定。

⑩ 意志坚定：选择你的战斗——何时拒绝

你不能在公共场所露出你的内裤。

——三个孩子的母亲，苏

好父母会拒绝

有这样一个故事：多年前，卢·霍兹（Lou Holtz）成为圣母大学（Notre Dame）的橄榄球主教练时，队里有一位很有天赋的年轻四分卫。但是，霍兹看了上一赛季的数据以后，他发现这位四分卫传出的球，有不少被拦截。霍兹把这位年轻的四分卫叫到办公室里，对他说："你是一位非常棒的运动员。你将继续做开场四分卫。不过，下一年，你投出的球，被拦截的不会超过七个。"

这位年轻的四分卫困惑地看着霍兹，问："你怎么知道呢？"

"因为，"霍兹慢悠悠地回答道，"超过七个以后，你就会和我一起坐在板凳上。"

这段对话以后，这位四分卫知道了：

- 教练对他的期望。
- 如果他没达成教练的期望，会发生什么事情。

● 这件事会在哪个节点实施。

● 他有选择权。他可以选择努力参赛，也可以选择放松，然后坐冷板凳。

● 这是他的责任。

那一年，卢·霍兹的四分卫没有坐上冷板凳。他投出的球，只有六个被拦截。

卢·霍兹教练所做的就是透明设定界限。界限的透明性意味着不会有意外，不会宣布神秘惩罚。期望和结果会预先具体说明。每个人都得到提前警告，知道可能会发生什么。研究人员指出，合格的父母就是这样设定界限的。

与性情儿和谐生活、教他们解决问题的技能的过程中，肯定是必备要素，不过，明确拒绝也同样重要。性情儿比其他孩子更需要自信的父母——在教导生活中基本规则、价值观时，愿意和自己的孩子一样坚定、坚持的成人。那些懂得建立、强制执行明确界限，而非行为“残酷”的父母，会给孩子带来安全感。

我的朋友佩妮迂回地向我指出了这一点。佩妮在内布拉斯加州有一个畜牧场。一天，我们正在交流育儿经。佩妮对我说：“噢，养孩子就跟养牛一样。”我得承认，我当时大吃一惊，因为我一般情况下是不会把孩子比作牛。我觉得这就像胡说八道。我诧异地看着她。她继续说：“你得给它们提供够大的牧场，还要加上牢固的围栏。给它们广阔的空间去游荡，但也要有安全边界。而且，它们和孩子一样，也需要知道，你会随时给它们提供帮助。”

牢固的围栏包围着我们,保护我们免受伤害。围栏划分明确的界限,将问题隔离。当我们建立明确的界限时，性情儿绝不会说：“谢谢，这正是我需要的。”实际上，他们也许会大叫“我恨你”或“你是世上最残忍的父母”。顽强坚持并不容易，尤其当你气质上并不是和你的性情儿一样执着时。但是，明确的界限能为孩子筑起壁垒，给他们提供结实可靠的基础。建立边界值得我们付出努力。我们从使用的语言开始。

使用语言

两岁的艾米丽非常喜欢爸爸的手机。只要爸爸放下哪怕一秒，艾米丽会马上抢过去。“把我手机拿过来。”她爸爸要求道。艾米丽朝爸爸的方向瞥了一眼，然后高兴地尖叫起来，拿着手机飞快跑开。当爸爸企图拿回手机，他们就开始了你追我跑，而且爸爸还没捉到艾米丽，她就会把手机扔到房间另一头。

这个场景中，有两点非常重要。第一，艾米丽的行为是学步儿的典型行为。学步儿在学习：这里的规则是什么？我行为的结果是什么？如果我跑开的话，会怎样？要是我扔手机呢？会和我扔球的时候有什么不同吗？她的“试探行为”并不预示她以后就会惹麻烦。她的笑并不是一种反抗行为，只是反映出她惊讶于自己的行为如何引起成人的反应。正因如此，她生活中的成人要站起身，走向她，制止她，是非常关键的。这样做会让她明白:“哦,会发生这样的事情。围栏在这里——友善而坚固。”

第二，这种场景引发了一个问题：“我何时拒绝？”以下是我使用的指导原则：如果孩子有对自己、他人或环境做出危险、有害或不礼貌的行为，就应该制止。

我们作为性情儿生活中的成人，要对他们说：

我会保证你的安全。

你可以相信我，按我说的做。

如果你不能自己停下来，我会帮你停下来。

我会让你知道可能会发生什么。我不会让你意外。

你可以通过自己的行为做出选择。

这样的表述让孩子知道，他们可以依靠我们。他们可以相信我们会保证他们的安全。我们会做他们坚强的后盾。

建立透明界限

霍兹教练并没有在赛场上对年轻的四分卫大吼："喂，你！要是你投的球再被拦截，你就给我坐板凳！"霍兹教练并没有严厉地威胁他服从指令。实际上，研究人员告诉我们，严厉刻板的方式只会使行为问题越来越多，还会引发攻击性行为。霍兹私下和他进行面对面沟通。

如果你要制止孩子的行为，不要在房间另一头直接对他大喊大叫。走到他面前，弯下身，与他同高，看着他的眼睛。需要的话，可以放一只手在他身上，防止他突然跑掉。如果他扭动身体，试图挣脱，你可以对他说："我会帮助你的。""我会保证你的安全。""我会帮你停下来。"暂停一下，让孩子冷静下来，他才能听你说话。然后按以下三个步骤来做：

1. 告诉你的孩子，你希望他做什么。

2. 告诉他，如果他不这么做，你会做什么。

3. 告诉他，你什么时候会这么做。

你要用坚定的声音表达。坚定的声音并不是大声，也不刺耳，而只是确信的声音——清楚地表达："期望是……我会帮你达成期望。"你的声调向你的性情儿传达出你的坚定态度，并愿意每次起身，执行到底。正是这种冷静、自信的指导风格让孩子更灵活、更惹人爱。

艾米丽的爸爸卢克反复地这样追艾米丽，感到非常沮丧，最近又发生了一次这样的事情以后，卢克联系了我。我们一起制订了一个方案。下次艾米丽抢过手机时，卢克会走向她，弯下身，伸出自己的手，说："艾米丽，你可以选择把手机递给我，然后我们一起看。如果你选择不给我，我会把手机收起来。我数到三，你来选。当我数到三的时候，你还没选，我会把手机收起来。选择权在你。"这时，他仍一手伸出，一手紧紧抓住艾米丽，需要时，他会以自信的声音开始数数。他不用反复重复自己的话，来给女儿威胁。他知道，必要时自己要采取什么行动。他只是在陈述事实。

"一，你可以把手机递给我，然后我们一起看。如果你选择不给我，我会把手机收起来。"在这个时候，他停顿了几秒。

"二，"他重复了自己的期望，"你可以把手机递给我，然后我们一起看。如果你选择不给我，我会把手机收起来。"他又停顿了一下。

"三，你选择不给我，所以，我会把手机收起来。"

就在这个时候，艾米丽会躺在地板上大叫"我会给你的。"但是，卢克此时执行到底非常关键，他要对艾米丽说："对不起。你已经做出了选择。下次，你可以做出不同的选择。"因为他言出必行，艾米丽知道她可以相信爸爸。只要经过几次练习，她就会发现，选择做爸爸要求自己做的事情，是对自己有益的。

透明的界限非常有效，因为能让你的孩子知道会发生什么。透明的界限是对孩子的承诺："我言出必行，我也让你知道我说了什么。你可以预测我的反应。我的行为不会让你意外。你可以通过选择你的行为，选择将要发生的事情。"正是这种认知和可预测性让孩子感到安全稳定。

我再来举几个例子。

你的孩子的选择：	你会：	你何时执行：
你可以选择坐在椅子上。	如果你不坐在椅子上，我会把你抱在我的大腿上。	如果我看到你从椅子上下来，我知道，你是选择坐在我大腿上。
你可以选择在车里低声说话，然后去练习。	如果你选择在车里大叫，我会带你回家，你要自己向教练解释你为什么没去练习。	如果我听到你提高音量，我知道你选择了让我掉头，带你回家。
你可以选择牵着我的手，走出停车场。	如果你选择不牵我的手，我会抱你。	我们下车以前，我会数到三。如果你还没决定牵我的手，我知道你决定要我抱你。
你可以选择把自己房间打扫干净，再去参加派对。	如果你选择不打扫，我会选择不带你去参加派对。	如果你的房间在下午5:00以前还没有打扫干净，我知道你已经选择不去了。选择权在你。
你可以选择使用30分钟的电子产品，然后关掉。	如果时间到了，你选择不关，我会把电子产品收起来，两天不能用。	如果你选择不关电子产品，我知道你选择接下来的两天不再使用电子产品。选择权在你。

清楚明确地说明你的期望

透明界限要求你给孩子的选择具体、明确。如果不是，你可能会与你未来的小律师陷入辩论中，就像尼科尔一样。

“我们家的规矩是——电子产品的使用是有限度的，”尼科尔告诉我，“我们总是为此争吵。我会让孩子关机，他们总是吵吵闹闹，不高兴地说，他们刚刚开始，或他们没玩多久。直到上次课上我们讨论时，我才意识到，我们的期望并不明确。怎么定义‘使用电子产品太长时间’？他们能用多久？我回到家，说：‘我们需要明确的规则。比如说，除开做作业，一天使用电子产品最多一小时。’

“‘但是，要是我们游戏还没结束呢？’他们抱怨说。

“于是，我让他们打开他们最喜欢的游戏，然后记录他们游戏结束所需的时间。我们了解了相关信息以后，在玩游戏的时限上达成一致，允许这一点后游戏结束时关机。

“他们会抱怨，但的确会关机。可以肯定的是，他们参与决定最终的规则是有帮助的。现在，当他们玩电子产品的时候，我问，‘这是你选择的时间吗？’如果他们的答案是肯定的，他们就玩；如果答案是否定的，他们会自己关掉，意识到他们用于游戏的时间已经用完。我们不再争吵——甚至极为顽强的凯尔也不再和我争吵了。”

仔细检查你的期望，是否明确具体？什么时候该睡觉？什么玩具要分享？孩子能在什么地方骑自行车？要完成什么家务？问孩子，他们认为家里的期望是什么。和孩子一起检查这些期望，需要的话，调整期望的准确性。

同时也要知道，孩子不会像成人那样思考，需要经历童年时期和青春期，过渡到成人思维。对于学步儿而言，世界是非黑即白的。如果你希望学步儿每次在停车场里牵你的手，那就每次都要如此。学步儿不能理解模糊的事物。对学步儿而言，如果你选择让他在空荡的停车场里随便跑，但是期望他在车多的时候牵你的手，他会很困惑。界限要保持一致，让他能看到。如果界限发生变化，他就无法理解。在任何情况下，如果期望每次完全一致，孩子就学会并内化这些期望。度过学龄前时期的孩子因其发育特征，能接受更灵活的规则——他们理解时间，能接受今天在屏幕前多待 30 分钟，意味着明天要少 30 分钟。但是，在孩子五岁以前，你的规则和期望要更具体。

“的确有用，”卢克一周以后汇报说，“前两次我得把手机收起来，正如你预料的，她的确大发脾气。但到了第三次，她愿意把手机递给我，好和我一起看了。”他停顿了一会儿，然后补充说：“不过我意识到，虽然有时我知道我想要她怎么做，但我不知道自己要怎么做。”

如果孩子不服从，决定你要怎么做和知道你想要孩子怎么做一样重要。

执行到底

“让”性情儿去做什么，几乎是不可能的事。知道这一点，可能会让你感到无力。但透明期望也能让你想一想自己如何回应。暂停一下，想想你能怎么做。如果孩子还很小，你能把她抱到别的地方去吗？如果有的东西没人喜欢，能收起来吗？如果当天不能按时睡觉，第二天晚上能否提前 15 分钟睡觉？你能把两个正在打架的孩子分开吗？孩子在车里胡闹时，你愿意掉头回家吗？无论你决定做什么，确定这是你能做也愿意做的事。

有时，需要等到孩子平静下来，才能执行你之前说过的事。如果学龄前儿童在选衣服的时候拖拉，你可以说："我准备设一个 5 分钟的定时器。你可以选一套衣服。如果闹铃响的时候，你还没选，我会帮你选这一套。选择权在你。"当闹铃响起，如果孩子还没决定，你要先花几分钟让孩子平静下来，以避免斗争。但一旦他冷静下来，因为他并未做出选择，他需要穿上你为他选的衣服。下次，他可以做出不同的选择。

无论是有一堆玩具要收拾，还是完成家务，第一次等孩子冷静下来需要时间。他可以去他的镇定篮、镇定空间（见第 7 章）。如果是吃饭时间，他仍可以吃饭；如果是睡觉时间，他也可以睡觉；他也能去学校。他不必难过。但在他开始另一项娱乐活动或使用电子产品以前，他必须完成任务，你也要确保他会执行。这不是威胁，而是承诺。

你第一次执行这种策略时，选择周末或你不用担心迟到的时候执行。孩子会坚持自己的目标，你也要同样坚持自己的目标，执行到底。你说到做到的次数越多，你的孩子就会越合作。（如果你的孩子稍大一些，而且比较抵抗，请继续阅读，后文中会介绍如何回到当时的场景，共同解决此问题。）

有时，说到做到要考虑你本人的意愿。劳拉做了个怪相，然后承认说："我就真的碰到过这种窘境。我在高速上开车时，艾莉诺一直踢我的椅背。她喜欢去图书馆看书。于是我告诉她，如果她在车里保持腿不动，我就带她去图书馆。如果她再踢我的座椅，我就掉头开车带她回家。她同意了，但是开了 3 公里，她又开始踢我的座椅。我在下一个出口靠边停了车。”

“她意识到我正在掉头，求我别回家，而且保证她再也不踢了。我其实也不想回家，带她去图书馆，我也能休息一下。于是，我的态度软了下来，又朝图书馆的方向开去。我们还没开出 1 公里，她又开始踢我的座椅了。”

你没有说到做到，只会进一步“放大”孩子的问题行为。孩子会升级自己的行为，来试探界限在哪里。因此，在告诉孩子你会怎么做以前，停下来问自己：“我做得到吗？”“我愿意这么做吗？”如果答案是否定的，想一想其他你能做并且愿意做的事。孩子需要知道，她可以相信你说到做到。

把握好时机

我和卢克制订解决电话问题的方案时，我建议他数到三，让艾米丽知道，卢克会在什么时候采取行动。如果艾米丽已经五岁了，我就不会建议他数数。对于稍大一点的孩子而言，数数只会起到反作用。有时，还会让孩子更焦虑——他们一听到“一”，就吓得手忙脚乱，根本无法冷静下来，更无法及时做出正确选择。这时，应设定约好的时限，比如，到下午 5 点的时候，要把房间打扫干净。然后走开，给孩子时间和空间去完成任务。不要时不时地去提醒他。你可以选择提前 20 分钟提醒他：“别忘了，如果你选择参加派对，你要在 20 分钟内把房间打扫干净。”这就够了，不用多说。他会做出选择。

如果不是时间敏感的情况，就向霍兹教练那样确定一个具体的行为。只不过你设定的明确界限不是七个球被拦截，而可能是“如果我听到你大叫”或“如果我看到你打弟弟”。无须争论、争辩。要求是非常具体的。

当你非常清楚自己的期望，也知道孩子不服从时你会怎么做，你会自信得多。自信让你有能力面对坚定、执着的性情儿的强大力量。

合作

最终，你还是希望你的孩子能自制。你希望，他们不再依靠你这个外部控制中心，而是能自我控制。随着孩子步入学龄前后期，尤其一旦进入学校，你要着重帮他们自制、做出有益的选择。

“八岁的史蒂文昨晚回来晚了，”蒂芙尼对小组中的其他父母说，“今天我和他一起坐下来，对他说，‘史蒂文，你要是回来晚了，我就会担心。我们能做点什么，让你记得按时回家吗？’

“他看着我，说，‘要不带上奶奶给我的手表？上面有闹钟。如果你教我怎么设闹钟，我可以用来提醒自己回家。’

“你们能相信吗？他完全靠自己想出来这个办法！”

当孩子处于学步期，你会更倾向于直接阻止他们，有助于他们了解界限在哪里。但随着孩子慢慢长大，你会倾向于对他们说：“好吧，我们一起来改善这种情况。”通过让他们参与这个过程，你帮他们提高自我控制的技能。当某种问题反复出现时，这种方法尤为有效。如果每晚放学后都会因作业争吵，或兄弟姐妹间发生口角，肯定是有你没发现的情感或需求。是时候坐下来，一起成为善于解决问题的家庭了。

寻求平衡

性情儿不喜欢我们的拒绝。他们反应的强度和持续时间会侵袭我们的内心，使我们质疑自己的判断。找到控制的平衡点会很难。当我们不自信时，还要强迫自己表现出自信，我们要走上并不清晰的战线。当我们拒绝孩子时，我们可能会怀疑自己是否伤害他们的性情，或滥用父母权威。我们怎么知道自己是否控制过度？是否有不必要的争执？我们又怎么知道自己是否控制过少？让性情儿自己控制？我们找到平衡的控制后，我们是否会知道？通过审视自身的感受，我们可以知道自己是否找到平衡。

控制过少时，我们感到愤愤不平

艾希莉抱胸，好像要躲避整个世界。当她要为儿子杰克逊建立明确期望时，她发现自己要崩溃了。

“我并不想压制他，”她告诉我，“也许男孩子就是这样。在我成长的时期，我妈妈病了，我爸爸总在出差。从来没人给我们设定界限。我并不知道界限给人的感觉是怎样的。我会直接朝石壁走去，而根本不知道石壁的存在，直到我自己撞上去。我迟疑时，杰克逊会知道，他会更进一步。我觉得他在试探底线在哪里，但我不知道底线是什么。于是，我就会生气，因为我觉得他做错了事，却不用受惩罚。”

如果你的性情儿比你更坚定，那么在你设定期望前，你要问自己：你相信这个期望对你的孩子和家庭都最有益吗？如果你发现自己不确定，或给出否定答案，那么不要设定这个期望。只有当你看着镜子，能坚定地说“是的，这对每个人都最有益”，你才做好了建立期望的准备，才能自信地执行到底。孩子的抵抗程度会比你想象中小得多。

想想看：即使你是世界上最敏感、最容易让步的父母，如果你让孩子坐安全座椅时，他非常激烈地反抗，你也会坚持让他安稳地坐在上面。这种情况下，你从不会担心伤害他的性情。坐安全座椅、系安全带，是旨在保证他安全的法律，对每个人都有益。在这一点上，你不会让步。事实是，你知道如何强制执行明确的期望。将这种成功的执行延伸到其他方面。

再给大家讲一个可能有帮助的小窍门吧。社会心理学家艾米·卡迪（Amy Cudder）发现，肢体语言影响他人对我们的看法，也改变我们如何看自己。她建议，即使你觉得不自信，你通过摆出自信的站姿可以改变你大脑中的激素水平，进而提高你成功的几率。从今天开始，你可以选择站在镜子面前，双手叉腰，双脚打开，与肩同宽，抬起头。坚定、大声地宣布：“我是称职的父母。我知道自己在做什么。我接受这项任务是有原因的。我能找到成功完成任务的工具。”保持这个姿态两分钟，然后开始你新的一天。你会发现，通过“装”，你会变成你“装”的样子。

控制过度时，我们像操练教官

奥德丽的姿态强势、居高临下，她是那种一进教室就会吸引你注意的人。“我知道管太多，”她说，“我听到自己大声训斥我的儿子。‘不要这样！注意！到这里来。让开。小心。别摸这个。’我们家里总是气氛紧张，仿佛每个人的每一根神经末梢都暴露在外。他为了保护自己，就进入‘不听妈妈说话’模式，我说什么都不理，如果他理我，就是和我吵架。”

奥德丽说话的时候，罗伯频频点头。“我不让他做任何事，”他补充说，“我控制过度时，总觉得自己做得更好。我不愿意给时间让他自己把外套拉链拉上。我会帮他，因为我动作更快。那天，我从他手里拿过画笔，在画板上画画，同时还对他说，‘来，我给你示范一下，我画得好些。’我儿子眼里充满了泪水，说，‘我不想要你当我们的家庭成员了。’”

黛布承认道：“当我意识到，我都没怎么听孩子说就直接拒绝他，有时他话还没说完，我就打断他，我知道自己对他肯定得不够多。”

如果你觉得自己像个教官，或者你因自己总是和你执着的孩子争吵而感到愧疚，那么这可能在向你传递一种信号——你在和孩子相处时，需要更多地说“好，让我们一起来解决这个问题吧”。后退一步，问自己是否允许孩子练习做决定，或完成他力所能及的事情。你是否鼓励他说“我能做到”“我有个好主意”？你是否让他知道，你尊重、珍视他的毅力？

平衡控制时，我们会感觉到共同进步

我们真正的目标是达到平衡控制的状态——意志坚定的性情儿和他

们的父母都能感受到，自己的心声得到倾听和尊重，自己在一个善于解决问题的家庭，家庭内的期望明确清晰。

平衡控制的感觉是怎样的？以下来自其他父母的分享：

感觉就像是每个人都能得到自己需要的，没有人处于劣势。

每个人都感觉受到尊重，也尊重他人。

大家会停下来，倾听彼此的心声。没有输赢之分。

每个人都知道期望是什么，没有意外事件。

我们是否进入平衡的控制，有明确的界限；随着孩子慢慢长大，你们会共同确定这个界限。一年夏天，在派迪亚爆发的一阵阵“手臂屁”就是很好的证明。起先，在学龄教室，有一些男孩兴奋地发现他们用腋窝能发出声音。很快，这种像咽喉里发出的声音就被命名为“手臂屁”。琳和大家分享了我的指导原则——什么可以做，什么不可以做。尤其是对自己、他人或环境做出危险、有害或不礼貌的行为，就要制止。但是，任何了解学龄男孩的人都知道，让他们联想到一种身体功能的声音激起同伴的反应，他们从中获得欢乐，因此仅凭一项规则是无法阻止他们的。于是，琳召集他们开了一个会。需要强调的是，这并不是从上至下介绍规则的会议，而是就尊重与得体举止展开的讨论。

她把孩子们召集到一起，告诉他们，她不太喜欢那种语言。她说明了界限，但并没有禁止“手臂屁”，也没有威胁他们如果使用这个词会有什么后果，而是请孩子们想出别的名字。38 个孩子就开展了头脑风暴，想想用什么词替代“手臂屁”，最后新创了七个版本。然后，他们把这些新名字写下来，投票。“火坑”以绝对优势在投票中胜出。但是琳并没有到此为止。

“好,”她回应说,“那我们就准备把用腋窝发出的声音叫做‘火坑’。现在，我们再来谈谈，什么时候、什么地方可以发出这种声音。”孩子们突然安静了下来，都认真思考这个问题。然后，有个孩子大声说：“在乐队里演奏音乐！”很快又有一个孩子突然说：“操场上！”琳用疑问的语调向他们说明：“好，那就是说在操场上或在乐队里是可以用腋窝演奏音乐的？”孩子们严肃地点点头，表示同意。琳停顿了一下，思考片刻，又问：“什么时候用腋窝演奏音乐不太合适呢？”孩子们又一次展开了热烈的讨论，有孩子大声说：“在教室里的时候”，另一个孩子大声回答：“老师讲话的时候。”还有第三个孩子，自信地挥着手，肯定地说：“吃饭的时候！”

“能用腋窝演奏音乐的场合还真不多,”琳若有所思地回应他们,“那么，我们来看看我理解得对不对。在操场上或在乐队里表演时是可以的？但在教室里或吃饭时是绝对不行的？”孩子们一致点头。会议就此结束。“手臂屁”事件也就此结束——名字换成了“火坑”，场所也移到操场上，孩子们也没那么感兴趣了。

没有人表达禁止他们这种行为的结果、威胁或声明。有的只是成人和孩子的对话，充分考虑双方的想法。孩子能表达自己的观点，有机会练习设定界限、解决问题、做出决策，以及与成人指导员的协商技巧。这个过程要花时间吗？要。但通过这种沟通,孩子会懂得尊重的重要性、界限重要的原因、如何定义界限，还有最重要的一点——孩子获得充足的信息，让他们理解这种重要性。平衡的控制让意志坚定的孩子与我们合作，而无须伤害他们的性情。到了青春期，平衡的控制仍能让性情少年与你合作。

总结：
让意志坚定的孩子懂得界限

性情儿比其他孩子更需要自信的父母——在教导生活中基本规则、价值观时，愿意和自己的孩子一样坚定、坚持的成人。那些懂得建立、强制执行明确界限，而非行为“残酷”的父母，会给孩子带来安全感。

意志坚定的性情儿需要听到：

我会保证你的安全。

你可以相信我，按我说的做。

如果你不能自己停下来，我会帮你停下来。

你可以通过自己的行为做出选择。

教导小窍门：

告诉孩子，他能做什么。

告诉孩子，如果他不服从，你会怎么做。

告诉孩子，你什么时候会这么做。

如果你不够坚定：

问自己是否相信这个期望是对孩子最有益的。

借鉴过往的成功经验。

意识到好父母会拒绝。

⑪ 敏感：理解他们的感受

有的孩子会感觉得到袜子里的“缝合线”，因此不愿穿袜子，你怎么办？

——凯尔西（三个孩子的母亲）

金姆对小组成员说：“我女儿克莱尔在学校总是做不完作业，”她说话的时候，棕色的卷发上下跃动，仿佛在强调她的每个字，“老师在学年开始就对大家说过，不能完成作业的孩子休息时间不能去户外，只能留在媒体中心。克莱尔做作业越来越慢。没过多久，她每次休息时都留在媒体中心。我很沮丧，后来终于忍不住问她，为什么她总是做不完作业。”

“因为我受不了操场上的噪音，”她回答说，“唯一能让我获得片刻安宁的方法就是不完成作业！”

敏感的性情儿感受到的情感、看到的景象、听到的声音、闻到的气味都到了一种我们大多数普通人永远不知道的程度。当他们告诉我们，他们的袜子穿得脚疼时，他们并不是在逗我们玩。当他们因为别的孩子发出咕咕的喝汤声而拒绝在学校吃午餐时，他们是非常认真的。如果在寒冷的冬天，你发现他们只穿了件衬衫站在公交车站，他们是真的热，而不是故意跟你唱反调。他们会注意到不同品牌的苹果酱之间的区别。如果你检查一遍，你会发现学校的厕纸的确在气味和质地上和家里的厕纸不同——正如他所说。

敏感的特质让性情儿能与他人形成有深度的情感关系，关爱他人。世界上著名的人道主义者都有敏感天赋。

当敏感的孩子面对周围的刺激、情感压力不知所措时，就会出现问题。这种情况很容易出现，因为情感和感觉会在敏感的孩子内心汇集，会被敏感的孩子吸收，而不是分散。发生这种情况时，孩子承受的压力击溃了他的控制系统。

莎伦·海勒（Sharon Heller）在《太吵、太亮、太快、太紧》（Too Loud, Too Bright, Too Fast, Too Tight）中写道："如果我们感到'十分敏感'，我们的整个神经系统都会紊乱，进而也会影响其他感官系统：当你被蚊子咬了，嘴唇裂了，或手指长了倒刺，你会感到紧张不安，觉得整个世界都变吵了，变刺眼了。"

管理所有这些感觉会让性情儿筋疲力尽。我们的职责就是要帮助他们监控他们体内感觉的累积情况，教他们如何以积极的方式管理自己突出的敏感性。

检查刺激水平

我总会在课上说，如果有父母曾认为自己的孩子是世上唯一的敏感性情儿，那他们应该去当地最大、最吵、最拥挤的商场看看。在那里，他们会发现，性情儿就像空投的小炸弹：两个投到第一个过道；三个投到第四个过道(糖果货架旁);六个投到第七个过道(玩具专柜)。乍一看，好像这些小炸弹是因买糖要求被拒、想要推车，或其他重大问题引爆的。然而，真正的导火索隐藏在荧光灯、播放的音乐、闪烁的标牌、多彩的包装和拥挤的人群——所带来的刺激，超出了一个敏感孩子的承受能力，尤其当他的能量存储低时。

作为性情儿的父母，你需要关注你们周围的环境。你要察觉到刺激信号，看得出孩子的承受极限——超出他应对能力的刺激水平。

杰西卡和史蒂夫参加性情儿课程后，才意识到他们的儿子基普有多敏感。他们参与讨论后，开始知道过多的刺激是基普过激行为的主要原因。他们只需监控基普受到刺激的水平，就可以阻止他的过激行为。杰西卡在课堂上自豪地告诉我们，他们夫妇如何预防孩子脾气爆发。

“周六，我们带着孩子们去参加一个大型手工艺品展销会，”她说，“快到门口的时候，我就注意到了手艺人叫卖商品的声音。鲜艳的红色、橙色、紫色、绿色映入眼帘。天花板上悬挂的电灯在空中摇晃，在地板上形成花纹影子。还有人潮——连转身的空间都没有。我看着基普，意识到他根本不可能陪我逛完这里。这种刺激会把他逼疯。我也很失望、很沮丧。我知道我们的门票是退不了的。我深深吸了一口气，向史蒂夫恳求，‘请你给我 30 分钟的时间吧。你能帮他坚持 30 分钟吗？我只要 30 分钟！’”

杰西卡和史蒂夫在了解敏感的概念以前，他们根本就不会意识到刺激信号，不过现在他们知道了。到展销会时，杰西卡意识到马上一场风暴可能会来临。基普很可能会开始吵闹、发脾气，不是因为他淘气，而是因为他无法承受四周的刺激。

监控孩子周围的刺激水平，是帮他学会管理自己敏感性的关键。当你能看出敏感孩子在此种环境中感到无所适从的信号时，你会知道如何回应，进而避免孩子的情绪崩溃。在购物中心、集市、公园、海滩、聚会时，尤其要警觉。敏感的孩子在任何有噪音、明显气味、耀眼灯光、拥挤人群的地方，情绪都容易受到影响。

使用语言

因为杰西卡和史蒂夫参加过我的课程，他们知道他们要帮助基普了解拥挤人群及其喧闹带给自己的压力。因为基普并不知道，自己感受到的恼怒和不适是由周围的人群、亮光和吵闹的叫卖声引起的。他需要知道，自己并没有病，也没有处在危险中。他只是对外界刺激做出了反应。

“你们怎么对基普说的？”我问他们。

史蒂夫回答说:“我告诉他，‘这里很拥挤，很嘈杂，颜色也很明亮。你的心里可能又会开始产生奇怪的感觉。’我知道他会记得，因为上周他在聚会时发过一次脾气，我们谈论过这种‘奇怪的感觉’。总之，我告诉他，如果他又有那种感觉，他可以告诉我。我会帮他找个安静的地方。”

史蒂夫通过指出灯光、颜色、人群，教基普识别必要的信号，了解刺激水平。总有一天，不再是杰西卡意识到手工艺品展销会对基普的刺激过大，而会是基普本人意识到这一点。

如果你的孩子多年来一直用眼泪来表达自己，他不知道用言语表达更有效。你得教他用于描述自己体验到的感觉与情感的词汇，向他展示用这些词汇沟通的力量。

检查一下孩子的词汇。他知道扎、黏、紧、臭、吵、尖声、凹凸不平的意思吗？当他伤心、寂寞、害怕、热、恼怒或不知所措的时候，他能告诉你吗？当他问你是否烦恼、生气时，你会坦诚告诉他吗？敏感的孩子需要人肯定他们的观察结果，他们也需要掌握那些有助于他们表达自己体验的强烈情绪、刺激的词汇。

减少刺激

"杰西卡自己走了，"史蒂夫继续说，"我和基普大步走过一排排手工艺品。我非常仔细地观察他，准备捕捉第一条暗示他可能要爆发的信号。只过了 10 分钟，我就发现他开始忘记规则。他拿起东西只粗略看看，还开始推人。我告诉他，'我觉得你开始有奇怪的感觉了，'然后我带他去了小吃店。那里很安静。他狼吞虎咽地吃了一份酸奶冰激凌，平静了下来，但我觉得他不能再靠近那些小摊了。我知道我们这次已经到极限了，于是我带他去了大楼前厅，由他在坡道上跑上跑下。"

史蒂夫知道了，当孩子面对的刺激水平过高时，要尽量减少这种刺激。带孩子去一间安静的房间、建议外出走走、让孩子脱掉扎得皮肤疼的毛衣、应用第 7 章中介绍的镇定活动，或其他任何你能减少孩子正接受的刺激的事情都会有帮助。

如果孩子在三岁以上，让他帮你弄清楚他需要什么。问他："你是讨厌这里的声音吗？那我们找个安静的地方吧。""你是因为穿了夹克很热吗？那脱了吧。”教他怎样自己降低刺激水平，让自己感到可控——能管理自己的敏感性。

知道何时离开

杰西卡凭经验知道，面对手工艺品展销会的喧闹，基普能坚持 30 分钟，但在这之后他们还要坚持，就没那么好的运气了。

“没过多久，”史蒂夫告诉我们，“杰西卡手里拿着一盏灯出现了，准备回家。那盏灯不是我们最初想要的样子，但本身设计也不错。基普已经坚持了 30 分钟。没有出现任何状况——没有令人难堪的尖叫。我们相互合作，感觉还不错。我知道，有一天基普会告诉我们，他受不了了，要出去。”

米卡安静地坐着听杰西卡和史蒂夫讲述他们的故事。故事结束时，她表示了赞赏：“你们做得太好了！但是，如果在别人家里，你们会怎么做呢？你不能离开啊。”

“我有一个很好的离开技巧，能避免伤害他人感情，”安德莉亚兴奋地大声说道，“每次我们参加聚会，我都会告诉主人，我们还有一个约会，可能要提前走。我不会说出约会的具体信息，便于我和女儿能得体地‘逃脱’。我会仔细观察我的女儿。只要她状态还不错，我会让她继续玩，但只要我听到她开始发脾气、变得苛刻，我知道她快要爆发了。这时，我就会说：‘我们的约会时间到了，要赶快走了。’我把她抱起来，快速带她离开。她现在只有 16 个月大，所以这一招还挺管用。我意识到，当她大一点的时候，我要告诉她相关的信息，让她能自己留意可能出现的情绪爆发。不过，现在别人都说她表现不错，还会再次邀请我们做客，我还是挺开心的。在没有我的‘神秘约会’以前，我们不是总会再次收到邀请。”

如果你仔细观察，你会发现拥挤、刺激的环境会让性情儿疲惫不堪。尤其是当你自己玩得开心，还没准备离开时，你会感到沮丧。但是，知道何时抽身对孩子的状态、你作为父母的自信是非常关键的。带着一个脾气暴躁、不高兴的孩子离开，感觉糟透了。在每个人状态都很好的时候离开，就要好得多。这样一来，你的孩子会体验到成功，而不是失败。如加以练习，他会慢慢学会更长时间容忍这种环境的技巧，但这个过程需要时间。

限制电子产品的使用

敏感的孩子不仅仅在手工艺品展销会、购物中心、海滩这些地方接受过多刺激。一项衡量电子产品的娱乐使用（学校以外）的研究发现，在过去的五年中，年轻人接触媒介内容的时间已经增加了一个多小时。不仅接触时间更长，而且儿童处于多任务处理状态——同时使用几种媒介。

许多性情儿寻求电子娱乐。电子产品鲜艳的颜色、快节奏似乎让性情儿入迷，看起来好像能使他们安静下来。因此，你可能会经不住诱惑，任由性情儿用几小时的电子产品，因为在这段时间里，他们不会再向你提其他任何要求。不过，要仔细观察关了电子产品以后会发生什么。有些孩子可能会变得更平静，但对大多数孩子而言，电子产品不仅不能使他们平静下来，反而会给他们带来过度刺激，导致他们使用后的行为问题更严重。如果他们的卧室里有任何电子产品,放到别的地方去。不要让孩子在车里使用电子产品（有声书除外）。

平衡电子产品使用与其他活动的时间，比如户外活动、玩玩具、读书、艺术活动——这些活动都能对敏感的性情儿起到镇定作用。你通过限制性情儿用在电子产品上的时间，能防止过度刺激，也给他们更多练习人际交往技能的机会。你孩子的行为会有显著的改善，他们的阅读考分也可能会有大幅提升。

检查你的情绪晴雨表

性情儿是任何群体的情绪晴雨表。不仅灯光、声音和其他感官触动会给他们带来过度刺激，过大的压力也会如此。苏珊·凯恩（Susan Cain）在《安静》（Quiet）中写道，“仿佛隔离他们与其他人的情绪、世界上的悲剧、残酷行为的边界更薄弱。”性情儿有着灵敏的雷达，能探测到任何处在红色区域的人。如果你有痛苦或烦恼，他们会是第一个做出回应的人。你可能觉得，他们并没有注意到你的害怕或焦虑，但他们确实注意到了——即使在婴幼儿时期。

性情儿知道这些情感，并能感觉到他人内在的这些情感。如果我们不和他们讨论这些情感，他们可能会害怕。害怕的孩子会畏缩不前，不配合你的要求，有些孩子在和你分离时会强烈抵抗。仿佛他们的大脑在告诉他们：“我全家受到了威胁。我太小了，不想一个人留下！”还有的孩子会干脆拒绝交流。

“克莉莎不愿意和我谈论情感，”克莉斯多抱怨道，“她不愿告诉我她为什么伤心、生气。她只说，她不想谈起这些。”

“克莉莎是不是内向型？”我问。

“是的，她是内向型。”克莉斯多回答说。

“记住，内向的人只有在自己有机会想清自己的感受后，才会愿意分享，”我说，“告诉她，当她准备好交流时，可以随时找你，不过，不要指望她有时间理清自己的情感前会和你分享。如果你逼得太紧，她只会躲避你。内向的人需要有自己的空间。”

即使是内向的性情儿，也会向你袒露心声，只要你让他们知道，等他们准备好交流时，你愿意倾听。如果他们需要一点帮助，试着用书籍、玩偶来开启对话。有时，让孩子谈谈“咸菜先生”的感受，比谈她自己的感受更容易。

“我的问题不是伊森不愿意交谈，”米娅说，“而是他太敏感。他输了一场游戏都会特别伤心。如果他最喜欢的玩具坏了，或掉一只手套，都会哭上几个小时。如果他情感特别丰富，你怎么办？”

敏感再加上强烈情绪，会让性情儿心肠非常软。他们会与人形成深入、持续的情感关系。他们有强烈的正义感。他们容易受伤。很关键的一点是，他们要理解自己的敏感和强烈情绪，意识到生活可能给他们淋了一桶冷水，但他们并没有淹死。他们会挺过去。

谈谈他们的情感，引导他们进行一些抚慰、平静的活动。帮他们理解，尽管他们不能控制自己体验到的情感，但他们能管理自己的反应。感到悲伤，甚至哭泣都是很正常的。休息片刻也是正常的。出去跑跑步，或读本好书，是完全可以接受的。向朋友倾诉会感到安慰。

考虑职业治疗

“我们一次又一次地告诉四岁的艾莉诺，没有成人看管的时候，她绝对不能靠近那片湖。她这么做的时候，我们甚至还把她带回了家，但是不管我们说什么、做什么，都没用。她总是要去，”斯蒂芬妮抱怨道，“仿佛水带给她的刺激让她着了魔。”

“本坐个玩具推车都受不了，也不喜欢荡秋千。如果你强迫他，他会歇斯底里地尖叫。他也不喜欢别人亲他的脸。如果你亲他的脸，他会马上擦干净。是所有的性情儿都这么敏感吗？”约翰很想知道。

有时我们和自己的性情儿相处时，会开始意识到，他们甚至比其他性情儿“更敏感”。在性情评分表上，他们可能上升了一个等级，而他们的敏感度严重影响了日常生活。如果你已采取了各种行动，你的孩子仍强烈地渴求感官刺激——总是进入水域、把他的朋友推倒在地，甚至到了四岁还是什么都往嘴里塞，相信自己的直觉。如果他抵抗、避免其他感官刺激，尤其是轻微触碰（比如亲脸颊）、头上沾水，或轻微摇晃的运动，要警戒。除了这些行为，如果孩子还有协调性差、僵硬或木偶状肌肉张力等问题，可能正如《太吵、太亮、太快、太紧》的作者莎伦·海勒所说，“这些可能是感官处理问题的危险信号。”

听从自己的直觉。让你的医生为你推荐一位接受过专业训练、且在治疗儿童的感官处理偏差方面有丰富经验的职业治疗师。治疗师能评估你孩子的状态，提供非侵入性的治疗方案，如深度压力接触、关节压迫、使用音乐的倾听治疗和“重活儿”，有助于他更轻松地应对每天情境。治疗师还能为孩子安排感官活动、营造感官环境，改善孩子的状态。

日常的艰难时期

当我们试图让性情儿穿衣、洗澡、吃饭、梳理时，敏感是主要问题。正是他们的高度敏感性让他们在饮食上非常讲究，他们对质地、感官的认知使得洗澡、刷牙、穿衣都有巨大风险。不过，这些日常活动富有挑战性，也是由性情儿的适应性、感知力和毅力造成的。在第17、18章，我会向你介绍成功协商的技巧，帮你顺利度过艰难时期。

合作

帮助孩子理解、管理他们的敏感性，意味着我们要管理自己的敏感性。“如果你也很敏感，会怎样？”我问小组里的家长。他们笑了起来。他们发出一阵阵呻吟，还颤抖了起来。

“我告诉你吧，这真的挺难！”梅根开玩笑说，“塞拉斯讨厌的东西，我也受不了。我也不能忍受噪音和喧闹。我感觉到自己变得烦躁、恐惧，而他的哭声加剧了这种刺激。我想要尖叫。”

应对你自己的敏感性

如果你自己也很敏感，你要经常检查自己周围的刺激水平，记录你感受到的不适。确保你在进入刺激环境前先补充自己的能量存储，或从刺激环境出来后即刻补充，否则你会感到精疲力竭。

多年来，你可能已经学会应对自己的敏感性，甚至都还没有意识到你会因周围的兴奋、刺激而烦躁。但如果你仔细倾听自己身体的声音，你会破译这些警告信号，得知你自己的压力阀正接受考验。你正走向红色区域。关注这些信号。教你自己在尚有精力照顾自己和孩子的时候，离开刺激环境或降低刺激水平。

“通过观察里奥，我也更了解自己了，”布伦特说，“我以前一直没有意识到自己有多敏感。我只是以为自己很紧张，而且我不喜欢自己这样。学习捕捉里奥的刺激信号的过程，也对我有帮助。几周前，我们去看了一场冰上表演。我妻子和女儿非常喜欢，但里奥和我在那里要闷疯了。我以前总强迫自己留下来，尽管这完全是折磨。现在，因为里奥也需要出去，我就有理由离开了。好家伙！我真是太感谢他了！我的妻子并不介意，因为她理解正发生的状况，能从不同的角度理解我们的敏感。”

看看你的留言板

敏感的孩子需要享受、坦然面对自己强化的反应和柔情。

“你们用什么言语来帮助孩子理解自己的敏感性？”我问小组里的家长。

“‘你内心充满爱，’”梅丽莎回答道，“罗温非常友善，懂得关爱他人。他的确是个好孩子。”

“‘你很敏感，’”劳拉补充道，“但亚历克斯对光线、质地、口感、颜色比对感情更敏感。”

“‘你很讲究，’”约翰给出了他的答案，“佩顿要求什么都要感觉刚好。你得剪掉他衣服上的标签。袖口不能太紧。土豆泥里不能混有一丁点块状的。他以后会是个了不起的设计师或厨师。”

迈克尔安静地听小组成员发言，然后问道：“如果儿子的敏感让我内心觉得尴尬，我怎么能告诉他，我为他的敏感感到高兴？我和儿子都很敏感，我因此觉得难堪。在我成长的过程中，男孩子都不哭，而我却总是哭。多年来，我一直试图控制自己的敏感性。”

理解孩子（尤其是男孩）的敏感性，有时需要我们扔掉陈旧的观念，并用反应出敏感、关爱个人的重要性的新观念替代。我们回顾敏感的优点，并用赞赏其价值的言语来填充我们的大脑和词汇表。做到这一点时，父母和孩子间形成了特殊的纽带——这种纽带能促进父母及孩子的个人成长。

欣赏敏感

当我问小组成员，是否有人在上周有成功经历，凯蒂用力挥手示意。“我保持了冷静！”她大声说。

“是什么帮你保持冷静？”我问她。

“我意识到杰登是个非常敏感的小家伙。他会倾听他人，还能看出别人的情绪。这个想法让我更有同情心。我知道，我能教他适当管理、利用这种天赋的技能。”

贾斯汀赞同地点点头，“他们的确能学会。艾比盖尔现在七岁了。她对我说，‘爸爸，我想和表姐一起去看烟火，但那声音吵得我耳朵难受。你能帮我找找透明耳塞吗，那样就没人会注意到了？’我帮了她。

有一次在夜里，她停下来，看了看我，然后朝我竖起大拇指。她知道我懂她的意思。”

当家长和孩子都能理解敏感，你们之间会有特殊的纽带、无声的交流。

如果你不像你的孩子那样敏感，理解她可能是件有挑战性的事。对你而言，她的反应可能看似过于敏感或特别情绪化。友善地对待敏感的孩子。懂得她可能会感受到你未感受到的感觉，她可能会听到你未听到的声音，她可能会看到你未看到的事物。鼓励她与你分享她的经历，提高你自己的敏感度。

如果不是因为我敏感的儿子，我可能永远不会注意到，当我走在湖边时，面对湖会感到吹在脸上的风更凉。我永远不会完全欣赏烤南瓜派时散发的芳香。我会错过数百种丰富我生活的声音、气味、景色和情感。

总结：
如何与敏感的孩子相处

敏感的性情儿感受到的情感、看到的景象、听到的声音、闻到的气味都到了一种我们大多数普通人永远不知道的程度。当他们告诉我们，他们的袜子穿得脚疼时，他们并不是在逗我们玩。他们会注意到不同品牌的苹果酱之间的区别。如果你检查一遍，你会发现学校的厕纸的确在气味和质地上和家里的厕纸不同——正如他所说。

当敏感的孩子面对周围的刺激、情感压力而不知所措时，就会出现问题。

敏感的性情儿需要听到：

你心地温和。

你讨厌噪音。

你内心充满爱。

你对感情很敏感，会关心他人。

你能感受到他人的压力。

你很讲究。

你会成为了不起的厨师、艺术家、设计师、摄影师、老师等。

教导小窍门：

和你的孩子谈谈他经历过的各种感官刺激和情绪。教他描述这些感官刺激和情绪的词汇。

对孩子接受的刺激程度保持灵敏的感知力。噪音、难闻的气味、亮光、人群会让他紧张；保护他，避免他受到过度刺激。

限制孩子使用电子产品的时间。

教孩子看出自己何时受到过度刺激，并请求帮助消除或减少刺激。

如果你也很敏感：

要意识到让孩子紧张的刺激，也会让你烦躁。

在你自己在尚有精力管理自己的敏感度，且能帮助孩子管理他的敏感度时，减少刺激。

从刺激环境中离开后，补充你的能量存储。

⑫ 易分心或感知力强：帮助他们听到我们的指示

我们能处理你的要求，只是我们不喜欢。

——齐吉

有一天，我站在折扣店的收银台时，看到一位保姆带着三个学龄前的孩子，想要买点东西。

“奥斯卡，到这来。”她喊道。奥斯卡还站在原地。

“奥斯卡，我要你到这边来，”她严厉地重复了一遍。没有动静。最后，她走到奥斯卡面前，用手碰了一下他的肩膀，吼了起来，“奥斯卡，我叫你到我这边来。”奥斯卡抬头看看她，把手指放在嘴上：“嘘！听，有铃声，我讨厌这种铃声。”他小声说。

我肌肉绷紧，侧耳倾听。起初，我什么也没听到，然后，我突然间意识到他说的是店外（基督教）救世军募捐的铃声。那位保姆也一脸困惑。她在店内环顾了一圈，但没发现任何铃铛，她又开始说话。就在这时，她听到了微弱的铃声。“是救世军的铃声，”她大声说着，眉毛皱了起来，看起来有些恼怒，“你讨厌救世军的铃声？”

“这个铃声让我想到了早上，”奥斯卡冷静地回答说，“每天早上铃声一响，我就得起床！”

从外表上看，好像是奥斯卡不听人说话。实际却是他听了。他听到了周围的每个声音，而且不知道哪个是最重要的，是自己需要仔细听并做出回应的声音，于是问题就出现了。他听到保姆说的话，但是他没有回应，因为他正在关注外面的铃声。他不是故意的。他只是在做大脑要他做的事情。

使用语言

有个叫齐吉的卡通人物说："我们能处理你的要求，只是我们不喜欢。"但是，可能齐吉并不是选择不处理这些信息，而是被连珠炮似的声音干扰了，无法解析信息。由伊利诺伊大学芝加哥分校（University of Illinois at Chicago）的史蒂芬 W. 伯吉斯（Stephen W. Porges）博士完成的研究表明，我们的神经系统通过感官处理周围环境的信息来持续评估风险。当孩子感到安全,他的大脑无意识地引导他的面部肌肉反应：与人眼神交流，说话时抑扬顿挫、有节奏、吸引人，调节中耳肌肉来更有效地区分人声和背景声。但如果孩子感觉到威胁，大脑会不由自主地指示同样的肌肉做出不同的反应：眼皮下垂，声调趋于平缓，调节中耳的肌肉以降低人声的区分度、凸显环境声音。

性情儿的感知力非常强。他们的感官敏锐，吸收周围的每种刺激，不断评估风险。性情儿需要我们告诉他们：他们听到别人听不到的声音；他们看到别人看不到的事物；他们感受到别人感受不到的情感。正是这种感知能力让他们具备超越自己年龄的理解力和洞察力。这种感知能力也是敏锐的幽默感和创意思维的基础。具备感知力是一种特别的天赋。

当感知敏锐的孩子的感官面对密集的信息，无法理清时，就会出现问题。他艰难地判断哪个信息最重要，决定自己应关注哪个信息。出现这种状况时，他变得不知所措、困惑，无法全神贯注地投入手头的任务，也无法关注父母或老师刚给出的指示。他看起来好像没有注意听。帮助这类孩子了解正在发生的事情，教他们识别生活中最重要的信息，正是我们的职责。

帮孩子倾听

要想激励孩子听我们说话，我们要先像大公司的营销总监那样思考、行动。我们要帮他们营造舒适感，让他们相信，他们接收的信息洪流中，我们的信息是最重要的。

可口可乐与其竞争对手相比，几乎看不出什么差别。不过，可口可乐的营销人员仍要说服人们购买他们的产品。他们通过借用广告商所说的“情感延伸”来达成目的。他们在广告图像中植入家人共同玩游戏、跳舞、庆祝的场景。他们不单单是售卖一种棕色甜味的冒泡液体；他们是在销售乐观和满足。

广告商研习了神经生物学。他们知道营造一种良好感觉能产生预期效果，因为这会提升幸福感。当我们感觉良好时，我们的大脑会向中耳的肌肉传达:“一切安好，继续，收听人声。”于是，我们听到人说话。

因此，我们要与性情儿建立情感延伸，就像广告总监那样。我们想传达：在我们周围、做我们要求的事，会感觉很好。

有一天，我吼了孩子。我告诉他们，我很厌烦他们不听我的话、不照我说的做。“但是，妈妈，”我儿子抗议道，“你没有听我们说话啊。你容易发脾气。你也没有给我们选择。我们向你请求帮助，但你却离开了。你甚至在我们还在玩的时候，就把玩具给收了。”

这时，我不高兴了。我本来是要教训他们的，却被他们逮到机会说我的行为问题。但是，我像操练教官一样喊出命令，导致我们进入红色区域，准备战斗或逃跑。在“战斗或逃跑”的状态中，我们需要吸收所有的声音，我们根本无法听到彼此说的话。

“克里斯！把电视关掉！现在就穿上睡衣！”开启了“屏蔽父母”模式。“克里斯，坐我腿上来，我给你挠挠背，然后再给你穿睡衣”会让她向你跑来。拥抱、致谢、称赞、询问她一天的情况或晚上想看哪本书，都会将孩子吸引到你身边。你温暖的信息营造了一种良好感觉，能让性情儿听到我们的信息，忽略周围的其他声音。检查你的信息——是否营造了良好感觉？是否有助于孩子的大脑关注你的信息？

变换方法来传达你的信息

我们的大脑渴望新奇事物，会对其很快做出反应。许多公司通过广泛的市场调研发现，如果他们想要客户回应他们的信息，他们必须变换手法。于是，他们利用一切想得到的外形、形式、事件向我们传递信息，使我们应接不暇。他们唱给我们听，画给我们看。刚从街上经过的货车上、YouTube 的视频里、高速公路的广告牌上、朋友的 T 恤或棒球帽上、市区公交上都有他们的信息。

跟你的孩子试验一下。你让孩子做某件事时，她什么时候反应最佳？是你口头告知、写便条、还是画图时？如果你以唱歌的形式表述呢？有种最有效的课堂技巧叫“清洁歌”。一首简单的小曲儿让我们愉快地想起“是时候收拾东西了，接下来我们就可以吃今天的点心了”。如果你不唱歌，可以尝试改变语调。机器人的声音或悄悄话很容易吸引孩子的注意力。闪一下灯光、站在原地不动、举个手或打开计时器的响铃。将最有效的几种方式换着用，也可以一次用几种。

当你变换技巧时，你多次传递信息也更容易，不会给人重复的感觉，也不会让人觉得你好像很唠叨。观察一下老师在课堂上的表现，你会发现她走向电灯开关，让灯光闪了闪。这是一种视觉信号，传达的是：“停下来。听我说。”然后她会唱：“现在该把你们的作品都收起来了”，传递的是听觉信息。对那些没有回应的孩子，她会走过去，轻摸、提醒——肢体信息。最后，她可能还会开始帮一些正在玩的孩子收积木——示范的方式。她通过四种不同的方式传达自己的信息。通过这种方法，她能肯定每个人都听到她的信息，知道应关注她的信息。

触摸似乎是向性情儿传递信号的一种非常重要的方式——让他们知道这则信息很重要。在我们的性情儿课堂上，我们会向全体宣布接下来的事项，然后在教室里走一圈，温柔且坚定地摸（不是挠痒）每个孩子的手臂或肩膀，再重复一遍信息。这种触摸对帮助孩子关注我们给出的信息至关重要。试着用触摸来吸引孩子的注意力。

一旦你知道了哪些方法对你的孩子最有效，把这些方法教给他。让他学会要求书面指示，或要求坐在老师附近，便于老师触摸他、给他传递信号。

眼神交流

广告商学会通过吸引潜在客户的眼球，来让他们关注自己的信息。在杂货店走一圈。你会发现面向成人的产品就陈列在成人的视线水平；面向儿童的产品陈列在儿童的视线水平。如果你在线购买产品，各种图像会出现在你正在看的内容旁边。各个公司确实在争夺会获得最直接视线的地方。

你可以用同样的技巧。如果你想要孩子听你说话，不要在房间另一头对他们喊话。这种策略能发泄你的情绪，但对性情儿而言，这是吸引他们注意力最低效的方法。相反，你要走到他们面前，弯下身，看着他们的眼睛。如果不想弯下身，把他们抱起来，让他们坐在桌子或其他台面上，让他们的视线与你持平。当你们有了直接的眼神交流，这意味着他们的大脑在与你合作，他们就更容易处理你的信息。当你的孩子感觉不适（比如见到陌生人、到以前没去过的地方）时，眼神交流尤为重要。如果他们感到焦躁，经历疼痛或不适，而且你家里还来了不少亲戚，到处是音乐声、各种活动、其他背景噪音时，眼神交流也很重要。你捕捉到他们的目光，也就吸引了他们的注意力，有助于他们听你传递的信息。

如果他们不看你的眼睛呢？确实会有这样的情况发生，而且不是因为他们想要惹怒你。很可能是因为他们正处于红色区域。眼神交流需要放下高度警觉，这种警觉是因过度刺激、接收所有信息引起。你得让他们冷静下来。

我们还要记得，每当我们让性情儿做一件事或停下正在做的事，这都是一种过渡——这种变化很容易压垮他们。我们要他们关掉电子产品来吃饭；不要打弟弟，要用言语表达。大多数性情儿会觉得任何变化、过渡都很困难。要停止他们正在做的事，需要他们大脑做出转换——处理新的不同信息。

如果孩子转过脸不看你，看起来好像在说："如果我看不到你，我也听不到你说话"，你可以故意做出一些动作，同时保持冷静。孩子正处于红色区域,他正试图把自己带回平衡状态。等待片刻。如果他愿意，轻轻摸他的背，不过通常他在这种情况下是不愿意有人摸他的。如果是这样，只用对他说："我能看出你还没准备好交流。我会等你的。"

一天，艾玛望向窗外，正好看到她四岁的儿子和他的小伙伴往沙盒旁的桶里尿尿。这时,她用了上述策略。"我等他回屋，"她在课堂上说，"然后我对他说，'我看到你往桶里尿尿了。'"

"'我们在做一个尿陷阱。'他平静地告诉我。

"'尿里有细菌'我告诉他，'我们家的规矩是，你只能在厕所里尿尿，所以你要说，"妈妈，我以后只会在厕所里尿尿。"'他不喜欢我的提议,而且我觉得他可能觉得有点难堪。随后,趴在地板上,爬到餐桌下,捂着自己的耳朵。

"起初，我真的非常生气，但我随后想起我们在课堂上讨论过的内容。我深吸一口气，对他说，'我能看出你还没准备好交流。'

"他放了一只手下来，'我用一只耳朵就能听到，'他告诉我。

"'但你还没有完全准备好，'我告诉他，'我会等你。'

"大概又过了两三分钟，这方法真的见效了。他从桌子底下出来，对我说，'妈妈，我以后只会在厕所里尿尿。'就这样，我们避免了半小时的吵闹，而且至少在之后的三天中，也没有再出现尿陷阱。”

无论你的孩子是躲避你、闭上眼、躲在桌子下，还是捂住耳朵，你要记住，他不是故意不尊重你。他只是不知所措，需要一点时间才能准备好听你说话。等一等，然后教他，下次他可以说：“等我一会儿，妈妈”或“我现在很烦，不想说话”，而不用躲避你。

传递简单信息

你会发现，可口可乐并没有告诉我们：你们会感觉很好，因为这真是好东西。它不会说“我们的产品配方里有 XYZ,由 XX 公司开发，我们认为你们会喜欢的。”可口可乐知道，我们的生活太忙，他们只有几秒种来吸引我们的注意力、传达他们的信息。他们会传递简单的信息。近期的“感觉好”商业宣传画上,可口可乐瓶的照片旁写着“打开幸福”。

对于全盘接收周围信息的性情儿，我们也能用几秒钟就吸引他们的注意力。这就意味着，我们的信息要简洁明了：点心时间、鞋、外面、过来、不要动。我们要他们停下正在做的事、要他们上床睡觉的原因很重要，但我们可以等到他们完全关注我们后再说。我们与他们最初的互动就好像标题——吸引他们注意力、让他们远离其他干扰的词汇。当我们知道他们在听我们的信息时，我们能给出进一步的指示。有时我们遇到困难，却并未意识到，我们初次传递出的信息太过复杂。如果你不满意孩子回应你指示的方式，检查一下你的信息是否简洁。

直接表达你的意思

你是否注意到，从来没有公司会这样说："请买耐克"或"买耐克，好吗？"从来没有。耐克的广告语是："Just Do It。"他们知道"请"和"好吗"这样的字眼会让你陷入困境，因为他们将清楚的指令变成了问句。比如，在晚上八点时，辛苦了一天后，你想要孩子们上床睡觉，是吗？是的！所以，你对他们说"该睡觉了"，你要表达的就是这个意思。但是，你可能会因加上"好吗"或"请"而混淆了自己的意思，自己却完全没有意识到。你没有清楚地说"该睡觉了"，而是说"要睡觉了，好吗？"或"请你去睡觉吧"。这样的话很容易说出口。我们在指令中加上"请"和"好吗"，是想用来缓和语气。我们要化解强烈反应时，缓和语气是一种工具。但当我们在指令中加上"请"和"好吗"这样的词，性情儿会将其理解为问题，并马上响亮地回答"不"。

选择合适的言语是赢得孩子合作的关键。如果你想要孩子做一件事，而且不想和他争论，要确保你的信息是明确的指令："该睡觉了。""你可以在院子里玩。""吃东西前要洗手。""你在学校要穿鞋子是规定。"等。这些都是直截了当的指令，能简单明确地告知孩子他们可以做什么。不要在表述中加上"请"或"好吗"这类词，甚至也不要在句末扬起声调，好像是在提问（而实际上根本就没有选择余地），以确保你不会无意间混淆自己的指令。

告诉他们能做什么

要注意的是，迪士尼乐园并没有要我们不去六旗（Six Flags）。这是因为人们不喜欢被告知自己不能做的事。人们喜欢听到自己能做的事。情绪强烈、意志坚定的性情儿尤其如此。要想得到你想要的回应，你给出的指示要聚焦于他们能做的事。

一次，我在参观一个幼儿园时，看到一位新生在教室里乱冲。这种不当行为通常会遭到“小心”或“停下来”这类严厉禁止，甚至会受到计时隔离的惩罚。但是，他的老师并没有责备他，而是引导他关注自己想要他做的事。这位老师把他拉住，轻声在他耳边说：“达蒙，我们在这间教室里，都是慢慢走的。”然后，她又以生动的声音宣布：“我们来练习吧！”她站得笔直，挺起胸膛，每走一步都夸张地抬起腿，开始走向课桌。这位新生拉着老师的手，和老师一起齐步走。当他们到达目的地，两人都大笑了起来，还击掌庆祝。老师指着教室另一头的红色椅子，考验他说：“再试一次，这次你自己来！”他慢慢地、有条不紊地往前走，每一步都极力控制自己的身体。他走到椅子旁，回头对老师咧着嘴笑。“你真的学会了！”老师大声说，“我们在教室里就是这样走路的。”他对自己的新技能很自信，露出了微笑。

不过，才过了两分钟，他看到新玩具时，又兴奋地从桌子边跑向阁楼。老师追上他，弯下身再次轻声对他说：“还记得我们怎么慢慢地走路吗？”他严肃地点点头，当老师带他一同走回桌边时，他一直平静地牵着老师的手。“再试一次，”老师鼓励他说，“我知道你能行。”然后，她站在后面，肯定他的努力。他再一次不慌不忙地迈出一步又一步，每走一步都会回头获得老师的点头认可。当他到达目的地，老师走向他，笑容满面地说：“我就知道你能行！”这时，他站在阁楼里，闪现一丝微笑，然后俯下身紧紧地抱住老师！“谢谢！”他大声说。

看着他们，我也不禁笑了。这位老师通过告诉孩子什么可以做，赢得了孩子的合作——还有孩子的心！

这位老师意识到，这位执着、活跃的孩子很努力地让自己慢下来。老师欣赏孩子的旺盛精力，但也意识到自己要教他在教室里安全地走动。老师为了保证孩子能听到自己的信息，她通过语言和肢体两种方式来给出自己的指令。她不仅仅说“慢慢走”，而且还用全身动作来示范——慢慢迈出每一大步。她强调了自己的观点。而且她的方式让这位孩子知道，与她合作是安全的，甚至是有趣的。于是，这位老师得到了她想要的回应。

听听你自己的指示。你是在告诉孩子他能做的事吗？这些指示是“坐在椅子上”，而不是“不要坐桌子”吗？是“喝水”，而不是“不要玩水”吗？你的语气吸引人吗？当你传达的信息告诉性情儿，他能做什么，你就更有可能得到你想要的回应。

合作

感知力强的孩子通常也会有感知力强的父母。你可能和你的孩子一样，非常艰难地判断哪则信息最重要。如果你自己也容易分心，这就尤其不易。

有一天，玛尼在家给我打电话，她正因为自己三岁的儿子而烦恼。她的问题很典型：“我怎样能不用争吵就让他穿衣服、吃饭、出门？”

我问她，此前她都做了什么。她解释说，她为每天早上制订了一些例行事项。他们会在7点起床；拥抱一会儿；穿衣、吃饭、刷牙、梳头；再玩一小会儿，然后穿上外套出门。“听起来不错。”我回应说。她告诉我，效果还不错。他们争吵得越来越少，但她仍觉得每次都是慌慌张张出门。

“我们好像总是时间不够用，无论我们起得多早。”她抱怨说。

随着玛尼深入谈到她早上的习惯，我们俩都开始发现，她和自己的儿子一样，感知力也很强，也很容易分心。玛尼帮儿子穿衣服的时候，儿子会跑到床边看小鸟。玛尼也会跟着他一起看小鸟。当玛尼叫儿子来吃饭时，他会说:“等 1 分钟。”玛尼会等他，同时自己也会干点别的。突然间，1 分钟变成了 5 分钟。如此循环反复，直到 8 点，他们又沮丧地匆匆出门。

意识到我们自己容易分心，有助于我们与性情儿更清楚地沟通。我们教自己识别干扰，且不让这些干扰将我们引入另一个方向，除非我们主动选择如此。当你有几个孩子时，这真是说起来容易，做起来难。下次你正和性情儿一起做一件事时，如果有来自另一个孩子、电话、短信的干扰，有意识地问自己：“我想要调整我的注意力，去接电话、和另一个孩子沟通、回短信吗？还是我需要说，我稍后会处理，然后继续和性情儿完成正在做的事？”

你可以选择如何应对干扰、识别干扰、并相应调整你的沟通方式。

和你的孩子分享你用于集中精力的技巧。当你忍不住想做其他事情时，告诉你的孩子：“我电话响了。我内心的一部分想去接电话，但是我知道，我要完成我正在做的事情，稍后再给别人回电话。”他会通过观察你，学会怎样保持注意力。

营造安静的工作环境

如果你和孩子需要全神贯注完成一项任务，你要营造一个安静、安全的工作氛围。想一想，你们两人要想做好这项任务，会需要什么。检查一下背景噪音水平。喧嚣的噪音会将你们引入红色区域。不过，适当的白噪声或音乐如果能掩盖其他干扰声音，是能提高注意力的。选择什么样的背景音取决于你和你的孩子。

减少选择。相比其他孩子，感知力强的性情儿在做出选择前，会通过更多的眼部运动来比较选项。他们会深入处理额外的事物，花更多时间来考虑其他选项。过于丰富的选择会让他们不知所措。如果选择T恤，就从衣柜里拿出两件来，放到浴室，让孩子在浴室里做出选择。不要当他的面打开衣柜门，让他看到所有的选择。

将大任务拆解。否则，找到一个切入点都会是无法完成的任务。如果他要完成十个单词的拼写,先完成三个。掌握这三个单词的拼写以前，先不管其他的。如果他要完成15页阅读，将其拆分为三个部分，每次读5页。

知道你感知力强的性情儿以哪种方式、在什么地方工作最高效，能让你们保持专注。有效完成的任务，能减少总是在最后时刻赶任务的烦恼。

避免干扰

当你分心时，你可能会忍不住想和你的性情儿分享你此刻的想法。你看到他搭积木，然后说 :“搭得很好。”孩子会感谢你的赞美，但你的言语干扰了他的工作，打断了他的注意力。你让他穿衣服，接着想起来，趁他在房里，要他把床铺好。于是，他穿衣服穿到一半，又开始铺床。5 分钟以后，你很失望，因为他还没穿好衣服。

最好把你的赞美、下一项指示留着，直到他完成正在进行的任务。否则，他的注意力会被打断，还可能无法完成手头的工作。

识别吸引你注意力的事物

我在前文中讲过，通过多种手段来吸引你孩子的注意力:眼神交流、抚摸以及简短的语句。如果你自己也容易分心，可能你也很难吸引孩子的注意力。回想一下过去的 24 小时。你的孩子要怎样才能吸引你的注意力，让你听他说话?

以下是近期性情儿课堂列举的清单，可能和你的清单有点像：

他打我，或冲我大叫。

她站在我面前，她的脸正对着我的脸。

他咬小宝宝。

她哀号。

她缠着我不放。

你的故事也可能和马特的故事很像。“那天很晚了，我也累了。和往常一样，我的夜猫子儿子睡不着。我在沙发上，没过一会儿，他到我旁边来了。我试着不理他。我已经陪他坐，抱过他，还给他读了本故事书。我想，够了就是够了。突然，我的耳朵被一阵无机胀气的噪音袭击。要说明一下，并不是真有这种玩意儿——这是一种拍动嘴唇加上翻动舌头的声音，非常奇怪。没办法用别的词形容了。

"'你在干什么？'我用极具权威的声音问道。

"'吸引你的注意力，'他风趣地说，满脸笑容，'当我发出那种声音的时候，你就会看我。'

"我心里想：我当然会看你啦！我还想把你生吞了呢！"

如果你不想孩子打你、咬你、对你哀号、缠着你不放、让你恶心，你要教他们如何吸引你的注意力。决定你想要他们怎样接近你，然后向他们展示。你想要言语吗？什么样的言语呢？"我想要你的关注""我需要拥抱"或"请听我说"。你想要动作吗？什么样的动作呢？轻拍肩膀，还是拉你的手？你需要眼神交流吗？你想要他们站到你面前吗？你想要他们把你拉到他们的视线水平，再和你说话吗？

这个问题并没有单一的正确答案，但是正如你要学会吸引孩子注意力的方法一样，孩子也要学会吸引你注意力的方法。下次他再哀号时，对他说："停，我在听。我认为你在告诉我，你想要我的关注，用言语表达。"如果他打你，对他说："停，你打得我很疼。如果你想要我的关注，拉我的手。"接下来，你集中精力关注他。

如果你容易分心，保持专注可能要消耗你不少能量。机场、家庭聚会、商场、餐馆等高水平的刺激环境是最具挑战性的，因为你也容易被淹没，就像你感知力强的孩子一样。教孩子停下来，深吸一口气，带孩子进入这种环境前先想一想：你有能量清楚地引导他们、帮他们成功应对吗？还是你已筋疲力尽，所剩能量只顾得上自己？

当你们努力保持专注后，别忘了让你自己和孩子休息一下。

欣赏感知力

作家 E.B. 怀特在他的散文中，用燕巢中的白色羽毛吸引了我们的注意力——这种白色羽毛使燕子从户外耀眼的日光中俯冲进入黑暗的谷仓后，能直接进自己的窝。他描述了农场的气味，还有投射在池塘上的灯光。他是一个具有强感知力的个体，用自己的天赋丰富了我们的生活。

这个世界需要具有强感知力的个体。欣赏孩子敏锐的感知力，教他们听我们的信息，是可以同时实现的。这个过程的确需要更多精力，尤其当你们刚开始时。性情儿确实会听,而且会听得很好。在你的帮助下，他们将学会辨认自己生活中最重要的信息。

总结：
如何向感知力强的孩子传递信息

性情儿的感知力非常强。他们的感官敏锐，吸收周围的每种刺激。他们听到别人听不到的声音，看到别人看不到的事物。

当感知敏锐的孩子的感官面对密集的信息，无法理清时，就会出现问题。他们往往会艰难地判断哪个信息最重要，决定自己应关注哪个信息。出现这种状况时，他会分心、困惑，无法全神贯注地投入手头的任务，也无法关注刚接收到的指示。

感知力强的性情儿需要听到：

你注意到身边所有的事物。

有时当你感到不适，你就难以听到指示。

你非常有创意，因为你会注意到其他人忽视的事物。

你具有强感知力。

你具有了不起的幽默感。

教导小窍门：

用满怀爱意的支持言语激励你的孩子倾听，让他知道和你在一起很安全。

通过多种不同的方式传递你的信息，包括说、写、画、示范等。

摸孩子，帮他集中精力听你的指示。

与孩子进行眼神交流，以保证他在关注你。

传递简单的信息。

当你没有给他选择时，不要以问句形式表达你的意思。

告诉他能做什么。

如果你也具有强感知力：

注意到自己容易分心。

不要因为自己分心，而影响你跟进性情儿完成任务。

为工作、休息、进食和玩耍营造安静的环境。

努力保持专注后，补充你的能量存储。

⑬ 适应性：让过渡更简单一些

过渡就像病毒，是扰乱我们每日生活的小东西。

——贝卡（两个孩子的母亲）

当安娜领着最小的两个孩子走进家庭中心时，她耷拉着双肩。我向她打招呼时，她眼里噙满泪水。“怎么了？”我问，说着还拥抱了她。

“我刚把海兹尔送上校车，她又哭又叫，因为她穿的套装没有口袋。”她回答说，“我这么努力建立每天早上的习惯，就是为了让我们不慌张。本来我们一切进展顺利，还有几分钟她就要上校车了，就在这时，她发现她的衣服没有口袋。到了这个时候，我已经没有时间给她换裤子了。我保持镇定，试图和她一起解决问题。但她想不到解决方案。时间已经快到了，她不接受我给的任何建议。现在，我感觉糟透了。我想帮她控制情绪、想出解决方案，但当校车在等她，邻居都在看我们时，这真是很难做到。”

过渡涉及的都是小事，能成就一天，也能毁了一天。过渡是例行事物中的变化——从一个地方、活动、状态转换到另一个，或是适应意料外事件（如裤子没有口袋）的需求。过渡可以是停下玩的游戏来吃饭这样的小事，也可以是从睡到醒这种普通的事，还可以是搬家这样的大事。

每一个转换的过程都要为新活动调节唤醒系统（arousal system），同时避免过度兴奋而进入红色区域。当性情儿的情感强度上升，其适应力就会下降。换挡需他们用力拧、摩擦。如果你都连让孩子出门、上车、到桌边、走出学校、清理物品，都要大动干戈，一天中即使有美好时刻，也会黯然失色。你听到他们抗议的尖叫声，会觉得要好好修理下他们，改正他们的问题。幸运的是，用心倾听就会解决问题。

美好一天最重要的一个部分就是平稳过渡。所有孩子都会从有计划的过渡中受益。性情儿需要有计划的过渡。大多数性情儿在气质上都和海兹尔很像。他们并非企图挫败自己的父母，也不是想让他们当众出丑。他们只是觉得应对变化、意外特别难。当他们真的想吃午餐、愿意去学校，却发现自己十分紧张，无法配合，每一步都在挣扎时，这一点尤为明显。他们太难适应变化，以至于邻居家外墙漆了不同的颜色，银行换了标牌，你带他们换了条路线去学校，他们都会觉得难受。对于慢适应的个体而言，转变永远都不是件易事，但性情儿能学会有效管理。

使用语言

对于慢适应的孩子而言，任何事物的开头、结尾——拜访他人、看视频、去学校、吃饭——都充满险阻。为帮助性情儿适应，我们得帮他们识别、理解过渡，然后教他们表达自己感受所需的言语。通过发现、命名过渡，我们帮他们做好准备去面对过渡、应对过渡引起的不适。

最容易的就是关注我们可以预测的过渡。我们可以先仔细观察我们的一天，问自己："活动、事件什么时候开始、结束？""今天和我们每天的日常有什么不同？"想一想你一天中最困难的时刻。很可能就是日常过渡：早上起床出门，晚上回家，睡觉前，进入、离开某个地方或某些活动，孩子从分开的一位父母身边去另一位父母身边（包括回来），以及因节假日改变的日常习惯。一旦我们看出这些事项，我们就可以制订成功计划。因此，你的孩子因日常过渡而经历的崩溃会减少，省出多的能量来管理那些无法预测的过渡。

性情儿——甚至婴儿——需要听到帮助他们坦然接受自己适应能力的言语：

你喜欢知道将要发生的事情。

你喜欢日常生活有规律。

你喜欢有计划。

你可以灵活。

性情儿需要听到帮助他们认识过渡的言语：

那是个意外。

那和你期望的不同。

你同父异母的姐姐来和我们家住的第一天，你就感觉不舒服，因为我们的生活规律因此改变了。

当你玩得正开心时，你很难离开。

性情儿需要听到帮助他们管理过渡的言语：

对你而言，改变很难，但你能改变，而且一直都在改变。还记得上周……

对你而言，从学校到家的转换很难，但我们能一起想出改善方案。

你喜欢知道将要发生的事情。我们来谈谈今天的计划吧。

你要先完成什么事情，才能准备好出发？

你想把这个存放在什么地方？

你想带上什么？

当你用“习惯”“计划”“时间”“转换”这些词指出孩子生活中的过渡时，他会开始自己搜寻这些过渡。麦克发现，就连四岁的孩子也能做到。麦克发现夜晚洗澡时间的过渡引起他女儿的崩溃，然后他和女儿讨论了一下洗澡时间的习惯。他们一起决定在麦克的表上设个闹钟，提前 5 分钟提醒她。现在，当闹钟响起时，麦克的女儿会说：“爸爸，洗澡时间到了。”因洗澡而起的战争消失了。麦克应对过渡的自信、能力都在提升。

慢适应的孩子需要知道自己不是唯一需要有计划的缓慢过渡的人。介绍他认识一些你认识的、在过渡时谨慎小心的人。让他知道自己并不古怪，自己并没有不同。有很多人和他有相同的感受，这些人让我们注意到我们的传统和历史。

建立习惯

习惯是慢适应的性情儿的生命线。习惯给他们可预测感和安全感。早上醒来时知道接下来要做什么，知道谁会接他们放学，知道什么时候该做作业，会让人感觉平静。当性情儿知道将要发生什么，他们可以自己先做出改变。习惯减少了他们的不适感，让他们有能量顺利地管理过渡。

看看你的一天。你的孩子知道他早上要几点起床吗？知道几点吃饭吗？知道什么时候该换衣服了吗？知道你什么时候会去短途旅行吗？知道他什么时候可以请朋友到家里来，或他什么时候可以用电子产品吗？性情儿需要知道这些事情——如果他不知道，你们之间很可能会有冲突。可视方案是一种有用的工具，能帮助学龄前儿童甚至学步儿了解习惯。

创建可视方案

"我们家每天早上都有一场激战，"萨拉有一天在课堂上解释说，"亚历克斯绝对不会配合去幼儿园，即使他一到幼儿园就很喜欢那儿。我试过很快离开，也试过多陪他一会儿，但似乎都没用。他就是会躺在地板上哀号，或缠着我大哭。我们俩都疲惫不堪。"

"对亚历克斯的老师而言，这也是个很棘手的问题，"她继续说，"因为他的哭声让其他孩子很烦。他的老师提议，我们制作一个有图片的表，让他知道将要发生什么。"

"在这个时候，"萨拉说，"我愿意做任何尝试。我对他说，'亚历克斯，我们一起想办法让你上学更容易点吧。怎样让这件事更顺利些呢？'他告诉我，他害怕离开家，而且不知道我什么时候能回来。我以前从未想过这些。"

她继续说："我制作了一个六框空白卡通计划表。我一边向亚历克斯解释，一边问他，'我们到学校做的第一件事是什么？'"

"'把我的外套收起来！'他回答道。

“我在第一个空白框里画了一幅画，接着问：‘那接下来呢？’他耸耸肩，我说：‘好，你觉得让你找点玩具玩，我在旁边看，怎么样？’他表示同意，同时在第二幅框里画了一幅图。我们继续添加微笑着挥手道别、午饭、故事书时间的插图。”

到这里，萨拉的故事还没完。“他的故事书时间一过，我就会去接他。”她补充说，“于是，我对亚历克斯说，‘我们来画个钟吧。我们把时间定在下午5点——这是我会来接你的时间。’”

然后，萨拉和亚历克斯一起看了一遍计划，给每幅图加上文字：“我们会脱掉你的外套、找点玩具玩、挥手道别、吃午饭、读故事书，然后当钟走到5点，妈妈就会来接你。”

接着，萨拉把计划纸折叠起来，帮亚历克斯放到他口袋里，告诉他，可以随时拿出来看。

“这个方法马上就见效了，”萨拉告诉大家，“他不再用眼泪来开启每一天，他会收起自己的外套，找点玩具玩，然后向我挥手道别。这个表我们用了两个月。在这以后，亚历克斯养成了习惯，我们也真的没什么麻烦了。我对那位老师的感激，简直无以言表。”

当你的孩子知道将要发生什么时，适应性就不再是问题。你通过和孩子一起制订可视计划，你给他创造了舒适的感觉。你们可以用笔画、可以用图片、还可以用剪贴画。只要4~6幅图，就能说明他每天应完成的事项。你也可以分别为早上、晚上、接送等制订不同的计划。

清晰一致的例行事项能赢得因变化感到不适的孩子的合作。这并不是说，永远都不能有临时状况出现，而是发生变化时，你有可参照的计划。制订计划不仅让你指出哪些地方会有变化，也让你自查：你是否每日都在做出调整？如果是，那么改变发生得太频繁了。孩子的每日习惯中需要可预见性。如果你总是在改变将要发生的事，你可能无意间将他推入红色区域。习惯是稳固的基础，能帮助孩子留在绿色区域。如果你发现建立、维持习惯很难，一个简化这个过程的方法就是限制过渡的次数。

剔除不必要的过渡

当五岁的德里克早上起床时，他走下楼去看电视。要让他穿衣服，得先关掉电视，让他上楼回自己的卧室。有时，他醒来没多久，父母就会要他穿衣服。也有些时候，他会穿着自己的睡衣一直到中午。唯一不变的是他每次面对过渡，都会有争吵。

每次过渡都会让你和孩子面临潜在的崩溃。打开电子产品，然后再关掉就是一种过渡。下楼吃早餐，然后再回楼上换衣服也是一种过渡。有时要求早上 8 点换衣服，而有时中午才换，让每次换衣服的要求都变成意外。如果你的孩子是慢适应的性情儿，你尽量剔除不必要的过渡，会让生活容易得多。

德里克的父母咨询了我以后，他们建立了可预测的例行事项，一周七天依此执行。现在，当德里克醒来，他有一个计划图，提醒他换衣服、上洗手间、梳头、刷牙，然后下楼。早上禁止使用电子产品。我知道——这最后一条建议让他的父母也打战。但是仔细想想：有多少争吵是因关电子产品而起？德里克早上不再玩电游，也不看电视，而是帮他父母准备早餐，于是，他们在每天分开前有更多时间共处。这也意味着德里克在厨房已经准备好吃早餐。他的父母不用打断他的另一项活动，把他拖到桌边。

检查你的例行事项。有开、关电子产品这种过渡吗？有不必要、不一致的例行事项吗？

日常外出的过程中也会出现一些不必要的过渡。如果你计划外出，数一数你们将要上车、下车的次数。你知道要想孩子成功应对，你得限制过渡的次数。孩子放学后，带他们参加活动时，不要中途停车买吃的，而是事先带点小零食。你会消除三次重大过渡和潜在的崩溃诱因：下车、脱外套、回到车上。如果你直接去目的地，你们会有多余的时间一起放松、享受零食。

有时，不必要的过渡看上去也是必要的，比如给孩子多安排一项活动。但如果到了开始的时间，你的孩子犹豫不前，停下来、问一问是不是因为他的日程被安排得太满了。十岁的诺拉就有过这样的经历。“我知道，她回家时已经很累了，”诺拉的妈妈告诉我，“但是她还要做作业、练钢琴、还要上体操课。当我问她为什么和我吵架时，她说，‘我想要自由。’”

性情儿每天只能应对这么多过渡，尤其是重大过渡。超过一定数量，他们就会受不了。仔细看看你的计划中有多少过渡。考虑少上一堂课，或取消一项活动，尤其是那些占用他们睡眠、用餐时间的。要仔细听：你的孩子可能会告诉你，他需要放慢进度。不要等到他对你大叫或情绪崩溃，才听到他的表达。

知道何时取消一项活动，能给你的家庭带来和谐。寻求一种调整你的日程、以不同方式达成你所需的方式，而不是强迫、给人施加压力，直到有人崩溃。总有一种尊重孩子和你自己需求的方案、方法。想一想。慢适应的孩子有种天赋——他通常首先让我们知道：“我们做得太多了，我们全家该缓一缓，休息一下了。”

付出时间

“如果我催促查理，我们就惨了，”金姆在一次采访中说，“我从来不能仓促地让他进入新环境。我能花更多时间和他相处，我们就会越开心。但这就意味着，我总是要提前一步。”

时间——性情儿需要大量的时间来过渡。你可能觉得自己没有那么多时间，尤其是你还有其他孩子的话。安娜有四个孩子，其中一个女儿是性情儿，她感觉自己要被这个女儿的需求压垮了。

“我已经没有更多时间了，”在一次课堂讨论上，安娜怒气冲冲地说，“让莉比出门已经是一项全职工作了，我还有三个孩子要照顾。我们的习惯非常清楚，但她就是不配合。”

我们的性情儿很难适应过渡。为了让他们顺利过渡，我们要有意识地给自己足够时间在需要的时候去帮帮他们。我说服了安娜每天早上把闹钟调早一刻钟，对自己说：“你不用急。你会有什么损失吗？”

接下来的这周，她提前到了教室。“我有好消息，”她信步走进教室，对大家说，“你们知道我有多抵抗付出更多时间这个提议吧？嗯，我考虑了一下，决定试一试。我觉得，我自己也是慢适应型。反正，我把闹钟调早了一刻钟。我起来的时候，莉比已经醒了，不过我就让她躺在床上，我自己快速地冲了个澡。我换好衣服后，让莉比起床。这时，我没有觉得忙乱，因为我已经洗了澡，换好了衣服。当她需要我帮忙穿衬衣时，我帮了她，而不是告诉她我没时间（我通常确实没时间）。当我更冷静时，她也更冷静，我也就有了更多时间照顾其他几个孩子。我简直不敢相信，一刻钟带来多大变化。你是对的。"

接着，她为了确保不让我太得意，补充说："但我真的很累！"

"我们会解决这个问题的。"我打趣地说。

多年的经验让我知道，花 5 分钟的时间来预防，可以给你节省 15 分钟的混乱时间。如果你想要每天有更多的时间，给你自己和孩子多一点时间来过渡。慢适应的孩子不是在浪费时间。他们在努力做出改变，且通常需要帮助。

你努力给孩子时间预热，却可能因其他人的行为遭到破坏。有时，你需要表现出坚定的态度。在医生的诊疗室里，你可能得请求医生先和你的孩子交流，在用听诊器以前先给孩子看看。如果你们要和一群人去参加活动，你可能要开自己的车去，这样就能提前到目的地，让你的孩子有时间去适应。甚至在体育比赛时，你可能得要求教练不要评价孩子的第一场比赛，因为你知道他热身以后的表现会好得多。

别人总是告诉我们，给孩子施加压力——强迫他们做出行动——还责备我们娇惯他们。如果你的孩子适应得慢，提醒自己，当他进入青春期时，你会欣赏他这一点。当其他孩子都在竞相尝试一些荒唐、冲动的冒险时，你的孩子会思考，缓慢谨慎地行动。每种气质都有各自的优点。

提前告知不可或缺

提前告知是描述未来景象的过程。慢适应的孩子需要知道未来会怎样。无论你们是要吃午餐、看医生、有人陪伴、参加活动、尝试新牙刷，还是洗他最喜欢的T恤，性情儿都需要提前得知将要发生的事。确保他们知道自己将要做什么、你们要多长时间到达、你们会带上什么东西、你们什么时候会出门、谁会在那里，以及其他任何你知道可能会发生的事。

提前告知的时机很重要。有的孩子需要提前几小时、几天，甚至几周得知将要发生的事。这样，他们就有时间提问，并做好心理准备。有的孩子会反复考虑，如果你提前太早告诉他们，他们会累。你要判断哪种方式最适合你的孩子。以下是一些老师和其他父母提前告知的方式：

你有10分钟的时间。你还需要什么才能准备好出发?

还有5分钟时间就到了。我们看看在哪儿停下。

这场表演结束后，我们会……

今天我接你以后，我们不回家；我们会去……

定时器设定的时间到了，就该……

再跳三次，就轮到米卡了。

“所有事情，我们都得让里奥提前做好准备。”梅丽莎告诉小组成员。“就像今天，”她说，“我朋友到我们家来做客。我得告诉里奥我朋友是谁，她为什么来我们家，她会在我们家待多久。他需要知道这些‘小事’。我不能想当然地以为他能轻易接受任何事。只要他知道会发生什么，他表现都还不错。”

“学会为过渡做准备，真的让我丈夫感觉好多了，”希瑟解释说，“我们两岁的儿子布雷登只要他爸爸一回家，就会大叫。布雷登不让他爸爸碰他，还把爸爸推开。但是，过了30分钟，他就又想坐爸爸腿上。

“我丈夫开始会认为这种‘打招呼’是针对他的，非常难过。经过课堂讨论后，我意识到这是一种过渡。我开始提前让布雷登知道，爸爸快回来了。当我听到车声时,我会把布雷登抱起来。当我丈夫走进门，我会抱着布雷登，对他说，他可以让爸爸知道他什么时候准备好拥抱。这时，他马上就会伸手要抱。我觉得，是提前告知起了作用。”

给学步儿“还有一次”的预告，只会引起他们的哭闹，因为你已经提前告知过——这也是很常见的。你可以通过说“你希望我们不用离开”来表达同理。尽管转变仍具挑战性，但要坚持提前告知。慢慢地，你们两人都会更容易过渡。

记住：孩子越小，他对时间的理解越少。告诉一个两岁的孩子，他在5分钟之内要停下来，你可能在5分钟后仍要抱起一个正在尖叫的孩子。这个年龄的孩子不懂得时间的概念，除非你将时间具体化。“你可以再投五次球”“当音乐停下来时”以及“当闹钟响起时”这种指示都可以让时间更具体、更容易理解。你也可以买一个彩色定时器或手机应用软件让孩子“看到”时间流逝。当你用定时器设定特定的时间，钟面显示红色。随着时间流逝，颜色慢慢消失。孩子可以看到时间快到了。

如果提前告知孩子将要发生的事及发生的时间，好像是额外的工作，记下你看时间的次数，用“10分钟”思考，检查你的日程安排、制订计划。

你的孩子也需要这些信息，就和你一样，但是小孩子无法自己获取这些信息。你要提供给他们。你所要做的就是和他们分享你的想法和行为。随着孩子逐渐长大，你可以让他们承担更多责任。比如，你可能会对大一点的孩子说：“你计划怎样在睡觉前做完家务和作业？”他们最终会自己准备好应对过渡。

给他们时间收尾

性情儿喜欢完成他们正在做的事。在他们转换到新活动以前，我们要帮助他们完成现有的活动。你可以对他们说“停下这件事儿是挺难的。”或“你可以等下再继续。”来表示理解他们的感受。

一旦你提前告知了他们，给他们所需的时间和空间来完成他们正在做的事。如果你不喜欢等待，那么就不要看他们；你可以开始放东西到车上，或打临行前的电话。玛吉就是这样做的。“到了准备去学校的时间，”玛吉告诉我们，“但是四岁的杰克却全神贯注地在玩他的乐高。他根本就不想做准备。以前，我通常会大叫，‘现在就给我停下来！’然后就会开始争吵。但这次，我问他，‘你还需要几分钟？’

“‘10分钟。’他回答说。但我们没有10分钟。

“‘5分钟怎么样？’我反驳道。

“‘10分钟。’他再次回答说。

"'好吧，' 我说，'我把定时器设为 5 分钟，看你能完成多少。你在拼乐高的时候，我去准备其他的东西。' 说着，我就走开了。

"没过多久，我就听到，'我拼完了！定时器的时间还没到！'"

如果你赶时间，你可能需要帮孩子收尾，比如帮他们收拾正在用的颜料、玩具、所有马克笔（除了他手上的那支）。请他们将自己的作品放到安全的地方，晚些时候再继续；问他们："你准备把这个放到哪里？"有时，让性情儿将当前的活动收尾，并转移到另一项活动时，你得允许他们带上一个"过渡"物体。让他们带个玩具上车，或拿着球到桌边，让他们把玩具放在自己的椅子旁边。

在你帮孩子结束当前的活动的同时，记得提醒他接下来会有好事，比如"我们的甜点是你最喜欢的苹果酥"或"你会见到你的朋友"，知道接下来发生什么，能使过渡更顺利。

借用想象力

性情儿的想象力非常丰富。你可以利用这一点推动他们从一项活动转移到另一项。

我看到过有的父母假装自己是自卸货车，在水龙头下打开、合并自己的双手，来"倒"水，吸引自己的孩子来洗手。我曾见过学步儿专注地向后走，也见过四岁的孩子像小马一样飞奔，而丝毫没有意识到自己正处于过渡中。所有这些富有想象力的过程都会赢得孩子的合作。

这不是玩游戏，而是智取。

帮他们应对失望

失望对性情儿的打击非常大。因为打击实际上是一种过渡——计划上的改变、意料之外的事物。性情儿需要理解，他们很难面对失望。他们体验到的这一阵情绪很容易让他们不知所措。如果他们不理解这一点，他们可能会和你作对，表达出“我就不”或“你强迫不了我”，或者像海兹尔那样，发现衣服没口袋以后，非常难过，泪流满面。

性情儿的情感体验深刻。他们能学会应对自己的失望，而不必沉溺其中，但他们的失望仍是真实存在的，也需要出口。在这种关键时刻，他们需要使用语言。你可以教他们说：

这和我期望的不一样，我需要一分钟缓一缓。

我很难面对这个改变。

我们能谈谈这件事吗?

能再给我一分钟吗?

这出乎了我的意料，不过我是个能解决问题的人。我能想出办法来。

当言语能说清发生了什么，形成一种自主的思维模式时，就能让人平静下来。

你还可以和孩子玩“如果”的游戏，让他们更容易接受失望。在事情发生以前，你们可以谈一谈各种可能出现的情况。比如，你们准备去看电影，你可以先问孩子：“如果我们到了那里，但电影票都卖完了怎么办？你会有什么感受？我们要怎么做？”再比如，“如果你去参加生日派对，派对上只有水果沙拉，没有生日蛋糕，怎么办？你会有什么感受？你会怎么做？”还有，“如果你去上游泳课，他们点到所有人的名字，唯独没有你的，怎么办？”

“如果”游戏教孩子成为善于解决问题的人，也为他们铺设了成功之路。如果假设的情况真的发生了，他们已经做好了准备。他们能说明自己的情绪，也知道怎么做。即使有些意外情况你们预料不到，这种“如果”练习也能提高解决问题的能力，让性情儿面对突发状况时更容易应对。

“这种做法不会引起他们的焦虑吗？”有的父母问我。“如果”练习强调的并不是可怕的意外、灾难可能会发生，而是强调我们相信他们有能力解决问题。重点在于他们能做什么。这是一种支持、安抚的信息。当孩子们觉得自己有掌控权时，就不会变得不知所措。

我记得，有一年新年前夜，我们打算和邻居共进晚餐，然后再去看场电影。我们吃完晚饭时，比预计时间早，在电影开场前 45 分钟就到了电影院。我的邻居瞟了一眼其他电影的广告。“要不我们去看这场吧？”他提议说。其他几个孩子欢呼雀跃。我马上看了一眼我儿子，想知道他能否承受这个“意外”。我看到他的脸通红，于是把他拉到一边。

“你能接受吗？”我问他，“我知道，这和你预期的不一样。”

“你答应过我，我们会去看我想看的电影。”他结结巴巴地说。

“我知道，”我说，“不过你也跟我提到过这部电影。考虑一下，我们再决定吧。”

我儿子竟然同意了换部电影看。他五岁的时候，是不可能接受的；但他八岁时接受了。我很高兴，但事后我能看出，他还是有点沮丧。看完电影，邻居邀请我们去他们家吃点东西。我非常肯定，我儿子在不“补充能量”的情况下，是无法适应这次过渡的。

“我得回家看看我们的小狗，”我礼貌地告辞，“乔什，你能帮帮我吗？”我并不是真的要回家看小狗，而是我知道，我得给儿子一个机会发泄。他也确实发泄了——走进屋，就发脾气了。

“你说我们可以看我想看的电影。你答应过我。那部电影糟透了（确实如此）。我们为什么要换？”

我由他发脾气，然后说，“好了，小家伙，时间到了。对你而言，变化总是很难的。但现在已经够了。你在电影院表现得不错。也许这个星期我们可以再去看你想看的电影。我们得到邻居家去了。”于是，我们一起走出了门。他挺过来了，我也是如此。失望并不会简单地消失。你和你的性情儿需要找到一种相互尊重的发泄方式。

合作

你可能在想：“我没时间这么做；我上班不能迟到”，或是“如果别人在看，怎么办？”如果你们在公共场合，把孩子拉到一边，回避窥探的目光。承认这是个意外，与预期的不同。给他一点时间冷静下来。然后，你们可以决定做什么。的确，你可能时间紧迫，但抽几分钟的时间来和孩子一起解决问题，能让你们有更好的一天。如果有问题反复出现，抽时间找出真正的诱因，你也就不会总是迟到了。马特就是这样做的。

马特每周有三天早上要带孩子：让几个女儿吃早餐、换衣服、然后一起出门送大女儿去幼儿园。孩子们会穿好衣服、吃早餐，再一起玩一下，不过，在出发前，问题就来了。两岁的艾米会发脾气，坐在地板上把鞋子踢开，拉扯自己的外套。“例行事项总是一样的，”马特说，“我在我手表上设了闹钟。我总会提前提醒她们，但还是没用。”

这时，就要深挖原因了。艾米到底在抵抗什么？“你认为，艾米在这个时候感受如何？需要什么？”我问马特。他沉思片刻，然后回答说：“她真的很喜欢和她姐姐玩。”一边说着，他又突然想到：“出门去幼儿园，意味着艾米没有玩伴儿了。”

马特看出艾米的失望后，现在会特意向艾米强调，送埃尔莎去幼儿园后，他们会做的一些好玩的事儿。给艾米穿上外套时，她不再扭打。

计划有效过渡是值得投入时间的。当日常例行事项提供了可预测的基础，性情儿就有更多能量来应对意外。麻烦少了，成功多了。美好的日子开始多过糟糕的日子。

欣赏慢适应性

随着成功的频率升高，告诉你的孩子，你为他们的平稳过渡感到自豪。当他们停下自行车来吃午餐时，表达你对他们的欣赏。当他们平静上车，而未和你争吵时，为他们加油——不是讽刺，而是得意地表达，因为他们在成长，在学习适应。他们上学前或去朋友家以前，要特别提起他们要做的准备。对他们的灵活表示感谢。告诉他们，当他们用言语表达你带给他们的意外，而不是大吼大叫时，你非常欣慰。通过这些点滴行为，你促进了他们的合作。庆祝他们的成功，永远记得：一个成功会带来另一个成功。

如果你自己也是慢适应型，你要更努力地应对过渡。为你能预测的过渡制订一个可预见的方案。开始过渡以前，给你自己几分钟的时间来集中精力。当你面临意外时，停下来，深呼吸。了解你自己的极限。有时，待在家里，放弃个别活动，甚至允许自己偶尔迟到，可能正是每个人所需要的。

总结：
如何与适应性慢的孩子相处

性情儿适应过渡很慢——任何过渡。换挡，从一项活动、地方、话题转换到另一个，都需要他们付出努力。平稳过渡是美好一天的最关键部分之一。

慢适应的性情儿需要听到：

面对变化对你来说有点难。

你喜欢有条理。

你需要知道将要发生什么。

你可以灵活。

教导小窍门：

建立习惯，并向慢适应的孩子说明你们一天的计划。

给他们时间，从一项活动过渡到另一项。

提前告知他们将要发生什么。

给他们时间收尾。

剔除不必要的过渡。

辨认出你的孩子意外、失望的时刻。

如果你也适应得慢：

给自己时间过渡。

当你一天中不断经历过渡（尤其是意料之外的过渡）时，计划动用你的能量存储。

⑭ 没有规律性、能量水平高、第一反应消极和情绪严肃：了解“加分”特质

这些特质，他全都有。怪不得我这么累！

——玛莎（三个孩子的母亲）

“等等！”科迪扫了一眼课程大纲，大声说，“没有安排讨论能量。对于性情儿而言，高能量水平难道不是个问题吗？”

“我家的就不是。”佐伊回答说。

“那第一反应呢？无论我们提什么建议，她总是拒绝。”凯蒂抱怨道。

“我倒希望是第一反应的问题，”罗伯补充说，“麦肯齐起床时总是情绪不好。难道我们不用讨论一下情绪吗？我们以前总叫她‘坏脾气宝宝’。当然了，”他眼里闪烁着光芒，马上补充说，“那是我们了解标签以前的事了。”

教室里分布着一些小群体，各自进行对话。我们紧密团结的小组正在分化成不同阶层。他们看向我，希望我能解释这个问题，因为这个群体的最大好处就是，发现其他人能理解身为性情儿父母的感受。“你们谈论的是‘加分’特质，”我评论道，“‘加分’特质通常包括规律性、能量水平、第一反应和情绪。你们也发现了，有些孩子在这些气质分

类中得分很高，而有些孩子却并非如此。所以，我将这些气质称为‘加分’特质。前五种气质特征（强烈情绪、意志坚定、感知力、敏感性、慢适应）几乎是所有性情儿共有的特征，而‘加分’特质却不同，在你孩子身上显现出的几率差不多是50%。因为这些特征不是每个性情儿都具有的，所以我觉得我们在讨论睡前时间、吃饭、穿衣、假日，及其他常见困难时期时，已经涵盖了。”说完，我停顿了一下，想看看大家对我的提议有什么反应。我在教室里扫视了一圈，发现这个问题还没完！我们得现在就谈谈这些“加分”特质！

规律性

“我能守上一整天，知道我只要撑到八点就可以了，”佐伊陈述道，“我八点就把他放上床，他到第二天早上八点才睡着。”

艾琳沮丧地看着佐伊。“12小时，”她的声音都哽咽了，“我都不记得上次连续睡8小时是什么时候了。”索亚16个月大了，我还盼着他什么时候能睡整夜。

有些性情儿作息很有规律，他们的父母辛苦一天后还能睡上一个好觉。这是他们的可取之处。然而，另一些孩子就很难预测了。他们的身体似乎很难进入自然节奏。他们从不会在同样的时间感到饿，能几天不排便，谁都猜不到他们什么时候才会累。

重要的是，要记得如果你的孩子作息没有规律，那么他一定是有自己的身体节奏。他不知道自己为什么半夜还醒着，无法入睡。他也不知道为什么别人饿的时候，他不饿。他也不明白，为什么你对他排便的事情这么大惊小怪。他只是有着工作方式不同的身体。他需要你帮他适应社会节奏，学习作为一个作息不规律的人，在一个非常有规律的世界如何生存。

使用语言

作息不规律的孩子通常不太合群。因为他们的身体节奏通常和其他人不一样，他们（还有你）可能认为自己有问题，但其实没有。你用言语帮他们了解、欣赏自己的不规律，是非常重要的。

“对作息不规律的孩子，你们能说什么？”我问道。大家都一脸困惑地看着我。

“‘你把我逼疯了’估计不行，对吗？”科迪开玩笑说。

我笑着指出，作为作息不规律的孩子的父母，幽默感是生存要素，不过我鼓励他再想想。

“你真的很灵活。”佐伊给出了她的答案，其他人也相继加入讨论。

“我不用因为要在六点整准备好晚餐操心了。如果你不饿，我们可以晚点吃。”

“你总是给我带来惊喜。”

“你可以像你爸爸那样当个警察，能倒班工作。”

我们的头脑风暴在罗伯的妙语中结束：“你会爱上大学生活的。”然后，他降低了音量，小声说：“我不是要告诉他，我准备把他送到远远的地方去，好让自己能好好休息休息！”

有时，当你缺乏睡眠，你脑子都不太清醒，就很难给你作息不规律的孩子传递积极信息，但他需要知道，你理解他的特质，而且其他人——甚至成人——也会有不规律的身体节奏。

创造信号

对作息不规律的孩子的父母来说，缺乏睡眠、生活节奏被打乱、偏离"社会节奏"，及无法计划都是要面对的问题。为了让你自己挺过来，也为了避免家庭混乱，你得帮孩子尽量适应学校、家庭的节奏。这不是件容易的事，但却非常重要。他们自然身体的信号可能难以捉摸，你都不知道从哪里着手。实际上，吃饭时间和睡前时间是性情儿最常见的问题，我会分别详细讨论。在第 16、17 章中，我会给出一些信息，帮你建立规律，其中会谈到外部信号——可预测信号——能帮作息不规律的孩子设定自己的生物钟，适应家庭的生活节奏。

当你面临推动作息无规律的孩子适应可行的生活节奏的挑战时，要记得这个过程需要时间。你会温柔地鼓励他。你在应对大自然带来的问题——孩子天生的气质。你可能只要三到六周就会有收获。同时，提醒自己，你的邻居并不是比你更称职的父母，只因为他们的孩子每晚八点就很快睡着了。他们的孩子只是有着规律的身体节奏。你的孩子身体节奏不规律。他天生如此，但如果你支持他逐步养成规律，他的身体节奏最终会变得更有规律。你仍可以欣赏他的灵活，不过，一旦他的身体节奏变得更有规律，你就能慢慢享受用餐时间，获得所需的睡眠。

合作

“我自己也讨厌规律的生活，”佐伊特别提到，“这样太无聊了。埃莉不规律的作息并未给我带来困扰。如果她不睡，我也可以不睡。如果她想睡了，我也睡。我上班时，从来不会开车走重复路线回家。我想不出有什么比规律的生活更无聊了。”

如果你自己作息也不规律，那么你孩子的不规律也不会给你带来什么问题。不过，要注意的是，研究发现，相比仅睡眠不足这一项，不规律的生活作息对幸福感的损伤更大。这是因为，不规律的生活作息让你和孩子长期处于倒时差状态。你的大脑不知道何时该醒，何时该睡。因此，相比天生的不规律作息，你的孩子可能更需要你给他创造持续一致的条件。尽管你可能不会（就这一点而言，你可能也不想）像一个作息规律的父母那样养成习惯，但你要确保，你的家庭作息要具备足够的可预见性，以保证你的孩子得到所需的休息和食物。他有一天终将要适应学校的节奏，他的高峰表现也和充足的睡眠息息相关。值得庆幸的是，一旦你开始建立规律的作息，你可能会发现，尽管你和孩子似乎并不需要、甚至不喜欢规律作息，但当你们真的形成规律作息时，你们会有突出表现，且自我感觉更好。

如果你是规律作息的父母，要理解你孩子的身体只是和你的身体工作方式不同。你身体内部的生物钟会告诉你现在是中午，该吃午饭了；到了晚上十点，会告诉你睡觉时间到了。你孩子的生物钟并没有这些闹钟功能，但你可以帮他们设置。他会逐渐接受规律作息，并因此茁壮成长。不过，只要规律作息没有持续执行，他的身体节奏就自然而然地想脱轨。对这种孩子而言，最有效的方法就是每周尽量七天都遵循规律作息。

欣赏不规律的作息

鼓起勇气去面对作息不规律的孩子。我们需要这样的人。他们长大后会成为急诊室里凌晨两点还在工作的护士和医生，会成为消防员、警察、飞行员、厨师，会在难以想象的时间工作，而我们此时还在睡觉。和一个作息不规律的两岁的孩子生活，不是件容易的事，但是他们会离开，让我们能安静地睡觉、吃饭——这一切可能发生得比我们预料得还快！

精力旺盛

“那精力旺盛呢？”科迪问，“我家的孩子睡得很好，但他醒着的时候就不停动。我也不停跟着他，都要累趴下了。有什么我能做的吗？”

大家马上开始打趣说笑。“咖啡？只有咖啡让我保持清醒——我喝好多。”凯蒂开玩笑说。

“那是好东西，”布鲁克林态度坚定地说，“拿铁和卡布奇诺还不错。”

劳拉也很坚定地说：“不对，是巧克力——肯定是巧克力！”

科迪翻了翻白眼。

我大笑，同时赞同每日摄取一定量的巧克力。然后，我若有所思地回答说：“想象你们可能要在这个房间里困上一段时间。至少要待上5

小时，你们才能被释放。要注意一点——这里没有洗手间。你心里会马上想想膀胱的状态，想知道在接下来的5个小时内，你自己能否舒服度过。你可能有麻烦了。你在自己的腹腔内感受到一股逐渐增加的压力。你的膀胱在向你宣告:它迫切需要释放。你的大脑告诉你坚持到底，忽略身体内不断增加的紧张感，但是如果你的膀胱生来容量小，这就不是凭意志可以搞定的问题了。如果你不离开这里，你就会有尴尬的经历。这种紧迫感逐步上升。你感到整个人都紧绷，已经超出自己的承受能力了。你的身体大叫着要求释放。”

我在教室内环顾一周，发现科迪正在板凳上扭动，还有几个人双腿交叉。我停了下来。我可不想大家都跑去洗手间！但是记住这种压力带来的感觉非常重要，因为正如你膀胱需求未得到满足时，会向你传递信号、带来压力，一个气质活跃的孩子的身体不仅喜欢动，而且需要动。高能量水平的孩子跳到家具上，并不是为了吓死你；他不停动，也不是为了要累死你。他总在动，是因为他生来就具有高能量水平，他需要你引导他以积极、有趣的方式释放能量。

使用语言

高能量水平的孩子需要听到我们说：我们欣赏、珍视他们的能量。看看你给孩子传递的关于他们能量的信息。这些信息有助于他们理解、欣赏自己的能量吗？如果答案是肯定的，那这些信息可能是这样的：

你的身体充满了能量。

我希望我有你的能量就好了。

你需要扭动、动个不停。

你会是个了不起的运动员、父母。

你是个精力旺盛的工作者。

你喜欢用自己的身体来学习。

一些类似的信息，能帮助高能量水平的孩子理解自己身体内需要动的欲望。这些信息让孩子知道，他的能量是宝贵的特质。

计划积极的能量释放

如果你觉得，你的高能量水平的孩子比其他孩子动得更频繁——这不是你想象出来的。最近，我在我们的早教教室观察了两个 18 个月大的孩子。在我观察的这 15 分钟里，一个孩子安静地坐在桌边，玩按钮游戏玩了 10 分钟。他的父母在气质表中的能量水平这一栏给他打了 2 分。在同样的 15 分钟内，另一个孩子爬进摇摇船，爬出摇摇船，从架子上抓下一个电话，跑着拿去给老师看，然后把电话扔进摇摇船，接着再爬进摇摇船。在我观察的这段时间里，他过不了多大一会儿就要动一下。甚至当他坐下来“看”书时，他也是时而坐、时而站。他的父母在能量水平这一栏给他打的分是 5+。

所有的学步儿都在不停地动、挤、推、倒、爬、拆东西。学步儿用自己的身体学习；不过高能量水平的学步儿是精力旺盛的典型——这种能量水平会一直持续到他成年后。

如果你的孩子属于高能量水平型，接受这一点，而不要抗拒；为此制订计划。“我们填完气质表以后，”凯蒂说，“我意识到伊莫金属于高能量水平型。此前，当她频繁地从自己的椅子上下来时，我总以为我做错了什么。我就是不知道怎么能让她好好坐着。我觉得我好像管不好自己的孩子，这种感觉很难受。当我意识到她有很高的能量水平时，我开始在每天早餐后安排一些活跃的游戏。如果我们满足了她动的需求，其他所有的事似乎都迎刃而解了。”

“你们可以做哪些事情呢？”我问小组成员。

“我们知道埃莉需要用她的大肌肉群——跳、推、拉、摇、举、挖、踏，”克里斯汀对大家说，“如果天气不好，我们还是会去户外，铲雪或是踩水玩。”她停了一下，仿佛在想是不是要继续。然后她耸耸肩，说：“如果天气非常不好，我会让她帮我搬家具，或者我和她一起推墙玩。”她在教室里环顾一周，点头说，“就是这样——我们推墙玩，把床垫搬起来，然后裹在毯子里，就像一个木乃伊。非常有意思。”

“我们送麦肯齐去上游泳课，”罗伯说，“她非常喜欢上游泳课，现在冷静多了。”

“我们只能去快餐店，”科迪说道，“如果我们要等餐的话，我知道他肯定恨不得要到鱼缸里去。他才两岁，所以，我希望不久的将来，我们能去别的地方。”

“吃晚饭时，我们会让她当跑腿的，”凯蒂补充说，“我们会让她给我们再拿一盒牛奶，给我们拿纸巾之类的。这样一来，当她频繁从自己椅子上下来时，就没那么显眼了。”

马特身体前倾，迫切地给出他的建议：“我到学校里，寻找最活跃的三年级老师。那家伙和孩子们一起坐在地板上，他甚至还把健身球和自行车放教室里。教室里看不到任何练习题。孩子们在搭建东西、做试验。我说‘让我女儿去那个班吧’，学校就这么安排了。她现在在学校表现不错。”

我点头表示赞同，看得出这是一位了解最新研究的老师：课内、课间的运动能提高注意力。身体得到运动时，考试分数也会飙升。

无论情况如何，为你孩子的高能量做计划是必不可少的。提前计划，避免他遭遇失败。每天跳舞、散步、唱歌时带上动作、打球等。选择边界小、动作快的体育运动，比如足球、篮球、空手道，而不要选棒球这种过程中会有长时间等待的运动。带着活跃孩子的视角在你家里走一圈。意识到高能量水平的孩子需要更多运动空间和机会。迷你蹦床或健身自行车可能比房间里多放一个椅子更有用。当你制订出行计划时，要将中途停下来释放能量列入计划。你看出孩子内在的运动需求并制订相应计划，就能帮助他以积极的方式释放能量。

看出精力旺盛与其他特质的关联

当你家厨房水槽的水溢出来，地板上流淌的水可能是你看出问题的第一信号。但是，除非你找到水龙头——问题的真正源头——光顾着拖地板是解决不了什么问题的。

当高能量水平的孩子“兴奋起来”时，也是同样的道理。可能是他的蹦蹦跳跳吸引了你的注意力，但真正的问题可能并不是他“狂野的”行为，而是他正在表达的潜在情感——这种情感与其他气质特征相关。

制止他或让他慢下来，并不能解决问题，除非你能发现他真正想表达的意思，进而教他以更适当的方式表达自己。

回想一下，你的孩子上次兴奋起来，进而失控时的场景。是否受到其他气质特质的影响？

“家里来客人了，”当我提出这个问题时，马克给出了他的答案，“第一个人敲门时，诺拉就开始在屋子里疯跑。当你试着跟别人打招呼，而你的孩子弄得家里砰砰响时，真是很尴尬。我当时只是觉得她没有礼貌，但现在仔细想想，这其实是个过渡。她真的适应得很慢。也许她只是有些不安。”

“上次度假时，我还以为有人给我儿子食物里下了药呢，”劳拉补充说，“他真是超级兴奋。我都有些措手不及。我猜，可能当时周围的刺激太多了吧。他真的很敏感。”接着，她又问：“敏感这种特质会让他扑倒或挤别的孩子吗？”

“会，”我回答道，“对于敏感的孩子而言，有时刺激过多是个问题，但有时正是适当的刺激让他们平静下来。压力能让他们平静。正因如此，那些精力旺盛又敏感的孩子喜欢和别人扭打，又常常因为推搡、扑倒别人惹上麻烦。他们只是试着让自己平静下来！”

“对贾斯汀而言，也许是因为规律性吧，”马里给出了他的答案，“他需要在八点睡觉。如果到了 8：15，他过度疲劳，就会变成野蛮人。”

“我认为对于布雷登而言，问题在于强烈情感，”科迪补充说，“他对任何事物的态度总是强烈。他玩的时候，不只抓一个球——他会一把抓住四个球，然后同时扔出去！”

“赖安的问题是坚持。我带他去健身房。那里的工作人员会让孩子们玩所有的健身器材，然后让父母和孩子围坐一圈唱歌。别的孩子都会跑去找个地方坐下来，但他就是不愿意从蹦床上下来。他完全进入了锁定的状态。”

高能量水平的孩子会用自己的整个身体表达自己。如果有事物让他们伤心或兴奋，他们会直接跳入红色区域。血液会涌向他们的肌肉，马上为他们的行动做好准备。这就意味着，如果一个精力旺盛的孩子情感也很强烈，他可能会用身体撞他的朋友，因为他见到朋友太兴奋了。如果一个精力旺盛的孩子适应得慢，当祖父母到访时，他可能会满屋子乱窜。如果一个精力旺盛的孩子很敏感，当他面对过度刺激而不知所措时，他可能会暴怒。如果一个精力旺盛的孩子错过睡觉时间，过度疲劳时，他会变成“野人”，在过道里跑上跑下。

如果你有个高能量水平的孩子，每当他兴奋时，仔细观察。当你开始察觉到正进行的活动快要失控了，走进他，仔细观察。你的孩子仅仅只是活跃吗？还是表现出另一种气质特质？如果源于另一种气质特质，你要帮他应对这种特殊需求。比如，如果他情感强烈，见到朋友很兴奋，你可以和他谈谈问候朋友的适当方式，让他邀请朋友一起打球来释放自己的能量。如果过渡是问题的起源，你可能要向他解释清楚。如果真正的问题在于过度刺激，你可能要引导他进行抚慰、平静的活动，或带他离开刺激的环境。如果他错过睡眠时间后非常兴奋，那你就要保证他的睡眠。

如果你的孩子是在表达另一种气质特质，而不仅仅是精力旺盛，任由他蹦蹦跳跳并不能让他逐渐平静下来。高能量水平的孩子不会筋疲力尽。要想有效疏导他的能量，教他适当地表达自己的需求，要先找到他暴怒的原因。不要让运动遮掩了真正的问题——另一种气质需求。使用这种意识帮他的身体平静下来，只有这时，他才能全神贯注地听你说话。

期望以轻摸引导他

高能量水平的孩子通常是肌肉运动知觉的学习者。他们通过使用自己的身体来学习。正因如此，他们总是拆东西，或是直接爬过桌子拿玩具，而不会口头提要求。他们用自己的整个身体思考。因此，仅用言语引导这类孩子非常困难，如果不是完全不可能的话。当高能量和感知力这两种气质特质结合在一起，让孩子重视你的信息的一个方法就是触摸。

不过，要注意：一把抓住他只会引起他的反抗。仔细观察。当你发现他的身体运动稍稍有些放缓，轻轻地摸他的手臂或肩膀。在这种情况下，你的触摸能起到平静的作用。一旦他能看着你，你就知道，他准备好和你合作了。

如果他的行为非常激烈，你得要马上制止他，以免他伤害自己或他人，用你的双臂抱住他，同时对他说："我会帮你停下来。我会让你像裹在地毯里的小虫一样舒适。"这些轻松愉快的言语能帮你保持平静，进而也就能帮你的孩子保持冷静。陪着他，直到他的身体平静下来后，他才能听你说话。如果是大一点的孩子，向他指出，他开始兴奋起来了，帮他找个安全的方式发泄。一旦他的身体运动慢下来，他就准备好听你说话了。

合作

高能量水平的孩子需要父母的高度关注。安全始终是个问题。不要让高能量水平的幼儿单独坐在桌上或任何台面上。他随时有可能翻下来。在停车场，一定要让小孩子牵着你的手，直到他能证明，当你要他停下时,他能马上做出反应。你可以和你的孩子玩“西蒙说”的游戏,帮他停下来。西蒙说，“快速原地跑”；孩子就快速原地跑，直到西蒙说“停！”西蒙说，“跳”；孩子就跳，直到西蒙说“停！”你也可以为孩子指定地标：“你可以跑到那棵树那里”或“你可以跑到台阶那里,然后就要停下来”。只有当他持续证明，你要他停下时他就会停下，你才能信任他，让他走你旁边，而不用牵他的手，不用让他坐推车，也无须用儿童背架把他背在身上。

监控高能量水平的孩子的行踪和活动，还要赶在前面引导他们，这需要毅力。如果他们是外向型的孩子，他们的能量会从嘴里释放出来,他们会从早到晚说个不停。他们说的每个字都要你全神贯注地听，他们拿起的每个玩具都会带到你面前，要你评价。如果你自己也属于高能量水平型，你可能完全适应得了精力旺盛的孩子。不过，如果你的能量水平低于你孩子的能量水平，一天下来，你可能觉得自己好像是被马克卡车撞了。

当然，答案显然是请位保姆，让自己能休息一下。但正如科迪在一次晚间的课堂上提醒我的，这可能是说起来容易，做起来难。

“你应该让谁来照顾他呢？”他问，“年纪大的精力跟不上，年轻的保姆可能无法保证他的安全。”

的确，这是个问题，尤其对年幼的学步儿而言，但是你也确实需要休息。和你们当地的高中老师交流一下，或咨询一下青年领导，找一位负责任的青少年，你可以教她照看你的孩子。你邀请她到你们家来，让她了解你的孩子，让他们一起玩，直到你能放心留他们在家独处。如果你仍不放心，你可以等孩子睡着后再出门，让保姆留下来看着他。如果你用这种方法，要先确保孩子熟悉保姆，并且知道保姆会来；否则，当孩子醒来没看到你，他可能会非常难过。

如果你是高能量水平的人，要意识到当你不得不长时间在桌边坐着不动，或和小孩子困在家里，你内在要动的压力也在增加。当你试图管理自己对动的上升需求时，你就无法好好应对孩子的需求。对你而言，运动是一种重要的释放方式。将运动列入你每天的计划中。

随着活跃的孩子慢慢长大，并学会以适当的方式释放自己的能量，你就会逐渐轻松一些。事实上，如果你也是高能量水平的人，你可能会喜欢和孩子一起骑车、打球、运动。如果你不是，有机会坐在板凳上，看着孩子围着足球场跑，也会是非常不错的休息。

欣赏精力旺盛

尽管不是所有高能量水平的人都成为职业运动员，在我们这个快节奏的社会，能量水平高的成人普遍受到尊敬。他们能带好家里的孩子，也能适应工作需求，还能有精力在社区做志愿者。精力旺盛是一种财富。

第一反应消极

"'不！'这是亚瑟对所有新事物的第一反应，"杰瑞德对我说，"总是这样。"他继续说，"最近的问题是上洗手间。她只用家里的马桶，而不愿用学校的马桶，因为学校的马桶很恐怖——至少她是这样告诉我们的。学校的人都很友善，让她看一眼洗手间，还在洗手间给她读书，甚至让她挑位老师帮她，但她还是不愿意。"

"你在家一开始是怎么训练她如厕的呢？"我问道，想借用一点成功经验。

杰瑞德转头看着他的妻子萨拉。萨拉叹口气，说："这个过程真不容易。我们试过提醒她、催促她，甚至给她压力，都没用。我们试过奖励表，她也没兴趣。我们提到过她羡慕的孩子也在学校如厕，也没什么效果。我也曾表现过强硬的态度。"她暂停了一下，又接着说，"我甚至强迫过她，就像其他人教我的那样，但这只是让她情绪失控，哭得像个泪人。"

"真正出现转机是，当我们不再给她施加压力，也不再催她用小尿盆。我们让她又用了一段时间的尿不湿。然后，我建议——但不是逼她——用小尿盆，这次就见效了。我会问她，'今天你想试着用用小尿盆吗？'如果她不愿意，我不会坚持。但我每天都会问。有一天我问她时，她答应了。"

亚瑟是那种在不熟悉的新环境中，天生容易烦躁的孩子。这些孩子的血压上升，瞳孔放大，脉搏加速，声带绷紧。他们可能会抱怨说自己肚子疼，甚至作呕、吐出来。这并不是"学会的"反应。

当你的孩子出现警觉的第一反应，躲避新事物，你可能很难想象他为什么会如此。如果他要去上游泳课，但当他突然不愿下水时，会让人很困惑。当你带着孩子去买东西，她拒绝商店里的所有东西；或当你精心准备一种新菜，她却一把推开时，你会感到极为受挫。你卖了旧沙发，买了一套新的，你的孩子为此烦闷了一天，你也会感到非常疲惫。心理学家杰罗姆 · 凯根说："这些孩子遗传了一种神经化学，能让他们非常容易兴奋。"任何新事物都能让他们进入红色区域。

对这些孩子而言，他们对所有陌生的食物、人、地方，甚至气味的最自然的第一反应就是推开。如果他们情感也很强烈，那么他们的反应往往还会伴有震耳欲聋的尖叫声。但研究证明，虽然我们需要尊重他们的谨慎，但帮他们克服这一点也很重要。不要使用武力，也不要强迫孩子，因为这样没用（亚瑟父母就发现了这一点）。不过，也不要回避新环境，因为回避只会增加他们的焦虑。

谨慎的孩子需要感受到，我们相信他们能掌握新技能。我们要温柔而坚定地要求他们向前，同时使用一些让他们在陌生环境中感到舒适的策略。我们通过帮他们克服自己初始的消极反应，促进他们大脑中新路径的产生，进而能真正地改变他们身体的反应。我将这种方式称为"温柔鼓励"。

使用语言

谨慎的孩子需要听到我们说：我们欣赏、珍视他们的慢热方式。看看你传递给孩子的信息。这些信息有助于他们理解、欣赏自己的慢热吗？如果答案是肯定的，那这些信息可能是这样的：

你喜欢观望后再尝试。

你行动前会思考。

你能行。

你能将这件事分解成几步，这样就更容易完成了。

你现在觉得胃胀，但你并没有病。

练习就会进步。

正是这样的言语，帮助你谨慎的孩子懂得他正在体验的感受。这样的言语让他知道，自己的保守是一种财富。他深思熟虑，而不会鲁莽行事。尽管他的第一反应可能是抗拒，但这并不一定就是他的最终决定。他可以选择。

温柔鼓励的方法

"鼓励和督促的区别是什么？"我问小组成员。"鼓励让我感到自信，"艾丽西亚回答说，"督促让我觉得失控。"如果你的孩子面对陌生环境、人或事的第一反应是拒绝，那么理解督促和鼓励之间的区别至关重要。有消极第一反应的性情儿需要我们的"温柔鼓励"。

我第一次想到"温柔鼓励"这个词，是在我等孩子上游泳课的时候。那天，有个四岁的男孩在游泳池边啜泣。他的眼睛红肿，焦虑地摇着头，不愿听从教练的指挥。教练从游泳池里起来，把他拉近，但他从池边往后退，细长的手腕从教练的手中逃脱。他站在那里，浑身颤抖，想跑但又讨厌自己放弃。他用哀求的眼神看向自己的妈妈（她就坐在我旁边）。我想知道他妈妈会怎么做，在我观察的时候，她清楚地给我上了堂"温柔鼓励"的实施课。

这位妈妈没有表现出一丝犹豫，自信地走向她的儿子，然后给了他一个温暖的拥抱。她没有因为儿子的退缩或眼泪感到难堪或害怕。她看出儿子害怕了。她的行为就在说："我在这里支持你。我理解你。我不生气。我相信你能做到。我会帮你的。"温柔鼓励的第一课：我会支持你。我相信你能做到。

我听到她问儿子内在感受如何？他觉得胃疼吗？他感受到自己心在跳了吗？他点点头。"这是恐惧，"她解释说，"你以前没有上过游泳课，你的身体在告诉你小心对待。害怕是很正常的。我有时也会感到害怕。"第二课：温柔鼓励帮我们命名自己的感受，也让我们知道别人也会有这种感受。

这位妈妈还在继续。"当我害怕时，"她说，"在一旁待着观察一会儿，会对我有所帮助。我喜欢看其他人怎么把眼睛里的水弄出来，怎么踢脚，怎么动手臂。然后，我会计划一下自己怎么做。"第三课：温柔鼓励给我们时间思考，给我们机会观察，让我们感到可控。

于是，母子两人一起走到墙边的板凳上坐下来，看别人游泳。这位妈妈还说起，当他还是学步儿的时候，他总是很讨厌洗头发，而现在他从不会因为洗头发而哭，而且基本上都是自己洗头。"也许，"她微笑着说，"你对游泳的了解比你想象的要多。"第四课：温柔鼓励在我们过去的成功经验与当前的情景间搭起桥梁。

母子两人安静地坐了一会儿，小男孩靠在妈妈的手臂上。他逐渐放松下来，呼吸也明显慢下来，他意识到自己并不是独自冒险。这时，教练回到游泳池边，邀请他用脚打水，还承诺不会强行推他下水。他看着自己的妈妈。妈妈点头鼓励 :“你可以做到的。记住，这就像浴缸一样。”

小男孩小心翼翼地坐下来，先将大脚趾伸到水里晃了一下，然后逐渐让水没过脚踝。没过多久，他就用双脚踢水了，当水溅到他的大腿上，接着又溅到他脸上时,他的双颊露出腼腆的微笑。教练在一旁鼓掌。“踢得真好，”妈妈大声说，“也许明天你就准备好继续在池边玩，然后慢慢滑进池里。”第五课:温柔鼓励帮我们拆解任务,我们就不会不知所措,同时让我们准备好后再做出选择。

我看着他们母子两人离开。他昂首挺胸，面带微笑。他并没有自己进入游泳池，但我可以看出他非常自信。他没感受到失败，没感受到督促。他感受到的是鼓励、信心和成功的希望。谁知道呢？也许明天他就准备好说 :“我能做到。”第六课 : 温柔鼓励需要时间。

你无法用“不应该不适”这种事实,说服一个谨慎的孩子。事实是,他就是不适。他的心在怦怦跳，口干舌燥，血压上升。他需要时间来达成目的。为了让他有礼貌地表达自己的时间需求，你可以教他说:“我想先看看”或“我会去的，先等我一会儿”。这些语言给了他选择，他不用再尖叫着拒绝！

你还可以帮他意识到，带上朋友、在自己上课以前先观察、看视频或做一份图片计划描述未来的几个步骤，都对自己有帮助。这些策略让他在参与之前能看、听、想，并让自己平静。

凯蒂一直非常认真地听我讲故事，等我说完，她点头表示赞同。“凯琳非常活跃。我们想要她打篮球，但她总是坚定拒绝。她根本就不打算尝试。我知道，只要我能让她上场，她就肯定会喜欢的。我对她说，‘凯琳，我知道你以前没打过篮球，你觉得你不会喜欢，但我觉得这会很有趣的——你考虑一下。’

“我们的邻居克莱尔在八年级队里打篮球。我们去看了一场克莱尔的比赛。凯琳非常认真地观察。她问了许多问题，但我不能判断她到底喜不喜欢。我一直没多话。第二天早上，她把登记表递给我，说，‘填一下这个表，好吗？我想像克莱尔那样打球。’”

不要让消极的第一反应把你的孩子困在角落非常重要。凯蒂给凯琳机会去思考、观察、收集信息，让凯琳有机会放下第一反应，进而参与其中。给性情儿这种第二次机会非常重要——让他们知道改变主意很正常。这不是溺爱，而是认识他们的气质，并加以善用。

对于有强烈第一反应的孩子而言，我们的鼓励非常重要。如果没有鼓励，他们会错失许多机会，无法意识到他们投入时间思考、练习后，会真正享受到乐趣。

看出谨慎的第一反应与其他特质的关联

心理学家伊莱恩·阿伦（Elaine Aron）在《发掘敏感孩子的力量》（The Highly Sensitive Child）中解释道，当一个高度敏感的人面临接二连三的刺激而不知所措时，他就会有谨慎的第一反应。如果你的孩子属于这种情况，你可以教他，在人群涌入以前抵达目的地，找个舒服的地方坐下来，新的社会环境就会更容易应对。研究表明，在新环境中，坐着比站着更舒服。

如果他讨厌自动冲水马桶，他可以带便利贴把感应器粘上，再坐下，这样就不会出现意外冲水的情况了。在户外活动时，戴太阳镜能减少耀眼光芒引起的不适。如果敏感是孩子在新环境中消极反应的真正诱因，可参照第 11 章中管理刺激水平的建议。

合作

如果孩子表现出抵抗的即刻反应，往往我们也会有相似的反应，尤其当我们的第一反应也是拒绝时。

“我非常了解我儿子的感受，”尼科尔对小组成员说，“正因如此，我就更想和他一起待在家里，回避这些情况。”

尽管你不想让太多的新体验压垮孩子，但相关研究还是大力提倡教导孩子，当他想说“我不行”时，你会支持他，帮他想出自己能做什么。孩子需要你温柔地强调他能行，也要你表现出坚定的信念——学会管理新环境时必备的生存技能。逃避不是答案。最后，他可能选择不参与，但一定是他的选择，而不是因为他觉得自己不行。

鼓励孩子尝试新事物，也可能把你自己推出舒适区。需要时，让自己充电。为你们两人庆祝成功时，也要欣赏你们自己的三思而行。

欣赏第一反应

帮助孩子克服自己消极的第一反应需要时间。不过，随着大多数家长逐渐意识到，他们的孩子思考后才会行动，他们开始欣赏这种特质。到了青春期，这种特质就更可贵了。你的孩子会成为一个谨慎的人，在人生的各个阶段都会三思而行。

如果你也是第一反应强的人，一定要再读一遍这本书！你可能会发现一些你第一次阅读时忽略的有用信息。

情绪严肃

克里斯汀笑着走进教室。很显然，她有故事要讲。“今天早上，我11岁的儿子凯尔准备去篮球训练营，”她开始了，“‘祝你今天开心。’当他开门准备走的时候，我大声说道。

“他突然停了下来。‘今天开心，’他怀疑地大声说，‘我怎么开心得起来呢？中东在打仗，股市跌了93点。我怎么可能开心呢？’

“‘你尽量吧，宝贝。’说着，我快速地亲了下他的脸颊。”

凯尔是一个气质严肃、喜欢分析的孩子。研究表明，孩子的气质秘密可能隐藏在大脑活动的特定模式中。相比气质不那么严肃的人而言，有些人更容易因痛苦事件而难过，更难因有趣的事情而快乐。

“的确如此，”布兰登说，“我从来不会先看到积极的一面。我总是会想有什么不对，而且因为我很内向，我的情绪会直接流露出来。我要是不喜欢什么东西，所有人都会知道。”

对于严肃分析型的孩子而言，他们的情绪直接和他们的大脑模式关联。他们需要你帮助他们了解自己的气质，学会在意识到需要解决的事情的同时，积极圆通地应对。

使用语言

严肃分析型的孩子会从一种非常严肃的角度来看世界。他们需要我们教他们适当的言语来表达这些严肃观点，而不会冒犯他人，也不会表现一种无力感。经典童书《小狗太小》(Puppy Too Small)，给分析型的孩子上了愉快的一节课。书中的小狗哭着说 :“我太小了！我够不到门把！”它总是关注自己做不到的事，比如拉不动玩具。不过，其他小动物温柔地提醒它能做的事，比如够得到饼干。

分析型的孩子在生活中就像书里的小狗一样。他们需要我们的帮助，帮他们识别什么有效，什么无效。我们能对他们说 :“告诉我你今天有什么喜欢的，然后再告诉我你有什么不喜欢的。”或者问他们 :“如果你做不到这件事，那有什么是你可以做到的呢？”对他们说 :“你善于分析。”“你注意到了需要解决的事情。”或“你思考得很深入。你会成为一个了不起的法官或市场分析员。”让他们知道，你欣赏他们的分析性的观点。教他们将事物拆分成多个部分，这样他们就能清楚地看到自己喜欢的部分，也能看到需要检查或修改的部分。

你们一起看世界新闻时，你可以向分析型的孩子指出主播陈述的严肃信息。如果你们家还有人是这种视角，告诉孩子，还有其他人也会从分析角度看世界。

教孩子礼貌的行为

小孩子是以自我为中心的。他们会直接说出自己的感觉，认为所有人都和自己有同样的感受。教严肃分析型的孩子礼貌的行为，帮他们和亲戚、邻居友善相处。在收到礼物、节日聚餐时，这一点尤为重要。在第 20 章中，我会给出更详细的介绍。

合作

如果你自己属于严肃分析型，那么你很容易忽视事物的美好面，而只关注你想要改善的地方。提醒你自己，为自己的成就自我恭维，庆祝每次成功，无论是多微小的成功。不要因为一个问题而失去美好时刻的欢乐。

还要记住，你的第一倾向是看到缺点。让你自己在你的性情儿，与你共同生活、工作的人身上，和日常生活中不仅发现缺点，也找到优点。始终看到他们的最大潜能。

如果你不属于分析型，要理解你的孩子只是从自己的视角来看世界。当孩子向你指出他不喜欢、觉得不对的事物，他并不一定就是不开心——对他而言，这只是一种事实。倾听他的担忧，解决那些重大问题，而有些只是他的观点表达，就不用太在意。

欣赏你孩子的严肃情绪

严肃分析型的孩子迟早会发挥所长，尤其当你们做重大采购决策时。课堂上，赖安告诉我们，他 12 岁的儿子特拉维斯怎样帮他们做出一个重要决策。

“我们在看一栋新房子，”赖安说，“我妻子和我都非常喜欢，我们带上孩子转一圈，看看他们的反应如何。特拉维斯真是房产经纪人的噩梦。我们一边看，他一边不停地指着各种东西说，‘我们的家具和这间房完全不配。你们为什么想要这套房子？看看这地毯——颜色真难看！车库太小了。看院子里的斜坡，你们该不会指望我去修剪草坪吧？’他用挑剔的眼光审视一切。我和我妻子之前都没注意到他说的这些。他是对的。”

这个世界需要有挑剔眼光的人。他们长大后会成为评估人员，确保我们的项目正常运转。他们不怕做出艰难的决定——他们还能帮你省钱……你可以去问问赖安。

总结：如何与“加分”的孩子相处

●没有规律性

许多性情儿（但不是所有）作息不规律。他们的身体似乎从不进入自然节奏。他们从不会在同样的时间感到饿，谁都猜不到他们什么时候才会累。重要的是，你要建立规律，帮他们在家庭、外界都能很好地生活。

作息不规律的性情儿需要听到：

你很灵活。

你总带来惊喜。

你会成为了不起的急诊室医生、飞行员或其他工作时间不规律的职业人士。

你会爱上大学生活的。

教导小窍门：

为孩子建立规律，安排一致的日常事项，让孩子逐渐适应。

作息不规律的孩子可能需要较长时间才能适应规律生活，但只要有耐心、能坚持，他就能适应。

如果你的作息也不规律：

意识到你可能在饮食、休息时间上也不一致，因为你自己作息也不规律。你的孩子可能需要你为他建立更规律的作息。

● 精力旺盛

许多性情儿（但不是所有）精力旺盛。他们天生对动有真实的需求。他们的父母所面临的挑战是保证他们的安全，教他们以积极、有趣的方式释放能量。

精力旺盛的性情儿需要听到：

你的身体充满了能量。

我希望我有你的能量就好了。

你需要扭动、动个不停。

你喜欢用自己的身体来学习。

你是个精力旺盛的工作者。

教导小窍门：

为孩子的能量制订计划。给他们提供大量跑、跳、攀爬的机会，但要仔细监控他受到的刺激水平，防止过度兴奋。

不要开展那些需要长时间坐着的活动。

孩子在一个狭小的空间里待了一段时间后，你需要给他动的时间和空间。

意识到狂野的行为通常和其他气质特质相关，孩子在经历过度刺激、太多过渡或太累以后，就容易如此。

如果你也精力旺盛：

将运动列入你每天的计划中。

知道自己缺乏运动时会很难适应。

和你的孩子一起享受体育运动。

● 第一反应消极

哈佛大学杰罗姆·凯根博士开展的研究表明，15% 的孩子生来容易在不熟悉的新环境中焦虑。有消极第一反应的性情儿需要我们的温柔鼓励——而不是督促。

第一反应强烈的性情儿需要听到：

我会支持你的。

观察后再参与，很正常。

你喜欢仔细检查后再采取行动。

你可以考虑一下再决定。

你有些难适应新事物、新环境，但你还记得上次……你做得很好。

教导小窍门：

鼓励孩子，不要督促孩子。

提前告知孩子将要出现的新事物。谈谈可能发生的情况。

给孩子时间去观察。

将新技能拆解成几个简单的小步骤。

向孩子提及以前类似的情况：他第一次拒绝，但现在很喜欢的事物。

给孩子第二次机会。

如果你也有消极的第一反应：

再读一遍这本书！可能有些你第一次阅读时不认同的信息，读第二遍的时候发现挺有用。

意识到你的第一反应可能不是你最终的反应。

不要回避新环境。记住：练习能让你进步。

● 情绪严肃

研究表明，孩子的气质秘密可能隐藏在大脑活动的特定模式中。他需要你帮助他了解自己的气质，学会在分析的同时，积极圆通地应对事物。

严肃分析型的性情儿需要听到：

我感谢你的建议。

你善于分析。

你思考得很深入。你会成为了不起的法官、分析员等。

你是个严肃的人，但并不代表你不快乐。

告诉我你喜欢什么。然后再告诉我你想要看到一些什么不同的。

教导小窍门：

帮孩子看到积极面。如果他做不到某件事，帮他看到自己能做什么。

教孩子礼貌的行为。

问一些具体的问题，让他思考某一问题、情境的多个方面，而不是笼统地分析陈述整个事物。

如果你也是严肃分析型：

在你分析人和情境时，练习寻找积极面。

庆祝小成功。不要因为一个问题而失去美好时刻的欢乐。

THREE

PART THREE 与性情儿共同生活

⑮ 制订成功计划：预知并预防困难

我从未想过制订成功计划。我只是为生存担忧。

——凯特（一个孩子的母亲）

在我孩子还小的时候，采购生活必需品都是全家出动——要有两辆购物车。一辆给我丈夫带着孩子们在商店里闲逛，一辆给我挑选我们需要的食物。你可能觉得这是种奢侈。在我们看来，这是一种基本的生存技能，而且比上法庭闹离婚要便宜。（我和丈夫都不想一个人单独打包两周的食物。）我们得周六早上赶早（高峰以前）去，或是周六晚上家庭聚会时去。这和我 16 岁时想象的兴奋场景完全不同，但也顾不了那么多了。

孩子们总是选择跟爸爸走。有时，我会有点内疚感。所幸的是，我的这种愚蠢想法只是一闪而过，要是让我选，我也会选爸爸的。爸爸不会费劲地让他们待在购物车里不动，他让他们以消防员的队形上车。有位置坐的是司机；扒在车外的是舵盘司机。到底谁在什么位置也无所谓，因为每个人都会上车下车十几次。

他们会在乳制品柜开始。在这里，大家跳下购物车，开始仔细研究酸奶货架，检查上面大大小小的酸奶瓶，判断哪种看起来最美味。接下来这一步，取决于他们感觉如何。有时，他们会跑回商店靠近门口处的面包店。他们好像感觉应该款待自己一番，于是就这么干了。然后，他们就会在各个货架间随机逛，第十个货架逛完了，逛第五个，接着逛第二个，然后又逛第六个。他们会把所有货架都逛个遍，但逛哪个都是一时兴起。

我会在 45 分钟后和他们在收银台碰头。我的购物篮里塞满了水果、蔬菜、肉和罐装食品。狗粮挂在购物篮下方的架子上，面包堆在最上面，摇摇晃晃。他们带来的是 5 瓶 2 升装的牛奶、2 种口味的冰激凌、3 盒麦片、1 个装甜甜圈的空袋子、3 个空牛奶瓶，还有他们的微笑。

我们不是一开始就这么做的。我们家有个性情儿子和性情丈夫、勇敢坚定的女儿，还有一个非常执着专注的妈妈，对我们全家而言，采购生活必需品是最容易出现混乱的时候——直到我们想出如何制订成功计划。

我们知道采购生活必需品是一项重复活动，就像我们生活中 75% 的活动一样。当某件事属于重复活动，在事件发生以前，你就可以预测你自己和孩子会有怎样的反应。如果你能预测每个人的典型反应，你就能制订成功计划。你不必等到大家情绪崩溃。你可以预防这种情况发生。

想一想。在过去的 24 小时里，你和孩子为什么争执？如果你像我课堂上的父母那样的话，很可能出现的情况是：你们花了 30 分钟为她穿衣服争执，不是你就是孩子泪眼婆娑。有人把桌子弄得恶心，厨房里一片狼藉，或是你把厨房收拾干净了，作业又成为导火索，而且至少还有一个别的问题。

你知道这些事情会发生，因为情况总是如此。作为性情儿的父母，你可以借此制订成功计划！你可以利用你对气质的了解、你学会使用的言语和管理性情的技巧来避免这些日常烦心事。我设计了四个简单的步骤，供你们参照：

1. 预测反应（Predict the reactions）
2. 营造环境（Organize the setting）
3. 合作（Work together）
4. 享受成果（Enjoy the Rewards）

这四步合起来就是POWER。（好吧，为了把首字母连成一个词，我加了个字母，但已经很接近了！）

预测反应

预测反应意味着每天第一件事就是想着如何帮你的性情儿成功。很有趣的想法，不是吗？不是关注如何让他举止规矩点，也不是如何生存，而是如何成功。

早上，先在脑海中演练一下这一天。你的孩子会做什么？你们俩会碰到的典型艰难时刻是怎样的？他的习惯会保持，还是会因为某些原因打乱？谁是第一个和你孩子交谈、见面的人？他会去哪儿？他会面临新体验吗？他要穿的衣服是他不常穿的、可能会让他不舒服吗？他得要比平时安静些吗？他会面临很多刺激吗？

如果上述问题中，有任何一项答案是“是”，想一想你的孩子在这种情境下会有什么反应。如果你们总因穿衣服而争执，那么今天也可能因此而争执。如果你们今天要开始上体操课，而你的孩子讨厌新事物，那么他就可能有强烈反应。

课堂上，我要父母预测一些典型的艰难时刻。他们列举的有：

- 穿衣服
- 放学回来
- 吃药
- 舞蹈课结束后离开
- 上床睡觉
- 尝试新事物

“现在，”我对小组成员说，“回顾一下气质特质——所有特质，包括加分项。哪一项可以解释你孩子的反应？”

罗伯看着他的列表，回答说：“穿衣服是个难题，因为麦肯齐意志坚定。她总是想自己来。她也很敏感，衣服的质地也是个问题，而且，她还适应得慢，所以每次换衣服都很困难。”

“你说对了！”我兴奋地说。

我们很快把清单上的其他事项过了一遍。放学回家的反应是适应性问题。吃药很难是因为意志坚定、敏感和强烈情绪。舞蹈课结束后很难离开是因为适应性和敏感——舞蹈课上的刺激很多。上床睡觉总是耗费大量精力，是因为意志坚定、适应性和敏感，如果再加上“加分”

特质中的规律性和能量，这个过程真是尤为艰难！尝试新事物需要管理强烈情感、跨越谨慎的第一反应。

通过使用气质表，你可以预测孩子对常见情境的反应。请记住，你不能改变孩子的气质，但他能学会以适当、积极的方式表达。随着孩子慢慢长大，你可以让他一起来预测自己的反应。帮他识别出那些可能给他带来压力的情境。孩子越大，他就越有可能自己承担这项责任。八岁的艾米就能做到。

“上周五晚上，我想赶着去趟杂货店。”艾米的妈妈解释道。

艾米正在看电视。她看起来很累，但我不想等到周六再去，那时杂货店里就会人潮涌动，让人紧张。我提前告诉她：“艾米，再播放广告的时候，我们就要去杂货店，你得和我一起去。”

她表现出不满，我也有心理准备。“妈妈，我就是不能去。我今天受不了商店里的人、噪音还有灯光。你能等爸爸回家了再去吗？这样你就可以自己去，我也能留在家里了。”

我不知道该怎么办。我心里有一个声音说，我应该强迫她去，因为不去就是让步。还有一个声音说，我应该听她的。她并不是在试着控制我。她只是在告诉我，她今天无法在商店里安然度过。我再等30分钟，又不会要我的命。但我也是个意志坚定的人，这个过程让我也很难受。

我打电话给我丈夫，想知道他什么时候可以回家，也和他谈谈我的决定。我是个外向的人，需要表达自己的想法。我丈夫则是一个很好的“共振板”，帮我解锁。他的感知力很有帮助，因为他更像艾米，也比我更懂艾米。

“我能理解这种感受，”我丈夫说，“这一个星期都很辛苦。我们周二、周三晚上都外出过了。我也很累，也受不了今晚再去一趟杂货店了。”

我叠了一大堆衣服以后，等到我丈夫回来，我才去商店。我不确定，是该为艾米用语言表达而不是大发脾气高兴，还是为自己要等待而生气。我到现在也不能确定这是否是让步。但是我这么做了。我得说，不带她买东西真是容易多了。而且，当我回到家时，他们把晚饭也准备好了。真好！我想，我们最终都得到自己想要的。

艾米预测到自己的反应和潜在问题点。她妈妈尊重了她的预测。于是，他们一起避免了一场商店里的脾气爆发。尊重气质，意味着考虑到气质，并努力营造多赢的环境。

对于婴幼儿和学步儿，你要做出所有的预测，但同时你要保持一个习惯：告诉他们你在想什么。他们会学着听你说话，当他们做好准备时，他们也会开始自己这样做。

学龄前的孩子就可以开始自己做些预测了。你可以帮助他们预测，问他们：“我们今天要去商店。你要怎样可以感到舒服一些呢？”或“明天要去学校。你早上需要准备什么？”

学龄儿童可以开始自己接手制订不少计划了。你可以对他们说：“周日晚上离开爸爸家总是很难，你很难适应过渡。有什么能让你好受一些？”或“你受不了噪音。在学校待了一整天后，让你再上车面对滔滔不绝的姐姐，是很难受。戴个耳机会不会好些呢？这样你就可以控制声音了。”

小心别陷入陈规。随着孩子逐渐长大、发育，管理自己气质的能力增强，你的预测也要随之变化。一个两岁的性情儿可能无法应对有12个孩子的生日聚会，但一个六岁的性情儿却可能可以。孩子的反应、技能水平会变化，我们的预测也会变化。

在脑海中演练了一天以后，还可以延伸到一周甚至一个月。你可以预测到，对于慢适应的孩子，转换至夏令时可能引起他睡前和起床时的问题，那么你可以做相应的准备。季节变化意味着短裤要换成牛仔裤，敏感的孩子就可能会有问题。你的妈妈把感恩节晚餐安排在下午2:30——打断了你两岁孩子的午睡时间——而且，她期望孩子也一起用餐。慢适应的孩子会不开心。

你预测时，也想想自己的反应。转换至夏令时也会让你不适吗？商店里的刺激水平会让你头疼吗？通过预测你自己和孩子的反应，你可以为成功制订方案。

营造环境

在戏剧的准备阶段，有舞台设计师参与——看过剧本后、营造情节发生环境的人。舞台设计师还和灯光指导一起创造场景变换、时间流逝的提示。

一旦舞台布置好，提示确定下来，舞台监督确保演员获得继续表演所需的物品——衣柜里的衣服、坐的椅子、喝的水。舞台监督还要保证在每一场表演中，场景变换的提示顺利、一致地出现。

作为性情儿的父母，你得像舞台设计师那样思考，像舞台监督那样行动。知道自己的孩子是性情儿，你要为他营造有助于他行为得当的环境。你要判断他需要哪些提示帮助自己执行。你还要持续地给他提供他成功所需的提示。他最终会自己接过这些任务。

我们其实有很多选择去改变我们的环境，促成孩子的成功。我们越是能依据孩子的性情营造环境，每个人都会越开心。丹尼尔发现真是如此。

“我们每次到我父母家里，他们总是要出去吃饭。”丹尼尔对小组成员说。

我们要开两小时的车才到他们那里。我的儿子麦洛非常活跃。他最无法忍受的，就是让他再在安全座椅里坐上一小时。我知道这样不行，但是我爸爸坚持要出去。我不想和我爸爸争吵，于是我就强迫麦洛出去，还试图让他做好。他当然不愿意，我还因为不管他而挨骂。我怎么做都不对。如果我强行带上他，他会表现得很顽劣，但如果我因为他受不了而拒绝出去，他们又会说我惯坏了孩子。

上周，我终于意识到，我爸爸和麦洛都有性情。于是，我决定试着制订成功计划。我知道麦洛在餐厅肯定熬不住，但我爸爸生活非常有规律，又要在外面吃饭，我就安排了中午野餐——正好是我爸爸要吃饭的时间。我提前给他打电话，让他在公园和我们碰面——就像以前那样，我说。他同意了。这是我们这么多年来最好的一次聚会。我爸爸还向别人炫耀麦洛，说他的孙子才四岁，就能单膝勾住攀爬架。

丹尼尔预测到，高能量水平的麦洛在车里坐了两小时以后，是没法在餐厅有得当行为的。他也理解，自己的爸爸生活有规律，需要在那个时间吃饭。于是，丹尼尔就安排了一次野餐。他挑选了一个适合麦洛的环境，也给爸爸提供了所需的食物。丹尼尔为成功营造了环境。

有时，我们不假思索地让孩子置身于他们无法成功应对的环境中，比如带着性情学步儿去参加正式的婚宴，或安排12人的晚宴，还期望六岁的孩子在一旁安安静静地坐着。仔细地营造、选择环境能帮助你的性情儿更成功。（考虑亲戚或接触的其他成人的气质也会有所帮助！）

做出选择时，要考虑刺激水平、运动所需空间，和可能会接触到且容易破损的物品。不要害怕拿走那些诱人且不能触碰的物品。不要给孩子玩那些会激起他攻击行为的玩具，如仿真枪或动作电游。如果孩子的作息会改变，或是见陌生人，选择一个熟悉的地点（不要选择不熟悉的地点）。营造有助于孩子成功的环境。

计划合适的活动

舞台监督指导，如果他想要演员表演吃的场景，那么舞台上就要有食物。如果他想要演员表演戴帽子的场景，那么舞台上就要有帽子。要想孩子有恰当的行为，就要提供恰当的提示。

作为性情儿的父母，你要保证给你的孩子提供恰当的提示——鼓励孩子做出你期望的行为的物品。如果你知道孩子要安静地坐着，确保她有书可以读，有纸和马克笔可以用。让孩子自己用电子产品以前，仔细观察电子产品是会带来有益的消遣，还是最终会过度刺激孩子。

要记得情感强烈的孩子需要抚慰、平静的活动，敏感的孩子喜欢自己能摸、能尝、能闻的东西，精力旺盛的孩子喜欢动。通过带来孩子喜欢的物品、安排孩子喜欢的活动，你可以避免他陷入困境。如果孩子没有什么合适的事情做，那么你会发现他在摸一些不该摸的东西，跳上一些不该跳的地方。

"我总会带上我们的救生包，"克里斯蒂对大家说，"里面有湿纸巾、水、薄脆饼干、记事本、蜡笔、碰碰球和毯子。奥莉维亚虽然只有三岁，但我总会告诉她我在做什么，还让她给我帮忙。最近，她已经开始准备自己的背包了。她走到哪里都会带着。但如果我不想让她带着，她也愿意把背包留在车上。"

行为、物品、提示让演员完成他们应做的事。孩子也是如此。

为内向的孩子营造空间

内向的孩子需要远离人群的空间来充电。然而，许多场景（甚至是专门为孩子设计的教室）并没有内向孩子可以充电的隐蔽的地方。你在营造环境时，要保证为你内向的孩子创造单独的空间。他会需要这个空间来保证自己的能量水平。

合作

我们不能仅靠自己来制订成功计划。我们还需要性情儿的合作。合作并不是玩游戏，而是尊重气质。

在戏剧中，是导演在创作应出现的场景。在制订成功计划时，你就是导演，也是你在憧憬孩子的成功。和导演一样，是你在调整期望，以适应场景和你特别的孩子。也是你在帮助孩子理解他应该做什么，帮助他展现最好的自己。在前面的章节中,你学会了许多与孩子合作的技能，帮助他展现最好的自己。在你制订成功计划时，应用这些新的认识。

考虑能量水平：为保证孩子的最佳表现，当你安排约会、课程、派对或外出时，考虑能量水平因素。能量水平通常在每天早上起床时最高，傍晚或晚上最低。谨慎地为孩子选择最佳时间，能帮助他成功。

“我以前总喜欢把埃莉的体操课安排在晚上，因为我喜欢让自己周末空闲下来，”佐伊说,“但是让她去上课、上完课后离开,总免不了争吵，尽管她很喜欢体操。有一次，我们错过了预约的课程，只得参加周六早上的课程。情况完全不同了。她的能量水平高多了。她起来后就准备好去上课了。甚至让她上完课后离开，也没那么难了，而且我发现自己也更有耐心。我们以后估计再也不会晚上上课了。”

你能更多地把活动安排在性情儿的能量高峰期，他就会表现更佳。找到那些最适合孩子的日程安排和时机。坚决保护孩子的睡眠时间。你们会以积极、预防的方式来支出能量，而不是在争执中消耗能量。

当然，不是所有事情都能依据孩子的高峰表现时期来安排，但如果大多数事件符合，那些不符合的就更容易应对。如果你知道活动安排无法改变，那么就尽量帮孩子在活动开始前补充能量存储。

分享你的成功设想：成功是什么？如果你不告诉孩子，他就不会知道。在你们合作时，确保你的孩子知道成功是什么样的。

a. 如果你的孩子情感强烈。给他一些暗示，让他知道，自己需要时，可以随时选择哪些抚慰或平静的活动。

b. 如果你的孩子意志坚定。和他一起寻求肯定。“我会消除神秘性，”

卡西迪对小组成员说，“我会让他做些事情来参与。如果我阻拦他，告诉他这件事太难或太危险，他会马上去做这件事。但是，如果我找点事让他做，比如让他捡木头，然后搬到车库里，他就会忙起来。他的参与可能会拖慢你的进度，而且可能做得不太好，但他肯定自我感觉会不错。”

还要记得向有毅力的孩子说明期望。“艾比盖尔五岁了。我们会一起坐下来，谈谈期望是什么。如果我们在实施前先回顾一下期望，或是她参与确定期望，她就更容易实现这些期望。”

c. 如果你的孩子很敏感。和他谈谈感受，提醒他注意那些过度刺激的信号。

d. 如果你的孩子感知力强。谈谈你如何吸引他的注意力。和他一起写指引、日程安排或计划。

e. 如果你的孩子适应得慢。告诉他日程安排。

杰克就是通过让儿子马弗里克知道具体细节，来赢得合作的。杰克说：“我会说一些这样的话，‘我们要上车了。我们会沿着杉木林走，经过市政厅和加油站，然后我们会到墨西哥风味快餐店。我们会在那里吃晚餐，你可以点个墨西哥卷饼。想想你喜欢吃哪种。’”

告诉马弗里克日程，让他有时间做选择，也更容易过渡。

知道何时放弃：优秀的导演知道选择合适的表演时长也是成功的关键。计划家庭活动时要考虑到孩子。通常这就意味着，活动时间要比成人期望的要短，但整体上，如果孩子是微笑着结束行程，那么大家都会更愉快。对于那些敏感、情绪强烈的性情儿（有些精力还挺旺盛）而言，可能意味着活动时间要比同龄人短。因为性情儿需要付出更多努力来应对。

享受成果

一场精彩的表演结束后，观众会向演员致以掌声和欢呼。当你和你的孩子获得成功时，你们也应为自己的成就获得认可。捕捉这些成功时刻，并为之庆祝。

看到孩子的成就：和性情儿在一起，你很容易看到他的错误，而忽视他的成就。让孩子知道，你为他的良好行为骄傲。用微笑、拥抱、言语表达出来。如果你此前没学过赞美优点，你可能觉得这么做有点困难。

约翰很怕这样会让孩子变得自大。“佩顿表现好时，我从未告诉过他，我有多骄傲。我害怕如果我表扬他，他就会自满，就会总是期待我的表扬。我妻子向我指出，当我老板夸我在一个项目上的工作表现不错时，我感觉非常好。‘你不觉得佩顿也应该听到表扬吗？’她说。

“我无法反驳。佩顿好像也真的有所回应。几天前，他对我说，‘爸爸，你在那个刻薄的职员面前保持冷静，太了不起了！’

“感觉如何？我的孩子表扬了我一番！”

“我会谢谢他，”艾丽卡（她的儿子七岁，名叫贾斯珀）说，“我要保证他知道我为什么谢谢他，比如，‘谢谢你在餐厅里这么安静地坐着。你表现真不错，我们以后还要这样。’”

你不必只对你的孩子表达赞美。你也可以在其他人面前表扬孩子：她能把自己的房间收拾得干干净净，她游泳课上表现很好——这些言语都会激励性情儿在今后重复这些优良行为。

感谢自己：作为性情儿的父母，你要记得，获得一点小成功也要自我表扬，庆祝自己的荣耀时刻。如果你预测到一个困难情境且提前预防，告诉朋友，或写在日记里，或站在镜子前告诉自己："我真棒！"珍惜成功时刻。不要让成功尚未得到认可时就悄悄溜走。记住，导演和舞台设计师也要获得奖励。

任何时候都可以制定成功计划

制订成功计划——学会预测孩子的反应、营造成功环境、合作、享受成果——赋予你面对典型困难时刻的力量。

朋友詹娜有天和我一起吃午餐。她是幼师，当时正负责带三岁的孩子，她非常喜欢去了解这些孩子的想法。一个叫杰克的小男孩是出了名的喜欢大声抗议、坚决拒绝。"想帮他成功，真是很难。"詹娜对我说。就在吃饭的这天，她刚向孩子们介绍了一种手印火鸡活动。这个活动要在每个孩子手掌上画一只火鸡。杰克的反应是一声响亮的"不"！画一个火鸡手印并不会决定孩子在学校成功与否。詹娜知道这一点，但是她也知道，这种强烈的反抗会让杰克上学后遇到困难，而且学会尝试新事物、与人合作也是必备的生活技能。她也可以预料到，如果其他孩子都拿着火鸡印的餐桌饰品给父母，杰克肯定会因为自己没有而失落。

我和她提到了成功计划。她眼前一亮。"我看行。"她决定当天就实施她的计划。"一开始，"她事后告诉我，"我不知道他为什么反应如此强烈。但后来我开始意识到，每次出现新事物或'意外'时，他就会变得焦虑。他还极度敏感，会注意到他的露指手套内的绒毛，袖子打湿了就非要换件衬衣，不愿尝试手指画。我对照着气质表看了看。强烈情绪显然是符合的，但这不是诱因。然后我又看到了敏感、适应性和第一反应。啊哈——我突然意识到他对触摸非常敏感，而且第一反应总是很谨慎。即使就是想一想尝试新事物，都会让他头晕目眩。这个我能搞定！”

杰克那天状态不错，于是詹娜决定把握这个教育时刻，与他合作。和导演一样,她描绘了一下将要出现的场景。“还记得,”她提醒杰克,“我和你说过，在学校，我们有时没有选择，而有时有选择吗？”他点点头，想起他们之前的对话。“好,”她说，“这就是一次我们没有选择的时候。做一个火鸡印画，带回去送给妈妈，非常重要；而且练习尝试新事物也很重要。”

“我不要！”他大声抗议，此时，他的强烈情绪闪现出来。詹娜没有把他这种抗议视为对自己的威胁，而只是表达他对这种行为的强烈情感的信息。她保持低声、平静的状态。“我知道这很难,”她轻声说,“我们可以等，直到你准备好。”

杰克生气地瞪着詹娜，“你不能强迫我！”

“是的,我不会强迫你,”詹娜回答说,“我们会等你,直到你准备好。”

詹娜头脑中思绪翻滚。杰克现在感受如何？她要怎样营造环境，让杰克有足够的安全感，去尝试这项活动？“你知道这种颜料过段时间会掉吗？”詹娜问，猜测他可能害怕自己的手一辈子都是彩虹色。

杰克扭动了一下，不愿意看詹娜，然后突然跑开了。“记住，我们谈完了以后，你就可以去玩了。”詹娜一边轻轻地把他拉回来，一边对他说。

然后她又猜测，“你是不是觉得这可能会很痒？”她用刷子上的毛轻触自己的手掌,用自己的手向杰克展示她会怎么做。杰克安静地看着。“如果你想知道这是什么感觉，我们可以不用颜料，就用刷子轻轻刷过你的手。”杰克伸出自己的手，詹娜用刷毛轻触他的手掌。“你的大拇指是火鸡的头，我们可以涂上棕色。小指你想涂什么颜色？”

杰克听到以后，把自己的双手深深地插进口袋，然后喃喃地说:“红色。”

“好，我们会给你的小指涂上红色，那食指呢？你想食指涂什么颜色？”说着，詹娜伸出自己的食指。

“黄色。”杰克这次回答得快多了。

“好的。”

杰克哼了一声，“我不会把手从口袋里拿出来的，你不能强迫我。”

“我知道，你还没准备好。”

杰克叹了口气，仿佛是在试图让自己接受这件逃不掉的事。

詹娜发现了，停了一会儿，她想或许再问几个问题，能帮他克服这种消极反应。“那你的无名指呢？我们还没决定那个指头的颜色呢。”

杰克的眉头露出思考的皱纹，“绿色。”

“好，现在我们有了红色、黄色和绿色，那中指呢？”

“蓝色。”杰克郑重地说，他的肩膀明显开始放松。

詹娜伸出自己的手指，用刷子轻触。“如果你想知道这是什么感觉，我们可以只在你手指上涂薄薄的一层，就像这样。”

“一点也不痒呢。”杰克惊喜地大声说。

“那我们再试试旁边这只手指，好吗？这次，我会用颜料把手指涂满。如果你想要我停下来，你可以说‘停！’我就会停下来。”詹娜又一次地在自己的手指上演示了下。

杰克严肃地点点头，当詹娜涂完的时候，他长叹一口气。“也没那么可怕。”他说。

他们继续慢慢地完成这项活动，直到杰克面前有一幅火鸡手印图准备带回家。他的脸上洋溢着欣喜的微笑。“他们会非常喜欢的！”他大声说着，从椅子上跳起来，手里拿着火鸡手印图在空中挥舞。“也没那么可怕。根本一点都不可怕！等他们看看这个！”

詹娜和他一起大笑起来。“你做到了！你做了一个火鸡手印图。这个过程不容易，因为你很敏感，而且喜欢在尝试以前先思考，但是你做到了！下次会更容易！”

制订成功计划的过程中，你不会将孩子的消极反应视为对你权威的威胁，而只是强烈表达孩子自己的感受。预测这些感受，让你能成功应对。

知道一个孩子在想什么，并不容易，但通过结合孩子的气质来考虑，并努力从他的角度来看问题，你清楚地表明自己在试着了解他。你的孩子会感受到这一点，会有安全感，进而他的强烈情绪就会缓解。

詹娜也和杰克合作，没有强迫他，而只是温柔鼓励他完成活动。当杰克抗拒时，詹娜没有马上强迫他，但也没有就此放弃。她只是说：“我们会等你。”没有督促、没有强迫，只有温柔鼓励和明确的期望——我们会练习。练习能带来改善。你能做到。

研究人员将此称为“脚手架”：让孩子知道我们会一起做什么，向他展示我们会做什么，然后帮他完成。这就好像学习攀岩。你不是靠自己开始。最初会有人帮你，给你指出手攀点和立足点，让你更容易攀爬。同样还是这个人，控制你的安全绳——你的保护者——在你上爬的时候逐渐放绳，也像你背后的支撑手，保证绳索够紧，意外时能拉住你。

我为朋友詹娜和杰克感到非常骄傲，以至于我在课堂上一口气讲完了他们的故事，几乎都没停下来换口气。通过制订成功计划，你能：

- 避免日常争斗，
- 预防情绪崩溃，
- 帮孩子应对沮丧、愤怒等强烈情绪。

小组中有几位父母点头表示赞同，让我有动力继续列举：

- 策划皆大欢喜的生日派对、家庭聚会，
- 和性情儿享受舒适旅行，
- 减少兄弟姐妹间的打斗。

我列举完以后，都有点透不过气来，然后扫视了一下坐在我面前的成员的脸孔。有几个人安静地坐在椅子上，眼睛望向别处。

我控制了一下自己的兴奋，问他们："你们现在有什么感受？"

"不知所措，"萨莎承认说，"我感到心烦意乱。好像有六件事要记着。我觉得我做不到，因为我没那么多时间。"

其他人在一旁专心地听着。科里说："我觉得很生气。我为什么要给布兰登制订成功计划？其他孩子就不用。我为什么要为他做这些？"

凯蒂蜷在椅子里。“我不知道自己是否有信心完成整个过程。”她抱怨说。

有凯蒂、萨莎或科里这种感受，并不奇怪。制订成功计划需要付出努力，尤其是一开始的时候。改变教育方式也不容易，但通过练习，制订成功计划会逐渐变成自动反应。你甚至都不用再想这个问题。你只是这么做了，不久后，你的孩子就会自己这么做。

的确，也许你其他的孩子不需要你制订成功计划，但他们也会因此受益。他们会感激你给他们带来的平静，感谢你有多余时间陪他们，因为制订成功计划能节约大量时间。当你不再陷入争吵，不因挫败而怒火中烧，你就会有能量和时间做其他有意义的事情。生活中总会有意外出现，但通过制订成功计划，我们会回顾那些行得通的方法。每年我们的计划都会更好，意外也会更少，成功就会更多。结果就是父母和孩子都更自信。

我不可能考虑到每个性情儿的所有日常艰难时刻。但是，通过POWER 方法制订成功计划，是你考虑自己可能遇到的大多数问题的关键。随后的几章中，我会向你展示如何在最常见的日常艰难时刻应用这个过程。

总结：
用 POWER 法制订成功计划

作为性情儿的父母，你能利用你对气质的了解、学会使用的言语，以及预防日常困扰的有效管理性情的技巧，为孩子的成功制订计划。

预测反应：

你的孩子在这种情境下会有什么感受？

列举在此种情境下，可能影响孩子反应的气质特征。

营造环境：

你的孩子能成功应对这种环境、地点吗？

有什么物品、活动能助你的孩子成功吗？

你为内向的孩子创造了隐蔽的地方吗？

合作：

你会怎样帮你的孩子管理自己的强烈情绪？

有方法肯定孩子的行为吗？

你会怎样吸引他的注意力？

日程、期望明确吗？

活动的市场有助于获得成功吗？

享受成果：

你的孩子有哪些做得好的地方？

你有哪些做得好的地方？

⑯ 睡前和夜醒

我现在会像喷火龙一样保护睡眠。

——佐伊（三个孩子的母亲）

克里斯汀已经到了极限。两年前她33岁，精力充沛，如今，当她在浴室里凝视着镜中的自己，当年的自己已不复存在。她看到的是一个陌生人：黑眼圈，凌乱的头发急需修剪，曾经的酒窝不见，而只有下垂的双下巴。睡眠不足是一种折磨，而家有性情儿的父母通常难以得到足够的睡眠。

你可能以为，性情儿在白天耗费如此多精力后，晚上会很容易入睡。但事实往往并非如此。实际上，少有性情儿会天生容易睡着，又能一觉安稳地睡到天亮的。少数性情儿才会如此，如果你的性情儿是这样，庆幸自己的好运吧。

然而，大多数性情儿往往是睡得晚、起得早，让家里每个人都筋疲力尽。仿佛他们的大脑总在运转，频繁导致睡前的长时间的拉锯战，还有半夜的吵闹。性情儿是如此难以入睡且容易醒，以至于人们常常认为，他们需要的睡眠时间较少。性情儿的父母总是会告诉我，“我的孩子总是睡不好。他似乎不像别的孩子那样需要那么长时间的睡眠”或“我试着让他上床睡觉，但他就是睡不着”。

有时，性情儿睡眠不足的情况持续太久，以至于父母误以为孩子的暴躁举止是他们的个性使然。父母从未意识到自己的孩子有多累。不过，这么多年来，我逐渐意识到，这些频繁的夜醒、睡前的吵闹、早起并不是因为性情儿不需要或不想睡觉。相反，这可能反应出他们白天太过兴奋，才会睡不好。并不是他们不睡，而是他们睡不着。

尽管如此，性情儿得到所需的睡眠是非常重要的。有一天在课堂上，佐伊很好地说明了这一点："她要是累了——你可得小心！"

的确，你不能强迫孩子睡觉，但你可以改善这种情况——大大改善。我们可以检查、改变那些可能无意间干扰他们睡觉、影响他们睡眠时长的事情。我们可以结合他们的气质，培养一些习惯，帮他们形成生物钟，并给出睡觉提示。选择"合适"的技巧，让每个人都能得到自己所需且应得的睡眠。

不幸的是，在我们的文化中，人们还在炫耀自己的短时睡眠——一家大型咖啡公司的标语是"生命短暂，保持清醒。"——我们要花更多时间做别的事，除了睡觉。实现睡眠优先并不容易。了解最新的研究能有助于你坚持自己的立场，就像佐伊曾对我说的，开始像喷火龙那样保护睡眠。

预测反应

如果我告诉你有件事能给你们家带来更多欢乐、和谐；让你的性情儿健康成长；降低蛀牙、肥胖、抑郁、心脏病和 2 型糖尿病的风险；提高他们的数学推理能力；提高他们的阅读分数；培养冲动控制和加快反应的能力；提高注意力；减少冲突、降低事故。你会有兴趣吗?

这件事就是睡觉。

睡眠研究领域快速发展。数据清晰：我们的幸福感离不开充足的睡眠。如果保护孩子的睡眠谈不上比让他坐上安全座椅更重要，那至少也是同等重要的。你不会开车带着孩子上高速，将不坐安全座椅视为幸事。也是时候意识到，熬夜、不睡午觉也不是什么幸事。

预测如何帮助家庭成员获得所需的睡眠，始于建立目标。那么，你要先知道你们需要多长时间的睡眠。下表中的数据源于美国国家睡眠基金会（National Sleep Foundation）的一项调查。

24小时内所需的平均睡眠时间（备注说明常见睡眠情况）		
婴儿（出生至17个月）	14–18小时	可能包括每天三至四次小睡
学步儿（18～36个月）	13–14小时	可能包括每天一至两次小睡
学前儿童（3～5岁）	11–12小时	目前平均每晚8小时40分钟，加上小睡后9.5小时
学龄儿童（6～12岁）	10–11小时	许多6岁的儿童仍需12小时的睡眠
青春期（性发育开始）	9.25小时	当前平均6小时50分钟
成人	8.25小时	当前平均6小时54分钟

当我在课堂上分享这个表时，科里笑得差点喘不过气来。“这太可笑了，”他反驳道，“我每天不可能睡 8 小时。完全不可能。”他怀疑地

哼了一声，过了一会儿他又问：“这是个冷笑话，还是有人真这么不了解情况？”

这不是玩笑。尽管对此刻的你而言，8 小时的睡眠似乎是无法实现的梦，但脑海中有目标是至关重要的。如果你没有目标，睡眠不足就会不知不觉地滚雪球。

睡眠不足是会累积的。如果你的孩子每晚都少睡 1 小时，那么一周下来他几乎就少睡了一个晚上。即使他在周末睡长一点，他也无法填补从未嵌入长期记忆中的知识，弥补他获得充足睡眠时身体本应完成的修复工作。有个努力的目标很重要，即使你目前还无法得到推荐的睡眠时长。

我要强调的是，这些数据是平均值。我们中有一半的人所需睡眠时长高于平均值，而另一半的所需睡眠时长低于平均值。我们因生理特性，会在昼短夜长的秋末至冬季需要较长的睡眠，而会在昼长夜短的春夏需要较短的睡眠。仿佛在冬季，我们的大脑在说：“外面好冷，我们该睡觉了。”

既然表中的数据是平均值，那么你就要自己确定孩子所需的睡眠时长了。仔细观察，他们的表现会告诉你。如果孩子在早上需要你叫醒，那么他们就还没得到充足睡眠。孩子应该自己醒来。不过，我们前面也提到过，有的人天生早上容易受到外部条件干扰。这些孩子无论什么时候入睡，早上都会很早醒来。因此，他们即使早上自己醒来，但还是睡眠不足。这种情况下，你可以从他们的行为来分辨。

如果你的孩子整体上开心、灵活、有创意，而且更能容忍外部刺激和兄弟姐妹——即使是傍晚的可怕时刻，那么你就会知道他得到了充足睡眠。甚至性情儿也是如此。他们还是会很忙，但他们不会到一种异常兴奋的状态。而且，尽管充足的睡眠并不能完全避免情绪崩溃，但可以显著降低情绪崩溃的频率，并在情绪崩溃发生时，让孩子更快恢复。休息得好的孩子更有耐心、更合作、精力更集中。可能最大的好处是，他们会更容易入睡，且持续睡眠时间更长。你可以通过保护睡眠，告别每日睡前的争斗和频繁的夜醒。这个过程可能并不完美，但肯定会大有改善。

当保护家庭成员的睡眠成为你们家里的首要任务，你孩子的行为会变好，你的行为也会变好。你会有能量持续关注大家的状态，你就能在任何人进入红色区域前捕捉到信号。当大脑不因疲劳而混沌，有创意地解决问题也变得容易多了。耐心会随着每分钟的睡眠而增加。今天就向自己承诺：把保护家庭成员的睡眠作为目标。你可以实现这个目标：通过建立睡眠优先的习惯，而不是有空了才睡。

营造环境

醒和睡是两种相反的状态。孩子睡觉能力最薄弱的时候，就是当大脑必须从一种状态切换到另一种状态时。就像舞台设计师营造某个情节发生的环境那样，你也需要建立一个环境，给大脑睡觉的提示。大脑切换到睡眠状态的能力并不是在睡前奇迹般出现的。要想有良好的夜间睡眠，应在早上开始提示。

我们大脑中的生物钟告诉我们什么时候睡、什么时候醒。生物钟的周期是 25 小时，也就是说，如果我们不“设定”生物钟，我们就会逐渐越睡越晚。要帮助性情儿睡得好，采取步骤“设定”他的生物钟是关键，这样，大自然就能帮你让他进入修复的熟睡中。

从固定起床时间开始。这是你的基石。所有其他事物都要在此基础上运转。为了确定孩子的起床时间，看一下日历。在这一周中，他最早要在什么时候起床？将这个时间定为他一周七天的起床时间。

在你停下来消化这些内容之前，先让我解释一下。每天在同一时间起床，是明确地向大脑说明：现在是早上，该起床了！但是，如果你的孩子有一天要早上 6 点起床，第二天又睡到 8 点才起来，就好像他一天醒来在明尼阿波利斯，第二天醒来在旧金山：他的大脑中出现了时差，不知道什么时候该醒，什么时候该睡。

我知道你很渴求那些能睡懒觉的早晨，但如果你起床、睡觉的时间形成规律，就会发生两件事：第一，你不用睡懒觉，因为你和孩子都得到了充足的睡眠。第二，并不是你好像永远都不能睡懒觉了；你可以睡懒觉，但要限制在大概 30~60 分钟之间。（具体的时间取决于你的孩子。对于有些孩子而言，可能得限制在 15 分钟左右。即使你的孩子现在如此，也不代表永远都会这样。）

接下来，就是固定用餐时间。食物有助于身体计时。如果你的孩子在上学、上幼儿园，按照学校的用餐时间安排孩子在家里的饮食，以保证持续一致的饮食规律。

我是按照营养学家埃琳·萨特的建议来安排的。埃琳建议每天吃六小餐，每餐要摄入一点蛋白质、碳水化合物、水果 / 蔬菜和脂肪。每餐间隔 2.5~3 小时。因此，如果你的孩子早上 7 点吃早餐，9 点应有一顿早间点心，正中午再吃午餐。

锻炼时间也要列入计划。孩子早上醒来后，最好能在户外沐浴片刻阳光。此外，还要安排下午晚些时候的运动游戏。不要在比较晚的时候运动，尤其不要在非自然光线下运动，因为这样可能会干扰体内褪黑素（一种告诉我们该睡觉的激素）的产生。

到这里还没完。如果你的孩子不到六岁，那么还要确定小睡时间。性情婴儿可能在白天醒来45分钟后就准备要睡一小觉了。19个月以内的学步儿通常一天要睡两小觉：第一次是在醒来两到三小时后。如果他们只睡一觉，那通常是在醒来约四小时后开始。学前儿童的小睡通常在早上醒来约五小时后开始。午饭后，人的能量会自然地下降，这时是午睡的最佳时间——成人也是如此。午睡看来最好是在下午3点至4点前完成。（除了婴幼儿，他们通常在下午5点左右需要打半小时的瞌睡。）

说起小睡，可别忘了你自己也要小睡。有数据表明，一次最多不超过20~30分钟的充电小睡，不仅能提高你当天剩余时间的注意力，还能降低你患心脏病的几率。

现在，就该选择晚上睡觉的时间了。比如，如果学前儿童每天早上7点起床，白天小睡90分钟左右，那么晚上在8:30左右入睡，他在24小时的周期内才能保证12小时的睡眠。如果学龄儿童每天早上7点起床，他就需要在晚上8:00~9:00入睡。这里说的时间不是上床时间，而是入睡时间——也就是你希望你的孩子真正熟睡的时间。

最后，确定睡前事项的时间。你的孩子大概需要30~45分钟才能真正睡着。

下表根据孩子的年龄和起床时间，举例描述了作息安排。

作息安排示例：						
年龄	小龄学步儿 12~18个月	学步儿 19~36个月	学前儿童 3~5岁	学龄儿童 6~12岁	青春期 13~19岁	成人
平均 所需睡眠	14~15	13~14	11~12	10~11	9.25	8.25
起床时间	6:30	6:30	6:30	6:30	6:30***	6:00
早餐	7:00	7:00	7:00	7:00	7:00	7:00
活动	7:30~9:00	7:30~10:30	7:30~11:30	7:30~12:00	7:30~12:00	7:30~12:00
早间点心	9:00	9:00	9:00	9:00	9:00	9:00
小睡	9:30~11:00					
午餐	11:30	11:00	12:00	12:00	12:00	12:00
小睡	2:00~3:30	11:30~2:30	12:30~2:00	充电小睡*	充电小睡*	充电小睡*
午后点心	3:30	3:00	3:00	3:00	3:00	3:00
活动	3:30~5:00	2:30~5:00	2:00~5:00	12:30~5:00	12:30~5:00	12:30~5:00
晚餐	5:30	5:30	5:30	5:30	6:00	6:00
活动	6:00~7:15	6:00~7:15	6:00~7:45	6:00~8:00	6:30~8:30	6:30~9:00
睡前事项开始 （包括点心）	7:00	7:15	6:30（如无小睡）；7:30（有小睡）	8:00	8:45	9:15
睡着	7:30	8:00	6:30（如无小睡）；8:00（有小睡）	8:30	9:15	9:45
总睡眠时长 （小时）	14	13.5	12	10**	9.25	8.25

备注：

※充电小睡时长为20~30分钟。

※※年幼的学龄儿童需要将近11小时的睡眠——将晚上入睡时间调为8:00。

※※※性发育调整会告知我们睡觉时间的褪黑素周期，将其调整到夜间的晚些时候。如果可能的话，选择一个早上8:30或更晚时间上课的学校，这样一来，处于青春期的孩子就不用在自己身体和大脑还未准备好时就费劲地让自己睡着。在准备睡觉之前就关掉所有电子设备，调暗灯光，提示褪黑素的产生。

上表中的作息安排只是一个示例。你要自己制订一个适合你家庭成员的作息表，并在需要时做出调整。如果你将孩子的睡觉时间调早了，但你仍需叫她起床，那么在后续的五至七天中，再将睡眠时间调早 15 分钟。需要时，重复此操作，直到她能自己醒来。如果你的儿子需要 45 分钟或更长的时间入睡，那么将他的睡觉时间调晚一点。我们进入睡眠窗口的平均入睡时间是 27~35 分钟。记录几周的睡眠日志，有助于你发现最适合你的孩子及其他家庭成员的作息。

奥德丽发现这样做非常有效。一次私人咨询后，奥德丽写道："你让我记下时间（起床、小睡、玩 / 锻炼、吃、晚上睡觉等），然后用这些信息制订适合我们家庭成员的作息表。这个作息表是无价的。我们花了将近三个月的时间来逐步调整，但确实奏效了！当我们挣扎时，参照这个作息表的确有所帮助。我认真地执行这个作息表，根据我们的需求在几个月中做出细微的调整。我意识到，我不能心血来潮就改变他的作息。"

舒适的睡眠需要持续一致的作息规律，设定身体的生物钟。

制订作息表也让你知道预约医生、牙医或其他活动的最佳时间，保证这些活动不会扰乱孩子的小睡或夜间睡眠时间。如果朋友约你 2:00 在公园见面，你很容易说："我们约到 3:30 吧——午睡过后。"

多年的家庭咨询工作经验告诉我，最有效的作息安排是父母早于孩子起床，这样，他们在满足孩子的需求以前，能有点自己的时间。如果家里每个人的用餐时间一致，你就不会觉得自己是个快餐厨师。有些家庭更喜欢有一个共同的晚间点心时间，那么如果父母回来得晚，这个晚间点心就是他们的家庭晚餐。有些家庭在睡前事项完成后，更喜欢错开睡觉时间，这样父母就能分别陪每个孩子入睡。还有些家庭觉得安排和孩子一起的点心时间、睡觉时间最有效，这样全家人就可以一起入睡。如果你的性情儿已进入青春期，有条件的情况下，选择一个早上 8:30 或更晚时间上课的学校。性发育会将褪黑素周期调晚，从而使得青春期的孩子在晚上 10:00 以前很难入睡。

设定生物钟需要时间。至少需要三周后，你才能看到显著成效。在执行作息表的七至十天的时候，可能突然会比以前任何时候都糟糕。我不知道为什么会出现这种情况，但这种情况是可以预测到的。也许因为旧系统坍塌后，新系统才能融入。在这种剧变的时期，不要放弃作息安排。你并没有做错，继续坚持。

通过建立可预测的作息时间——能自如地一周执行七天，你遵循了自然规律。你孩子的大脑现在设定了睡觉时间。结果就是，孩子可以毫不费劲地切换到睡眠模式——至少大多数时候如此。这时，通常一切进展顺利，如果出现麻烦，很显然就是出了什么事。可能是孩子病了，压力大了，经历生长陡增，或是有什么事情干扰他的睡眠。

合作

作为性情儿的父母，面临的最沮丧的问题之一就是：对其他孩子有效的方法可能对我们的孩子无效。所有告诉我们正确回应孩子的方式，可能对我们孩子来说都是错的。对于睡眠问题，尤其如此。帮助性情儿“关机”，切换到睡眠状态，需要找到适合他们气质的策略。有时，这些策略并不是大多数人推荐的。

1. 如果你的孩子情绪强烈

“你们怎么知道孩子准备好睡觉了？”我问小组成员。艾米疑惑地扬起眉头，给出的答案倒更像是提问，“当我们吃完饭、做完作业的时候？”科迪抬起头，不是太确定地说：“当电影结束时？”

让偶然事件决定性情儿的睡觉时间是不可行的。我们要关注那些告诉我们孩子的身体和大脑准备好入睡的信号。

发现信号：找到孩子的睡眠窗口至关重要。此时，褪黑素水平升高，告诉大脑现在该睡觉了。如果你错过这个窗口，情绪强烈的孩子会突然变得亢奋。孩子的身体内会急速分泌少量肾上腺素，致使他在接下来的 45~90 分钟内几乎都无法睡着，得等到分泌出的这部分肾上腺素消耗完后，才能入睡。为避免情绪强烈的性情儿重振精神，你要仔细观察、仔细听，并注意你感受到的事物。如果你做到了，你会捕捉到神奇的睡眠窗口，此时，即使是一个情绪强烈的性情儿，也很容易入睡。而且，这个过程往往比你想象得要容易。

睡眠信号有三个层次：

第一层	第二层	第三层
眼睛有点红	打哈欠	能量突然爆发/突然做傻事/突然行为狂野
盯着一个地方看	揉眼睛	尖叫
玩/运动减缓	步伐不稳/动作不协调	顽固
两眼无神	低头	静不下来
肤色变化/面色发白	寻求与人接触/黏人	崩溃
看向别处	听人说话有点困难，但还能听	不听人说话
面颊轻微下垂	声调变化	哀号、易怒
眼睑轻微下垂	有点难服从、注意力开始不集中	身体呈弓形、翻来翻去
眼疲劳	寻求舒适物品	不服从

第一层信号是我们想要性情宝宝睡下的时刻。到了第二、三层信号时，孩子的发动机就已经溢油了。对于学步儿及更大一点的孩子而言，第一层信号的意思是："我累了。"当你看到这些信号时，看一下时间。这些信号告诉你，现在到（或快到）开始睡前事项的时间了——具体时间点取决于你的孩子。

第二层信号表示睡觉时间到了。不要等着孩子再次打哈欠、揉眼睛或绊脚。马上就让孩子睡下来。此时看看时间，让自己知道通常会在什么时候看到这些信号。在你手机上设置闹钟，保证每晚的这个时候你都会全身心地帮助孩子做睡觉准备。

孩子发出第三层信号时，已经处于过度疲劳状态了。你已经错过睡眠窗口。此时，孩子已重振精神，你要再花 45~90 分钟的时间才能让孩子平静下来。孩子可能需要你提供额外的帮助，让他平静下来。注意这个时间。重新设置你手机的闹钟，保证你在未来会提前观察、听这些信号。相应地调整睡觉时间，直到你找到孩子容易入睡的时点。

发现孩子细微的信号是一种具有挑战性的能力。需要你集中精力，而有时这一点很难做到。凯尔西给我讲这个故事的时候，她自己也笑了。“我们都在床上躺着。孩子在床上玩，我在用笔记本电脑，没怎么注意他们。正当我快写完一封长邮件的时候，马库斯靠近我，把我的电脑关了。‘噢，马库斯！’我说，‘妈妈正在做事呢，现在全没了！’

“‘现在全没了，’他一边重复我的话，一边走开了。”

捕捉睡觉时刻——付出的努力是值得的。

预料到自己要安抚孩子：可能在你的性情儿出生时你就发现了，你抱着她，她就睡；你放下她，她就醒。几年后，你可能发现性情儿睡觉时，自己还在摇晃孩子、挠孩子的背，或坐在孩子旁边，会想自己是不是做错了什么事情。正因如此，当雪莉向小组成员透露自己的状况时，我并不意外。她说：“我有点不好意思承认。我的儿子 21 个月了，入睡还有很多困难。我们最近搬家了，没过多久，他就开始从婴儿床里往外翻。于是，我们给他买了一个‘男童’床，但他总是从床上掉下来，而且当我把他放回床里的时候，他总是哭闹。他真的会因此变得激动起来。

“以前,我总会在他睡觉前,摇晃他一会儿。我的朋友要我别这么做,但这样能让他放松,而且他看起来好像真的需要,所以我就这么做了。我想他们大概觉得我只是在‘让步’。但我所要做的不过是摇晃5分钟,直到他昏昏欲睡。然后,我会把他放到婴儿床里,轻拍他一下,然后他就睡着了。大多数时候,他晚上可以连续睡10小时。

“但我们搬到新房,又换了新床以后,甚至摇晃也不起作用了。当我把他放下来,然后走开,他就变得极其焦虑。我唯一能让他睡觉的方法,就是陪他躺下。所有人都告诉我,我应该由他尖叫,不然我就是在滋长他的坏习惯。我真的不介意,但却有点担心。我不想永远都这样。”

雪莉感觉到了儿子的不适,凭直觉意识到儿子需要她在身边,帮他的身体平静下来,他才能入睡。雪莉相信自己的判断,直到所有其他人告诉她,她应该以不同的方式回应。

要想容易入睡、睡得香,孩子的身体必须平静下来。而抚摸能让身体平静。

研究人员发现,情绪强烈的性情儿的身体系统内具有更多“报警”发射器,而那些告诉他们可以睡觉的发射器较少。正因如此,他们需要我们提供更多外界的帮助来帮他们感到平静。

不幸的是,许多解决睡眠问题的书都会鼓励你任由孩子哭,直到他们哭累。然而,即使是这些书的作者也开始意识到,这个建议有缺陷。可能孩子会在哭了一会儿后停下来,但性情儿不会。如果任由情绪强烈的性情儿独自面对,他们在生理上会被自己的情绪淹没。他们无法在没有帮助的情况下停止哭闹。

性情儿反应强烈，甚至会呕吐。有些专家会警告说，同情地回应孩子就是受孩子控制。“如果他们吐了，”这些专家建议说，“清理干净以后，再把他们放回到床上。”但是，孩子并不是用呕吐来控制自己的父母;他们呕吐是因为他们非常焦虑。他们也很少会呕吐成整洁的一小团。走进房间，看到呕吐物喷到墙上、地摊上、毛绒玩具上，还有婴儿床上的每一根护栏，没有什么比这种场景更糟糕了。如果你的孩子容易呕吐，走到他身边，帮他深呼吸来让自己平静下来，这样他就不会反胃。你在这种时刻给孩子帮助，避免给自己带来巨大的挫败感和不适，而此时自己累得无力应对。

性情儿和那些情绪不那么强烈的孩子不同，他们需要更多帮助来抚慰、平静自己的身体。你的出现、身上的气味能让你情绪强烈的孩子平静下来。我非常自信地向你推荐：如果摇晃孩子、按摩或挠孩子的背有助于孩子放松、睡得香，放心地将其列入睡前事项中。本章后续内容中，我们会谈到如何逐渐减少身体接触，如果你希望如此的话。

一天晚上，当我们在讨论睡觉时间陪孩子时，凯蒂抱怨说：“我不想坐着陪她。我还有别的事要做，我也要休息啊！”

我们都能理解凯蒂的感受。度过了漫长的一天后，我们也很累了。当我孩子还很小的时候，我有个朋友的孩子正处于青春期。她告诉我：“作为父母，职责之一就是等待。孩子小的时候，就是等他们入睡。他们长大一点以后，就是等他们上完舞蹈课，或约会后回来，但你要一直等待。”

情绪强烈的性情儿需要我们帮助他们平静下来。你可以预料到这一点。将此视为对自己的特殊待遇（而不是又一个需要满足的需求），这时，你不用再和他们说话，你只用坐着做白日梦，或者看书。让此成为你每天享受的过程，而不是又一个麻烦——你知道如果他们焦虑得睡不着，你还是要应对。如果你试着做点别的事，你还是要把他们赶到床上去，吼他们，让每个人的情绪都升温。你预料到这一点，并列入到你每日计划中，而不必给自己带来挫败感。而且，他们很快就不会那么想要依偎你了——比你想象得还要快。

你可能不介意陪性情儿放松下来，让他学着自己入睡，但是你可能会想，其他孩子怎么办。这时，就要有点创意了。不是每个孩子都需要这么多的帮助来放松。有的孩子倒床就睡——这个孩子就需要你其他时候关注他。他需要的时候，就给予他关注，可能在午睡以后，也可能在放学后。你不必因为自己在睡前陪一个孩子，而不陪另一个感到内疚。你满足了两个孩子的需求，只是以不同方式而已。

如果需要你帮助放松的孩子不止一个，你可能要坐在他们房间之间的地板上，或轮流陪——周一晚上在一个房间，周二晚上在另一个房间。制订的作息表中，要包括和你在一起及独处的“平静时间”。你给一个孩子读书时，另一个孩子自己看书，然后交换，第一个孩子逐渐入睡或自己看书，你再去陪之前自己看书的孩子。一旦两个孩子知道，他们都会有和你一起的“平静时间”，你会发现，他们更愿意接受自己练习一会儿。

决定每个人睡觉的地方：对于情绪强烈的性情儿而言，一个非常重要的问题是——睡你的床还是我的床？有一个不容易入睡且频繁夜醒的孩子，你很快就会面临家庭床的问题。在大多数文化中，家庭床并不是问题，是预期内的事。但是，在我们的社会中，这是一个需要回答的问题，否则就成为争论的焦点。

情感强烈的婴儿似乎很快就会意识到，他们需要自己生活中的成人帮自己的身体冷静下来。（有研究人员还建议调节他们的体温。）因此，他们寻求你的陪伴，不想一个人睡。这种孩子通常只在你身上或你旁边睡。你怎么办？

美国儿科学会（American Academy of Pediatrics）建议婴儿睡在单独的婴儿床中，但和父母在同一间房中。国际母乳协会（National La Leche League）等母乳喂养组织则认为儿科学会避免母婴同睡的建议反映出该学会缺乏对母乳喂养管理的基本了解。这些母乳喂养组织还利用圣母大学（University of Notre Dame）母婴行为睡眠研究室（Mother-Baby Behavioral Sleep Laboratory）主任詹姆斯·麦肯纳（James McKenna）的研究来证明母婴同睡的益处。

两方担心的都是安全问题。关键在于找到抚慰、平静情感强烈的孩子的安全策略。如果你的确觉得母婴同睡对你全家都最有益，那么就按照安全睡眠步骤来操作。选择睡觉的平面应没有可能夹伤婴儿的裂缝或褶皱。床上用品尽量简单：不用羽毛被、厚棉被、厚枕头。选择一个大床垫，你就不用担心自己翻身会压到婴儿。考虑将床垫从床架上拿下来，直接铺到地板上，以防婴儿从床上摔落。将你的长发绾到脑后，以免缠住婴儿。

不要和婴儿一起在躺椅、沙发或椅子上睡觉。如果你吸烟、喝过含酒精的饮料、服用过致幻毒品、正接受药物治疗或体重过大，那么不要和婴儿同床睡。不要让保姆或其他孩子和婴儿同床睡。这些因素都会降低你对婴儿在床上位置的敏感度。

只要能保证孩子的睡眠安全和其他家庭成员的睡眠质量，家庭的睡眠方式并没有绝对的错与对。花点时间自己研究一下。和你的伴侣商量一下你们的选择。选择你们双方都认同的策略。

有些父母会在他们的床边放一个婴儿床或摇篮。还有的父母会帮孩子在自己的房间入睡，这样父母就能在睡前有自己的时间，但他们会让孩子在半夜睡到自己的床上来。也有父母会在他们床边的地板上放一个睡袋，用于半夜的“联系”。目的就是找到一种容易快速安抚性情儿的方法，尽量减少这个过程中的压力，从而让大家都能享受宁静睡眠。

当你做出家庭床的决定时，要意识到你可以在几个月、几年后改变这个决定。选择权在你。尽管需要练习、需要投入时间，但只要你和孩子都准备好分床，你完全可能慢慢帮他在自己的床上安睡。

保护小睡：情绪强烈的性情儿在管理自己的强烈情绪时，要付出更多努力。正因如此，保护他们的睡眠至关重要。通常，他们看似不愿小睡，因为他们很容易兴奋，但正是这样的孩子，更需要你花时间帮他平静自己的身体，让他在日间能休息。

2. 如果你的孩子意志坚定

安排简单的睡前事项：意志坚定的孩子最喜欢在睡前时间挑战极限。“我愿意花时间安顿艾玛上床睡觉，”布兰登说，“但我实在受不了她的要求。她总是还要再喝一口水或再看一本书。”

简单且不会引起警觉的睡前事项才是成功的。性情儿通常是非常聪明、想象力丰富的孩子。他们喜欢读书，谁又不想鼓励他们读书呢？

但我要建议的是，读书应该是晚上早些时候进行，而不应列入睡前事项，因为他们读了书就停不下来。到了意志坚定的孩子那里，一本书就变成了五本。忽然，睡眠窗口就错过了。你可以简化事项，防止这种情况发生。

用小点心来开启睡前事项。少有孩子能抵抗小点心。和孩子坐下来吃点心，能让大家都安静下来，有助于你们关注临近的目标。之后，带孩子上洗手间 / 换纸尿裤、刷牙，准备去卧室。接下来，去卧室换睡衣、拥抱、聊聊天、唱歌 / 祈祷、跟孩子说晚安。就这样。

你会发现泡澡并不在睡前事项中。这是因为对性情儿而言，进出浴缸通常会引起他们的警觉。他们先是不愿意进浴缸，然后又吵着不愿意出来。泡澡会使体温升高，而入睡需要体温下降。和读书一样，泡澡最好在早上、下午晚些时候，或刚吃完晚饭。（不过，如果泡澡能让你的孩子平静下来，还是可以列入睡前事项中。在水中加入少量浴盐能有所帮助。）

上述睡前事项大概需要 30 分钟，让你更容易捕捉到孩子的睡眠窗口，避免意外错过。如果在某个晚上，你意识到孩子比以往更难平静下来，只需延长拥抱时间，直到你感受到他的身体逐渐放松，听到他的呼吸放缓。这时，他就准备好入睡了。

制作计划图：如果意志坚定的孩子知道将要发生的事，他们就更容易遵从。一旦你确定了睡前的简单事项，和孩子一起制作计划图，描绘出每个步骤。

罗伯和萨拉用这个方法消除了他们家的睡前争斗。

“麦肯齐是我们的第一个孩子。我们以前从未听说过睡前事项。我都不知道这是什么意思。我们了解以后，决定试一试。我们在麦肯齐做每一个步骤时给她拍照，打印出来，然后做成一本书，在她吃点心的时候读给她听。如果她不愿意用马桶，我们会翻到相应的照片，说，‘书上怎么说的？’她就会照做。这本书我们用了三周。现在，她知道每个步骤，而且很多步骤都是她自己完成。”

计划图让有毅力的孩子清楚地知道计划是什么。当每晚计划都一样时，也就不会再有权力斗争。

切换进入睡眠状态：最后一步就是入睡。你可以选择继续坐在孩子身边，或陪他躺下（你的手臂放在他身上带来的压力能起到平静作用），但你们之间的互动停止。如果孩子需要轻拍，这也是可以的，但随着你听到他的呼吸变化，你的手要慢慢离开他的身体。你的目的是让他入睡时的环境和他半夜醒来的环境一样。如果你睡在他旁边，他入睡时，你完全可以在他旁边；但如果你准备和他分床睡，那么让他依偎在丝毯上或毛绒玩具上,能让他夜间保持这种状态。你可能就在附近，但他身体的感官接触要整夜保持一致。如果你的孩子是婴儿，你要让他平躺下来，而且不能在他身边放毛绒玩具。

3. 如果你的孩子很敏感

打造一个窝：“我害怕！”“我口渴。”“我睡不着！”让敏感的孩子平静下来真是件费劲的事，但如果缺乏睡眠，孩子管理、应对刺激的能力也大幅下降。问题在于，敏感的孩子会注意到自身环境中的每种情绪和感官刺激，他通常很难让自己“关机”，然后去睡觉。这种孩子需要一个“窝”，一个安静、低刺激的地方——让他的大脑能明确地指出：这是能睡觉的安全地方。在这个窝里，他要能屏蔽噪音、光线甚至气味，才能让自己入睡。

如果可以的话，给他安排你们家里最安静的卧室。通常意味着这间卧室离街最远，也可能是离暖炉、空调最远。为帮助他睡过日出时刻，考虑给他安排你们家里北边或西侧的房间。关掉所有灯，给他一个能“窝在里面”的枕头、薰衣草喷雾、风扇或其他有安抚作用的白噪音都可用来屏蔽外界刺激，避免干扰他的睡眠。如果你的孩子坚持要用夜灯，把夜灯插在梳妆台背后的插座上，避免过度刺激。灯的瓦数越低越好。

对于有些敏感的孩子而言，接近他人可能比安静或昏暗灯光更重要。这种情况下，让孩子睡在离你最近的卧室，或让他们和兄弟姐妹睡一间房。

高度敏感的孩子还需要他们的窝里有愉悦的刺激。可不要小看床上用品。记录一下，你的孩子在什么条件下睡得最好？是蜷在厚重的棉被里吗？还是他喜欢不盖被子睡？什么颜色、质地、气味能抚慰他？通常，敏感的孩子喜欢自己的床放在房间的一角，而不是“漂浮”在房间中央。

不要在孩子的房间塞满乱七八糟的东西，包括所有的电子产品、玩具、悬挂在天花板上会动的物品，甚至是在视觉上能吸引注意力的壁画。温度也很重要。如果孩子容易觉得热，要保证房间足够凉爽。如果孩子手脚经常是凉的，鼓励他穿袜子睡觉。

不值得为睡衣争吵：忘了那些有松紧口、花边领的可爱连脚睡衣吧。敏感的孩子根本受不了扎人的睡衣，怎么都让他们难受，再要么就是穿着太热了。考虑让孩子穿运动衫、超大T恤、宽松的棉短裤睡觉。如果孩子喜欢身体上的压力，可以试试紧身汗衫。

谈论感觉：因为性情儿经常忧虑，所以他们通常需要在睡前有机会回顾自己的感受。他们可以和你交流、写日记，或只是花点时间回想自己白天的担忧，也足以让他们轻易入睡。

有些敏感的孩子会因担心自己睡不着而焦虑。我以前都没有意识到这一点，直到有一天一个10岁的孩子告诉我，她在睡前就会难受。“发生什么事了呢？”我问她。

“我睡觉时就会难受，”她说，“我从来不能像别人那样入睡。我肯定是有什么问题。”

性情儿的想象力丰富。如果我们不给出基于事实的原因，解释他们为什么需要时间平静下来，他们就会自己想答案。他们需要听到：

你对噪音、气味、光线和情感都很敏感。你能打造一个舒适的窝，帮自己入睡。

爸爸出城了，这对我们俩压力都很大。

你可以安静地躺在这里，深呼吸，放松你的肌肉。你很快就会睡着了。如果你想要我在你身边陪你，告诉我。

你能深入思考，感受也很深切，有时在日记里写下你的想法会有所帮助，这样，你就可以合上日记，让你睡觉时抛开思绪。

我们一起上楼，把你房间里的东西收拾一下，这样你就有时间和我聊聊，慢慢就平静下来了。

我们来做个冥想。

4. 如果你的孩子感知力强

帮他听到你的信息：我们的孩子在睡前要听从许多指示。记得和他眼神交流。不要在房间的另一头，或在你做别的事的时候，试着引导孩子上床睡觉。关注你的孩子。不要做干扰你当下任务的事。

5. 如果你的孩子适应得慢

留出充足的时间：让慢适应的孩子睡觉需要时间。试着快速完成或跳过部分睡前事项，只会延长睡前这个过程，因为他们负荷过多，而且短时间内经历太多过渡。正因如此，要保持简单的睡前事项。当步骤简化了，你就要给孩子时间，从活跃切换到睡眠的生理状态。

有些孩子穿上睡衣后，先在自己房间里安静地玩一会儿，平静下来以后再继续睡前事项的余下步骤，效果会更好。如果你的孩子是这样，带着所有孩子一起先完成点心、入厕、刷牙、换睡衣这些初始步骤，然后让这个孩子自己平静下来，同时你陪其他孩子入睡。有了这段时间过渡，他就会准备好拥抱、完结这一天。

从结束开始：听起来有点不可理喻，是吗？从结束开始？但是，我们无法让性情儿上床睡觉的一个主要原因，就是他们不想停下自己正在做的事。睡前事项始于当前活动的结束。在你开始你们的过渡活动之前，先让孩子结束当前活动，你可以向他宣布：

10分钟内，我们就要开始做睡前准备了。

你想把这个存放在哪里?

你需要什么来完成现在的事? 这样你就可以停下来，准备上床睡觉。

设置一个定时器可能会有帮助。定时器是让慢适应的孩子过渡的好工具，尤其是那些可以逐渐显示颜色消失的定时器，能让你的孩子看到时间流逝。有些家庭会使用音乐盒，其中的音乐会播放 10 分钟，而且音量逐渐变小。这种声音会让对噪音敏感的孩子感到愉悦。调暗灯光或关灯也是温和地表示这一天要结束了。最后，进入点心时间比直接进入刷牙、入厕时间要容易得多，因为后两者经常引发冲突。

6. 如果你的孩子作息不规律——加分特质

为防止你的辛苦努力白费，在你的日历表上记下开始实行夏令时的日期。性情儿需要三周的时间来适应这个变化。至少比其他人提前两周开始调整。否则，调整至夏令时的那一周很可能就是灾难。每天或每两天将孩子的睡觉时间、起床时间调早 15 分钟，直到他适应夏令时。同时，也调整你自己的作息时间。在你的日历表上标注出实行夏令时的第一个周一和周二。可能的话，不要在这两天早上 10:30 以前安排任何约会。这样一来，如果家中的进展不顺，你可以从容应对。否则，你自己就要提前起床，好让你有足够的时间帮助孩子。(周二通常是最糟糕的一天，因为孩子在这个时候通常真的状态不佳。)

你不能强迫作息不规律的孩子入睡，但是你能坚持让他在固定时间上床。你坚持执行固定的作息时间(甚至包括周末)，你的孩子就能相对平稳地逐步适应。良好行为带来的回报会值得你付出的努力。

7. 如果你的孩子精力旺盛（能量水平高）

捕捉孩子的睡眠窗口：许多孩子会在睡前变得兴奋起来。他们在屋子里横冲直撞、跳跃、上下蹦、扭打。你很容易被他们的能量牵着走，开始和他们打闹，但这种能量高潮实际上是一种信号——说明你已经错过了孩子的睡眠窗口。

高能量孩子的睡眠窗口往往只有 15 分钟。如果你错过了这个窗口，那你的“狂野孩子”就无法入睡了。出现这种情况时，慢慢让他平静下来。先用力地摇晃他，然后放慢你的动作。让他慢慢离开你的手臂。稍后，再抱起来摇，这次更慢一点。如果孩子大一些，鼓励他深吸气，然后慢慢呼出。教他收紧身上的每块肌肉，然后放松。你可能还会发现，如果你用被子紧紧地裹住他，或给他深度压力按摩，也会让他的身体慢下来。

为了要预防这种情况出现，就要确保孩子白天而非睡前有机会锻炼、打闹。

8. 如果你的孩子第一反应过度谨慎

在我们初次课堂讨论的两周后，雪莉给我们讲了她儿子睡前事项的变化结果。“我们讨论的时候，”她说，“我听到你说，要想帮助我儿子，我必须真诚地倾听他在跟我说什么，并相信他传递的信息。我也能相信自己支持他。

“我们谈过以后，我清楚地发现，他在我们搬家后缺乏安全感。他需要一点额外的支持。我还是像以前那样摇他，然后陪他躺下。但过了几夜以后，我慢慢开始抽离，从他的床上移到地板上，然后再坐到板凳上。

“他会躺在床上听音乐，但他不再焦虑了。他会抬头看看我是否在他身边。当他翻过身，我听到他的呼吸变化，我知道他开始入睡，但还没有睡熟，这时我就可以出去了。昨天夜里，我把他放到床上以后，最多在他房里待了 5 分钟。整个过程花了三周，但我们还是达成了目的——没有尖叫。”

如果你的孩子第一反应谨慎，倾听、相信他传递给你的信息。满足他的需求，即使这意味着让他睡在你的床上，好让大家都能安睡。一旦你开始察觉到他感觉舒适，你可以开始逐步抽离你的支持。

如果你的孩子也需要在你身边入睡，你可以像雪莉那样，躺在孩子身边，或拿个椅子坐在他的房间里。你只用在他房间发呆，或者叠衣服，直到他入睡。随着时间的推移，你可以慢慢移远一点，然后走出房间，一开始只出去 15 至 30 秒，让他确信你会马上回来。继续练习，每晚的时间都延长一点，直到他能自己舒适地入睡。会有这一天的。

为避免和性情儿间噩梦般的争吵，我们要有创意，愿意认可他们的个性，还要强大到能力排众议。回报就是孩子会更愿意和我们合作——能睡得更好——大多数时候。

满足你自己的需求：一旦你的孩子进入梦乡，你的睡眠就是首要任务。提醒自己，你的目标是每天 8.25 小时的睡眠。当你有意识地选择保护你自己的睡眠时，你会惊讶于孩子的行为改善。孩子挑起争论的行为，不会因你缺乏睡眠而进一步恶化。

如果你的孩子仍有睡眠困难：如果你实施了这一章中的所有建议，而你的孩子还是很难入睡，那么就要深入了解了。可能存在医学因素，干扰他的睡眠。我建议你：

- 让医生检查一下孩子体内的铁含量，特别是铁蛋白值。体内含铁量低会影响睡眠。
- 让医生检查一下孩子的腺样体和扁桃体。如果其中任何一个部位肥大，都可能阻塞呼吸，引起孩子频繁夜醒。
- 询问家庭成员，了解是否有人曾被诊断为不宁腿综合征（restless leg syndrome）或睡眠呼吸暂停（sleep apnea）。这些病通常有遗传联系。
- 检查是否有过敏或食物耐受不良。
- 在儿童睡眠中心预约一项睡眠测试。
- 诚实地评估自己的压力。研究记录表明，家庭中存在婚姻问题时，孩子的睡眠会受到干扰。

从短期来看，良好的睡眠可能会在这几种情况下受到干扰：如果你们近期刚搬家、孩子的朋友搬家、出现自然灾害或重大生活压力源（比如，弟弟妹妹的出生、家庭成员的死亡，或孩子正经历生长陡增）。

享受成果、庆祝成功：帮助性情儿得到舒适睡眠的确需要时间、耐心和相当多的努力。但是，希拉里发现这确实可以实现。

当希拉里联系我的时候，她两岁的女儿一晚上通常要醒来六次。希拉里和她的丈夫都疲惫不堪，迫切需要帮助。自从他们的女儿出世，他们就没有睡过一个整夜觉，而现在希拉里又怀孕了。

希拉里和女儿一起合作后，告诉了我他们最近的状况。“我们的女儿现在几乎能睡一整夜了。昨晚，她只醒了一次。而且，现在不仅睡眠改善了，她还自己刷牙，坐着吃饭，在学校也不再坐老师腿上了，也愿意向之前不愿接近的家庭成员敞开心扉。”

睡前扭打和夜醒不必成为每晚必定的事项。这种情况可以改善——大大改善。

总结：
睡前和夜醒

睡前和夜醒是性情儿的父母最常碰到也最头疼的问题。不过，帮性情儿得到自己所需的睡眠是可以实现的。

预测：

预知如何帮助家庭成员得到所需的睡眠从确立目标开始。这就需要知道你和孩子各自需要多长时间的睡眠。

营造环境：

安排睡前事项，提示孩子睡觉时间到了。

合作：

关注孩子的睡眠信号，从而捕捉孩子的睡眠窗口。

保持简单的睡前事项。

帮孩子打造一个睡觉的窝。

留出足够的时间给孩子准备睡觉。

快速完成或跳过部分睡前事项，只会延长睡前过程。

用温柔鼓励的方式帮助孩子适应。

享受成果：

保护你自己的睡眠。

相信情况会有所改善——大大改善。

⑰ 用餐时间

但愿你不会帮他把麦片盒子拿下来。

如果你拿了，你得把盒子放回架子上，让他自己拿，不然他不会吃的。

——玛吉（四个孩子的母亲）

这次的话题是用餐时间。一周以前，我让父母们带一份午餐来参加午间课。今天，当他们坐下来的时候，我让他们拿出自己的午餐，打开包装，放到自己面前。当他们完成这项任务以后，我让他们全体起立，人向右移一个位置，午餐留在原位置。我向他们解释说，今天他们要和小组成员交换午餐，每个人要吃自己面前的那一份。他们的表情吓我一跳。佐伊喘着气，露出几乎是恐慌的表情。她对某些食物过敏，而她完全不知道面前的沙拉里是什么。赖安快饿死了，看起来不高兴。因为他现在坐的是莉莎的位置，而莉莎忘了带午餐。莉莎疏忽了，因为她几乎不吃午餐，有时吃的话，也吃很少。她现在看着面前的三明治、薯条、小柑橘和香蕉，浑身颤抖。

为了达到效果，我停了片刻，然后继续说："我想要你们首先吃水果，再吃其他食物。你们要在 10 分钟以内吃完午餐，因为饭后我们还有一项练习。还有一点，你们要一直留在这里，直到把面前的食物吃得一点不剩。”然后我坐到椅子上，随意地交叉双臂，露出微笑。他们快速瞥了我一眼，想知道我是不是真会做出这么不当的行为。

突然，杰森用他低沉的声音吼了起来。“我不会碰这个酸奶的。我讨厌酸奶的质感。就算我在荒岛上饿死，也不会吃酸奶。”

杰森指责的酸奶正是克里斯蒂娜带来的，她扬起手，耸耸肩，说:“我之前不知道我是在给你做午餐。”

“别见怪。”杰森马上说。

我用眼角的余光发现梅丽莎的脸上慢慢展现出笑容，她认真地看着一块顶层是焦糖酱和山核桃的巧克力蛋糕，一个又红又亮的苹果，还有一个夹有火鸡肉、火腿和奶酪的特大三明治。这顿午餐是山姆为自己准备的，而当他沮丧地打开面前挤扁的花生酱和水果酱三明治时，脸色苍白。

对于这些小组中的父母而言，幸运的是我没有真的做出这么幼稚的行为。这仅仅只是一个同情练习，他们很快就在自己的食物一口都没少的情况下拿回自己的午餐。但对于许多性情儿而言，这种惊讶、忧虑、兴奋、失望、沮丧、厌恶和欢乐的混合情感可能是他们每次坐下来吃饭时的体验，除非父母和他们共同合作。

性情儿对味道、质地和气味的感觉敏锐。他们能区分不同品牌间的区别,有些肉的质地可能会让他们想吐。他们对于什么食物能相互接触、相互混合有着明确的规则。只是想一想豆子粘到了土豆泥，可能都会让他们恶心得受不了。

让性情儿到桌边，并留在桌边，还要保证他们吃下一些看上去有营养的食物，是性情儿的父母惊恐的主要原因。顺应孩子的气质，不仅可以让用餐时间更安宁，也可使之成为共同放松的欢乐时机。

预测反应

是什么使你的孩子吃饭这么难？对于许多性情儿而言，敏感使他们对自己吃什么、不吃什么有强烈的意愿。强烈的情绪促使他们做出强烈反应。毅力会让“小老虎”想自己来！感知力会让孩子像“吃草”一样吃饭——吃、玩、晃荡、聊天、吃——但几乎从未吃完任何食物。慢适应性使得一开始让他们到桌边都很难。加分特质也可能影响用餐。不规律性会让孩子不定期出现饥饿剧痛。高能量水平会促使孩子想一边做别的事，一边吃饭。消极的第一反应会让孩子频繁拒绝。

不管你信不信，你的性情儿其实和其他小孩子没有太大的不同。发育的相关书籍会告诉你，所有的孩子都有偏食（坚持要吃某种特定的食物）或罢餐（完全不吃）的倾向。其他孩子也会磨蹭、吐食物、在椅子上扭动、溅出牛奶、消极面对新食物、不规律地饮食。这就是普通孩子吃饭的画面。再加上性情儿较为强大的气质力量，你很可能要面对一种很有趣的情景。

孩子在进入学步儿时期，问题通常会显现，此时，孩子的食欲会出现正常的下降。想一想：普通婴儿一般会在一年内体重翻三倍。如果孩子持续以这种趋势增重，那么你的学步儿体重就会达到 27 千克！相反，在接下来的一年半的时间里，孩子的生长速度减缓。学步儿在 18 个月的时间里通常只增重 3 至 4 千克。孩子的胃口理所当然也会变小。

许多父母并未意识到这种食欲上的正常变化。学步儿突然拒绝食物，引发了喂养战争——焦虑的父母让孩子对抗下降的食欲。用餐时间不必成为纷争时刻。你可以通过预测孩子的典型气质反应、了解孩子食欲的正常且必经的下降，以积极的方式应对。

营造环境

营养学家埃琳·萨特指出维系积极的喂养关系的指导原则："你负责喂养的内容、时间和地点。你的孩子负责吃多少、吃不吃。"

"这项原则，"她继续说，"既说明了你的职责，也让你完成职责后脱身。你负责将健康的食物带进家。你负责保证正餐和点心的营养，并在可预测的时点供应。但是，一旦你完成这些，你就要放手，剩下的交给你的孩子，相信他完成自己的职责。"

多年前，克拉拉·戴维斯（Clara Davis）博士实施了一项试验，该实验证明：如果给幼儿选择权，他们会选择健康饮食。克拉拉发现，如果给 8 至 10 个月大的婴儿选择吃什么、吃多少的权利，他们不会每次都均衡饮食——但几天后，营养均衡却是可以实现的。

控制"道具"：正如埃琳·萨特所说，你负责提供有营养的食物。如果你做到了，你可以相信甚至很小的孩子也会做出正确判断。如果你们的橱柜里没有饼干，你的孩子也就不会用饼干填饱肚子。如果你们冰箱里没有汽水，他也就不会喝。你要控制供应的食物。如果你想要孩子吃水果，就把水果放在点心旁边，或在孩子最喜欢的奶酪通心粉里加一些水果。如果你想要孩子喝牛奶，保证牛奶处于孩子偏好的温度。你最好在他面前也喝牛奶。这就是营造环境——提供激发恰当行为的道具。

将点心列入可预测的日程：点心其实是满足孩子营养需求的一个重要部分，而对于有些吃了点心停不下来或时不时就要吃点心的孩子而言，这也是问题源头。如果你每隔两至三小时就给孩子提供一餐有营养的点心，你根本不必担心孩子吃点心。关键是要在可预测的时间供应——在孩子有点饿，但还没有非常饿的时候。

埃琳 · 萨特建议以“迷你餐”的形式提供点心，能让孩子维持一段不饿的状态。为了达到这种状态，“迷你餐”应包含蛋白质、碳水化合物、水果或蔬菜，再加上一点脂肪。这种组合能让孩子满足，能在他肠胃里消化一阵，同时让他到了下一正餐的时间又有饥饿感。比如：全麦咸饼干、奶酪、一片苹果、水；香蕉蘸花生酱；燕麦花生酱饼干，外加牛奶。偶尔供应点饼干，作为点心的一部分，饼干就不再是“禁果”了。

当你在可预测的时间给孩子提供有营养的可口点心，他们在 30 分钟后又找你要零食的可能性就会降低。如果他偶尔找你要吃的，你可以更自如地建议他找点事做，而不是吃东西。通过这种方式，他学会在自己饿的时候吃，饱的时候就停下来，当自己无聊或需要提高情绪时，他们会寻求活动或人，而不是食物。如果孩子处于生长高峰期，真的饿了，你也总可以给他提供新鲜蔬菜和水果。

一起用餐：大家都很忙，很容易“边做别的事边吃饭”。但是，明尼苏达大学（University of Minnesota）的莱斯利 · 莱特尔（Leslie Lytle）

博士指出，“家庭餐非常重要。”有研究明确表明，相比没有定期食用家庭餐的儿童，定期食用家庭餐的儿童整体上营养素摄取状况更佳。如果你的家人实在很难坐在一起，那么先从每周一次全家人聚餐开始。不允许任何借口，甚至是加班、去朋友家或足球练习。可以是周日的午餐，周三的晚餐，也可以是周六的早餐。关掉电子产品，和家人交谈。如果你的家庭成员以前没有这样做过，那么你们需要一点时间适应。你会惊讶于全家人有多么期待这个仪式。

如果你不会做饭，或不喜欢做饭，你可以在网上订阅埃琳·萨特的简报。但是，即使你点了外卖披萨，你也要把披萨从盒子里拿出来，再加上新鲜水果或沙拉，摆好桌子，全家人坐在一起用餐。

合作

食物是不真实的：食物似乎应该是真实的。你可以看到、闻到、摸到、尝到。但对我们每个人而言，食物却是非常不同的。让我惊诧的是，这其中的信息差异很大。小时候，我的爸爸和奶奶总是在吃饭前先吃一块派，声称他们想要在肚子还有空间享受的时候先吃甜点。我后来很少碰到他们这样的人，大多数人认为，甜点要最后吃，而且只能在正餐都吃完以后才能吃。

在我们结合孩子的性情与其合作以前，要意识到我们从父母、亲戚、老师或朋友那里得到的信息，意识到自己所了解的饮食的正确方法。以下是其他父母的话：

“在我们家，吃饭是受到约束的。桌上的每种食物，我们都要尝，要摄入一定的量，而且未经允许，谁都不能离桌。”

“我妈妈有位阿姨总在她面前说自己有多苗条，惹得我妈妈很生气。我妈妈非常讨厌这位阿姨的行为，因此从来不在我们面前谈食物。如果我们都吃饱了，盘子里还剩一口食物，那食物就会留在那儿。没有人强迫我们吃。”

“早餐是我们每天的大餐。每个人都要在早上 7:30 坐在餐桌边。不管你头天几点睡觉，你这个时候都要在餐桌边。我以前从来不吃早餐。直到今天，一看到薄煎饼，我就反胃。”

“我们从没讨论过食物。饭做好了，我们就吃。饿了，我们就吃些点心，就这样了。食物从来不是什么大问题。”

看看你的食物信息。检查一下这些信息是否妨碍你对孩子的气质需求做出敏感回应。这些信息允许你接受自己提供营养食物的职责吗？允许你的孩子决定自己吃不吃、吃多少吗？当你的期望和职责明确时，你就更容易结合孩子的性情与其合作。

1. 如果你的孩子情感强烈

教孩子有礼貌：你做好一顿饭以后，让孩子坐下来，他看了一眼后，尖叫：“恶心！”是一种极度挫败的体验。如果你的孩子反应强烈，告诉他，可以拒绝食物，但要说，“不用，谢谢。我一点也不想吃。”就算是年幼的学步儿也会说，“不用，谢谢。”

一天，我在课堂上提到这个建议。有位妈妈的回应是：严肃地皱起了眉头。“你觉得这方法没用吗？”作为对她表情的回应，我问道。

“我只是希望这真的有用，”她回答说，“上周，我们在我婆婆家吃饭。格雷厄姆情感非常强烈。他不喜欢我婆婆放到他盘子里的甜土豆。当我婆婆往他盘子里倒土豆时，他尖叫了一声，但我婆婆似乎没注意到。他用手舀出土豆，然后往墙上扔。我当时非常难堪。”

“学步儿就是这样，”我说，“他是在坚定地表明自己选择吃什么的职责。不过，我们要帮他知道，只能扔球，不能扔食物。告诉他可以说，‘不用，谢谢’或选择不吃，但要确保他知道扔食物是不对的。”

过了几周以后，这位妈妈给我们讲了后续的故事，“我真的很怕再去我婆婆家吃饭了，尤其在上次发生了那样的事情以后。但我试了试你的建议。我们出发以前，我告诉他，他应该说，‘不用，谢谢。我一点也不想吃。’他语言能力发展得很好，所以他可以说出这些话，但我不知道他是否理解我的意思。

“这次，我婆婆试着往他的盘子里放小胡瓜。‘不用，谢谢。’他说。我婆婆愣了一下，看着他，都有点震惊了。他又说了一遍，这次声音更大了，‘不用，谢谢！’

“我当时想，‘噢，不，又来了，’但我婆婆停了下来，看着我说，‘嗯，我想他真的是不想吃吧，’然后就从他面前走过去了。”

奶奶供应了小胡瓜，完成了她的职责。尽管选择吃不吃小胡瓜是格雷厄姆的职责，但他的拒绝决定应该被尊重。

情绪强烈的性情儿能学会有礼貌。他们对食物有强烈反应，还需要知道表达自己所想、所需的正确措辞。对于能看到缺陷的严肃分析型孩子，这一点尤为重要。他们注意到生菜有点发黄，可以选择不吃，但他们要婉转表达。

2. 如果你的孩子意志坚定

萨特劝告说："大多数因喂养而起的纷争，都源于对孩子的真诚关心和错误的建议。父母经常受到他人的鼓动，否决来自孩子的信息，强迫孩子吃某些食物、强制规定食物的量和进食时间。只要你强加一些严格死板的期望，喂养就会被扭曲。"

要知道孩子所需的每一种食物量其实是非常小的。对学步儿而言，一餐推荐的肉类、家禽肉或鱼肉的量只是一两勺而已。一整个鸡蛋通常是八岁及以上儿童的一餐的量。孩子在八岁以前，吃一小部分鸡蛋就足够了。

明尼苏达大学的前推广专家玛丽·达令（Mary Darling）说："取决于你孩子的胃口。一开始给他三分之一个苹果。如果他想要的话，可以再给一些，但允许他告诉你他吃饱了。"意志坚定的孩子需要听到"是"，允许他们自主决定是建立积极的饮食关系的重要因素。

让孩子参与食物的准备：你知道即使是一岁的孩子也能帮你涮洗蔬菜、水果，或帮你擦洗土豆和胡萝卜吗？两三岁的孩子能撕生菜、掐豆子、用小罐子倒液体、把食材混合并摇匀。年纪大一点的学前儿童和低龄小学生能铺浇头、揉面、用打蛋器打蛋、用蔬菜去皮机去皮、用餐刀切食物。性情儿越多地参与准备食物，他们就越有可能吃这些食物。如果你让他们自己切吐司，你就不会切错了。如果他们自己用小罐子倒糖浆，那糖浆就会在薄煎饼上正确的位置（你控制小罐里有多少糖浆）。如果他们自己抹三明治上的花生酱，那花生酱就不会没抹匀了。

的确，相比你自己做，你要花更多时间教他们怎么做，但你花时间在教他们，而不是在和他们吵架。这种感觉要好很多。从长期来看，会做饭的孩子更自豪、更自立，也能享受更多种类的食物。

哪怕只要一个孩子参与食物准备，也是减轻可怕时刻的压力的好方法——一天中的这个时候，孩子需要关注，而你需要做饭。如果他站在水槽边的小板凳上（专心致志地）洗土豆，你知道他是不会打弟弟的。烤土豆的味道非常好，不管是洗几分钟，还是洗15分钟。如果你要帮意志坚定的孩子停下来，把土豆放到烤箱里，那就设一个定时器。

不要用食物作为惩罚或奖励：当你以积极的方式提供多种有营养的食物时，你的孩子会让你知道他什么时候饿了，什么时候饱了。诱哄他吃，或把他的食物拿走，只会干扰他的天然信息中心。一旦他丧失读取自己身体信息的能力，他就更容易患进食障碍。研究表明，那些被诱哄进食的孩子实际摄入食物更少，而那些食物被拿走的孩子摄入食物更多，因为他们害怕自己得不到自己想要的。你要问的最重要的两个问题是："你饿了吗？"和"你饱了吗？"然后就让你的孩子决定吧。

即使是甜点，也可以是正餐中有营养的一部分，尤其是那些有水果的甜点，不过无论是哪种甜点，给他一份，让他自己决定吃不吃。不要让甜点成为他必须赢得的奖励，或是你作为惩罚可以拿走的东西。

3. 如果你的孩子很敏感

一次供应多种食物：性情儿会挑食。他们的确比普通人有更强的味觉和嗅觉。因此，他们也会对自己所吃的食物有更强烈的反应。为避免你自己因为他们的强烈反应而感到挫败，一餐同时供应含蛋白质的食物、蔬菜或水果、牛奶、黄油和面包。如果闻一闻你的汉堡就不舒服，他们可以马上把注意力转移到面包、新鲜蔬菜或水果馅饼上去。理解他们的反应的确不是对你厨艺的评估。他们真的对味道和气味很敏感，但这并不意味着他们永远不会选择吃这种食物。你可以自如地继续呈现这些食物。看到你喜欢这些食物,会自然而然地起到温柔鼓励的作用，有一天，孩子会给你惊喜。

警惕食物过敏：食物过敏和性情并没有直接关系，但许多性情儿的确有食物过敏和食物不耐受。在一次参访中，劳拉说："布拉德对某些食物非常敏感。我们花了很长时间才搞清楚。我们以前以为他只是挑剔、固执。我们会强迫他吃。现在我们发现，他受不了汉堡和辣味食物。他会因此便秘，抱怨自己不舒服。"

当你承担提供有营养的食物的责任，并让你的孩子承担决定吃什么的责任，你会自然而然地尊重他们的判断。孩子并不是挑剔。

如果你的孩子在用餐以后出现"奇怪行为"，开始记录他吃了什么、他之后有什么行为。尤其关注一下他渴求什么食物。通常，这些就是让他过敏、不耐受的食物。

谈论感受：敏感的孩子需要听到：

你有敏锐的味觉。你很讲究。

你有一天会成为了不起的厨师。

有时，一种食物你要看很多遍，才准备好尝试。

你可以说："不用，谢谢。"

你可以说："我饿了。"

你可以说："我饱了。"

敏感的孩子需要这些言语来表达自己正体验到的感受和感官刺激。他们越是能有效地用语言沟通，你就越容易和他们合作。

4. 如果你的孩子感知力强

对于每餐饭都要 45 分钟才能吃完的孩子，你会怎么办？答案取决于他为什么要花 45 分钟。他是享受悠闲地吃饭，还是他分心了？有时，孩子要花 45 分钟吃饭，是因为他们跳起来看鸟，给宝宝安抚奶嘴，或出门拿自己落下的球。他们没有在吃。他们就像在吃草一样，围着桌子转，时不时来吃一两口。他们需要界限。比如，你可以说："你可以选择坐在餐桌边吃饭。如果我看到你离开餐桌，我知道你决定现在不吃了。选择权在你。"

仅有界限也是不够的。对于感知力强的孩子，你可能还需要帮他集中精力——关掉电子产品、收起散落的玩具和其他干扰物品，再和他坐在一起吃饭。如果你的孩子只是喜欢悠闲地吃饭，那么预料到这一点后，为此制订计划，并享受这个放松时刻。

不过，如果你的孩子需要更多时间吃饭，是因为他似乎比别的孩子更频繁地作呕，或有吞咽、咀嚼困难，约一位职业治疗师看一下。职业治疗师能帮你评估孩子的吞咽、咀嚼肌肉，并在需要时提供强化训练。

5. 如果你的孩子适应得慢

建立习惯：年幼的孩子不仅想要频繁进食，也需要频繁进食。每两至三小时摄入少量营养食物，他们的身体最舒适。仔细监控你们的点心时间和正餐时间。你的孩子通常在什么时候会饿？确定一天中三餐正餐的具体时间，以及另外三餐点心时间。保证这个时间适合你的孩子。如果你想在六点半吃晚餐，但你的孩子在五点就准备好了，你可能会遇到麻烦。你可能要改变你的日程安排，将晚餐时间提前，而不是让孩子调整他的习惯，直到孩子年长一些，进食的时间间隔长一些。过度疲劳的孩子也不会好好吃饭。他们会弄撒食物、从椅子上掉下来、抱怨。如果其他家庭成员无法提前用餐，那么就让他在五点半吃晚餐，六点半那餐就作为他的睡前点心。你们吃完晚餐后，留出足够的时间给孩子完成睡前事项，保证他得到自己所需的睡眠。

慢适应的孩子需要明确的过渡：他们无法轻易停止玩耍，去吃晚餐。你得给他们足够的时间去切换状态。

"我会提前几分钟让麦洛过渡，"布里安娜说，"我发现，如果我让他把最后几种东西摆上桌，就给了他过渡的时间。否则，他就会在椅子上扭动，发脾气，完全跟你反着来，因为他一坐到桌边，就在经历过渡。通过提前帮我，他似乎解决了自己的系统问题。"

记得提前明确地告知孩子，吃饭时间要到了，帮他找到一个停止的点。这样一来，你帮孩子"安定下来"，准备用餐。

让孩子知道菜单："我儿子经历的最严重的一次情绪崩溃，"凯特告诉我，"是那次我提前告诉他，我们晚餐要吃墨西哥卷饼。不过，我开始做卷饼时才发现差配料，于是我决定做金枪鱼奶酪三明治。我儿子在外面玩，而我很享受这种宁静。因此，我没有告诉他晚餐的变化。我像往常一样提前 10 分钟告诉他晚餐时间，然后叫他进来吃晚餐。他洗了手以后，坐到桌边，看了一眼食物，突然哭起来。我让他意外了。他期待的是墨西哥卷饼，当他又累又饿时，完全无法承受金枪鱼奶酪三明治带来的意外。这直接就让他崩溃了。”

让孩子知道菜单。当他知道要吃什么，他就会开始准备。如果你像凯特那样调整菜单，确保在孩子上桌以前告知他变化。

晚餐前的这段时间充满了过渡。孩子放学回家，父母下班回家。有衣服要换，有食物要准备，有家庭作业要做。一天中的这个时候，能量存储偏低，大家也更容易发脾气。在下午三点左右给性情儿提供一顿有营养的美味点心，让他们有能量维持到晚餐时间，而不至于情绪崩溃。如果你的孩子这个时间在托管，一定要告诉托管人，给孩子吃点点心。在你接孩子的时候，你会发现孩子有很大的不同。

6. 如果你的孩子作息不规律

“我两岁的孩子不愿意和我们一起吃晚饭，”萨拉告诉我，“她顶多在桌边坐 5 分钟，但是她不吃饭。两小时后，她就想吃麦片。我的父母说，我们应该惩罚她，强迫她坐下来，或者在吃完午饭后把所有食物收起来，让她饿到吃晚饭的时候。这两种方式我都不想用，但我也不知道该怎么办。”

关于性情儿和进餐时间，我最常碰到的一个问题就是："孩子不吃饭，之后又找你要零食，你怎么办？"人们常常将孩子的拒绝进食视为倔强，但这个问题可能和大多数人所以为的固执没什么关系。真正的问题是不规律的身体节奏——孩子的身体很难进入自然节奏。如果你的孩子每天在不同的时间感到饿，那是因为他的身体节奏就是这样。正因如此，有规律的点心是孩子整体饮食中的重要部分。

如果你的孩子作息不规律，你要着眼一整天，而不是一餐，然后你才能判断是否存在问题。看看在几天中，孩子是否得到自己所需的有营养的食物。学步儿一天通常只吃一餐好的。对这个年龄层的孩子而言很正常。稍大一点的孩子也可能一天只吃一餐好的，但如果你仔细观察，你会发现，有了这一餐好的和几餐规律的营养点心，孩子在几天中都得到了自己身体所需的食物。其实没有什么问题。

如果你还担心的话，检查一下生长曲线图。你的孩子在图上的位置是否一致？如果孩子两岁时，他处于第 20 个百分位，当他四岁、六岁时，是否仍处于同样的位置？如果是，那么你不用担心。如果有明显的变化，你应该咨询一下儿科医生。

你还可以监控一下孩子的活跃水平。如果对他而言，能量水平正常的话，你就知道他摄取了自己所需的。孩子有餐饭不吃，你也不必焦虑。不久后就有健康的点心。

不过，即使你的孩子在进餐时间不饿，你还是要让他坐到桌边来。进餐时间不仅可以满足我们的营养需求，也是家庭成员分享当天事件的社交时间。让孩子学会这些社交技能是非常重要的。你可以预料到，学步儿会走到桌边，陪你坐 5 分钟。随着孩子长大，你可以延长他们陪你坐着的时间。这种习惯教会他家庭餐的社会技能——祈祷、交谈、计划、一起进餐。而且，通常坐到桌边会激发饥饿信号，让孩子能和你一起享受进餐。如果每天如此重复，即使是作息不规律的孩子也很可能进入家庭节奏。

你不必成为快餐厨师：如果你供应的点心是孩子营养需求的一个部分，你就不必因为他不吃一餐饭而后又要零食而烦恼。这种情况没什么大不了，因为正餐和点心一样包含营养均衡的食物。要避免自己成为快餐厨师，你总要做至少一种孩子喜欢的食物，教他准备自己的点心。这样一来，孩子就学会如何满足自己的需求、做出健康的选择。

7. 如果你的孩子精力旺盛

要学步儿坐久一点不容易，而要活跃的学步儿坐一会儿都很难。实际上，活跃的个体——无论儿童还是成人——都不会在任何一种椅子上久坐。开会时，观察一下活跃的成年人。他们扭动脚、敲手指、起来拿杯咖啡、出去上个洗手间，还会用各种社交上可接受的方法让自己动起来。这种需求是真实存在的。

如果你知道孩子需要动，确保他在上桌以前已经运动过。如果你带孩子外出旅行，别指望他在安全座椅上坐了 3 小时以后，到你们吃饭的时候还能好好坐着。为他制订成功计划。试着在途中找个公园或休息停车点停下来，你们可以在这里野餐，孩子可以在你们坐下来吃东西以前跑跑跳跳。如果做不到这一点，上菜以前，让孩子在餐馆大厅走一走，而不是坐在桌边等着。不管怎样，总要找到一种让孩子释放能量的可接受的方式。

保持坐在桌边，取决于孩子的年龄和具体情境。从孩子的安全和社会接受度来看，采取“吃饭要坐在桌边吃”的原则很重要。

在欧洲，大多数孩子被要求坐在桌边的时间要比美国同龄人长。不过，他们在桌边也得到娱乐。成人会让他们加入谈话。有时，成人也会把书拿到桌上给孩子看，直到孩子得到许可离开。

如果你希望孩子陪你坐在桌边，计划让他参与谈话，保证椅子坐得舒服，还可以安排一些他最喜欢的桌上活动。不过，你要理解，孩子动的需求是非常强烈的。当孩子坐了稍久一点，他的压力就开始增大。你的期望也要符合现实。即使你给他安排了桌边娱乐，长时间的正式晚餐可能只有留到成人单独外出时了。

日常运动也是健康饮食的一项重要因素。儿童每天需要至少一小时的体育活动。运动、健康食物加上可预测的正餐和点心，有助于你的孩子养成健康习惯。

8. 如果你的孩子第一反应是拒绝

第一反应是拒绝或逃避的孩子通常会告诉你，他们讨厌新食物，无论是什么食物。不要陷入孩子的这种反应中。如果你不想有食物剩下，那么就在给孩子盛食物之前问他想不想吃。如果孩子拒绝了，尊重他的选择，不要干涉他。不过，你有自由评论自己有多喜欢新食物，以后再给他试试看。消极的第一反应可能会让你相信，孩子真的不喜欢某种食物，而实际上他只是需要时间来适应。当你做一些新的食物时，要保证这餐食物中有孩子喜欢的。这样，你就不必担心孩子什么都不吃了。

还要知道，学步儿把一种食物放进嘴里，然后吐出来，也很正常。他在探索、发现质地和味道的世界，而不是“拒绝”食物。继续提供这种食物给他选择。学步儿可能会重复把一种食物放进嘴里再吐出来 5 至 15 次，然后他们可能才会选择吞咽。

享受成果

教导得当行为的最佳方式是在你看到这种行为时，对孩子进行强化。当性情儿说：“不用，谢谢”时，让他知道你很欣慰。评价他有多会用餐巾或餐叉。表扬他尝试新食物、保持坐在椅子上。他学会自己准备食物时，欣赏他变得多么有能耐、独立。

面对现实：如果你的孩子已经在桌边坚持了 5 分钟，而后想离开，你真的要考虑让他离开了。在和谐中结束用餐，而不是在尖叫声中结束。

对自己好：遵循埃琳 · 萨特的建议——给孩子供应他所需的食物，然后让自己脱身。当你不再担心控制孩子吃多少时，你就能更享受和孩子的对话。

总结：
用餐时间

让性情儿到桌边，并留在桌边，还要保证他们吃下一些看上去有营养的食物，是性情儿的父母惊恐的主要原因。顺应孩子的气质，可以让用餐时间更安宁。

预测反应：

对于许多性情儿而言，敏感使他们对自己吃什么、不吃什么有强烈的意愿。强烈的情感促使他们做出强烈反应。毅力会让“小老虎”想自己来！感知力会让孩子像“吃草”一样吃饭。慢适应性使得一开始让他们坐到桌边都很难。加分特质也可能影响用餐。不规律性会让孩子不定期出现饥饿剧痛。高能量水平会促使孩子想一边做别的事，一边吃饭。消极的第一反应会让孩子频繁拒绝。

营造环境：

供应精挑细选的健康食物，然后让你的孩子决定吃不吃、吃多少。

在可预测的时间供应有营养的点心，然后就不必和孩子争执他吃什么、什么时候吃了。

合作：

看看你的食物信息。检查一下这些信息是否妨碍你对孩子的气质需求做出敏感回应。

让孩子知道，他可以拒绝食物，但他必须有礼貌地婉转拒绝。

让孩子参与食物准备。

让孩子知道菜单，并在用餐以前告知他菜单变化。

在你判断孩子是否有饮食问题以前，你要观察孩子几天的饮食，而不是某一餐。

即使孩子对新食物有消极的第一反应，也可以之后再试一次。

享受成果：

面对现实。知道何时结束，保证大家在和谐中结束用餐，而不是在尖叫声中结束。

享受美味家庭餐的仪式。

⑱ 穿衣

你能爱真实的我吗？还是袜子会让我们分开？

——戴夫牧师

我的桌上有一份教会简报。上面用粗体印着“作者：助理牧师”。我想，可能是有位员工试图告诉我什么。我拿起来，开始读。

“这天和‘往常早上’一样，”文章一开始写道，“‘本，穿袜子。’——是我几分钟以前的指令。你看，在我们家让本穿袜子是个仪式，从来不是不费脑子的动作。我们必须仔细地反复检查袜子的缝骨、恼人的松线头或任何其他可能带来不适的地方。当本穿上袜子的那一刻，真相就会揭晓。是穿着感觉刚好，还是需要调整……也许需要干脆脱下来，换到另一只脚上！”

我轻声笑了起来。我从来没见过助理牧师戴夫，但我们有共同点：我们有觉得穿衣服是重大冒险的孩子。我接着读下去。

“正如我所说，穿袜子是个仪式，而这个早上的仪式进展不顺。我很生气。我不想生气，但我确实很生气。‘穿袜子怎么就这么难？’我问。他的回应只是不确定地耸耸肩。‘现在就把你袜子穿好！’我吼道。我以为我意志坚强的孩子会挑战我、和我对峙，但是我错了。”

“他只是简单地说了一句：‘爸爸，我需要你帮我。’本的需求向我提出了一个具有重大意义的问题。你能无条件地爱吗？你能爱真实的我吗？还是袜子会让我们分开？”

我被戴夫牧师的话震撼了，停了下来。“你能爱真实的我吗？还是袜子会让我们分开？”袜子——棉袜、正装袜、旧袜、新袜——无论什么形状、什么种类，我们穿上袜子开始每一天，脱下袜子结束每一天。对大多数人而言，这似乎算不上什么，但在一个有性情儿的家庭里，穿袜子可能造成不和，父母和瘦小结实的小家伙斗争：小家伙满屋子跑，只为躲避抽丝了、橡皮筋太紧、面料扎皮肤的袜子。

让穿衣成为一个重大的挑战，并不是因为孩子固执、不合作或者自由，因为他们天生气质如此。

预测反应

“看看你孩子的气质图，”我对小组成员说，“什么气质特征会给穿衣带来困难？”

“肯定是敏感，”罗伯回答说，“安娜只穿裤子，因为她不喜欢连衣裙穿在身上的感觉。”

“挺有意思，”凯蒂评论道，“因为我也会说敏感，但萨拉只穿连衣裙，因为裤子太紧了。”

“能量是我们家的问题。乔纳森穿了一只袜子，就跑不见了。”杰丝补充道。

他们一边列举，我一边继续写。在七月还想穿针织衫的孩子是因为适应得慢。情绪强烈的孩子把刚合身的衣服扔掉，是因为他们套衬衣时头卡住了，或是扣不上扣子。

检查你孩子的气质图。质地让他难受，是因为他敏感吗？如果很难变换衣服的款式或类型，是因为适应性吗？孩子难以集中精力听指示，是因为他感知力强吗？他很容易受挫，是因为情感强烈吗？无论你孩子的气质图是怎样的，你都能预测到他对穿衣的反应如何。然后，你就可以开始制订成功计划了。没有人非要以争吵开始每一天。

营造环境

我们的目标是让孩子在合理的时间内独立地穿上合适的衣服。这就意味着，他们需要一种环境：让他们能关注任务、听指示、拿到易于穿着且符合天气、场合的衣服。

营造穿衣空间

想想你的环境中，是什么让你的孩子无法穿好衣服。是什么抢占了孩子的注意力？

凯蒂马上说是电视，她说对了。电视干扰了你和性情儿的交流，因为传送了自身的“听我说”信息，且频繁导致过度刺激。考虑规定早上不许看电视——的确有助于早上的事项更顺利地开展。

任何事物都可能成为破坏因素。你要找出是什么让你们的早上困难重重。参加我课程的父母告诉我，他们家中的“主犯”有：

窗户：“米卡冲到窗边，看窗外的车。他非常兴奋，让我也兴奋起来。于是，我们就都在看车。如果我真要让他穿衣服，我得等到他穿好以后，才能拉开窗帘。”

开门：“贾斯珀会跑开，因为他喜欢跑。我只有在浴室里关上门，才能让他在里面穿好衣服。对他而言，一扇开着的门就意味着鼓励跑开。”

玩具和其他“事物”：“这在我们家就是个笑话。唯一能让凯琳穿衣服的地方就是荒芜的不毛之地。每一个玩具、物品都要收起来，不然她就会开始捣鼓。”

选择太多：事实是性情儿的确有他们最喜欢的全套衣服——从感觉、合身程度和外观上都刚刚好。选择的增多只会让过程变得复杂。和孩子一起仔细检查一下她的衣柜，拿走杂七杂八的东西。只留下孩子最喜欢的。减少配饰的数量。每一次选择都要耗费时间和精力。

仔细看看家的环境。是否有事物阻碍孩子努力关注需处理、完成的任务。只要改变环境，就能帮孩子配合穿衣。

当你剔除了阻碍成功的事物，再找出那些有帮助的事物。以下是我知道的一些：

a. 得体的衣服。如果你想要孩子穿着得体，你就得给他提供得体的衣服。如果你不想性情儿再穿短裤，就把短裤从他房间里拿出来。

b. 结构清晰。将孩子的抽屉分类：“盛装”抽屉、“学校”抽屉、“休闲”抽屉。你的孩子可以帮你决定每个抽屉里放哪些衣服。每次只在对应的抽屉里选择。

c. 室内、室外温度计。参照温度计选择适宜当天天气的衣服。在孩子的房间里放一个能测量室内外温度的温度计。温度计要够大，让你能在 21℃旁边贴上短裤，27℃旁贴上泳衣，16℃旁贴上运动衫，2℃旁贴上保暖夹克。有了这些指引，即使是三岁的孩子也能让温度计告诉他，当天该穿什么衣服。孩子不能和温度计争论，但却能和爸爸妈妈争论。让温度计来完成指引工作，可以减少争吵。

d. 镜子。给孩子一面镜子观察自己穿衣服的进度，有助于孩子集中注意力、保持愉悦心情。

e. 易于穿脱的衣服。购买容易穿脱、有大纽扣、尼龙搭扣、胸前有拉链（易于孩子拉）的衣服。不要买那些难以穿脱的衣服。

你能营造出一种环境，鼓励孩子在合理的时间内独立地穿上合适的衣服。看看孩子的穿衣环境，做出适当调整来帮助孩子成功。如果你的孩子已满三岁，一定要让他参与营造环境的过程。

合作

期望上的差异常常会引起穿衣时的冲突。尽管我们希望孩子独立穿衣，但我们也希望他们能达到我们的标准。我们的标准和他们的标准可能并不同。性情儿在年幼时倾向于形成自己独特的风格。

“杰登是那种想在 1 月穿短裤、6 月穿厚外套的孩子，”切尔西说，“很长时间以来，我总是因为这个问题和他争吵，但最终我还是决定让他自己判断，当然是做出合理的判断。现在，我会让他穿着短裤或者厚外套，自己走出门体验一下。要不了一会儿，他就会要求换衣服。”

“我想要一个能让我打扮的小女孩，”艾米丽告诉我，“而我的女儿对裙子完全不感兴趣，我发现是我要解决自己的问题：我希望孩子的着装和我愿意放弃的要求。”

当我们与孩子合作穿衣时，我们需要看看自己的期望。这些期望对孩子现实吗？符合当前情境吗？我们可以选择如何根据每个个体改编剧本。

1. 如果你的孩子情绪强烈

教孩子使用语言：在自己穿衣这个问题上，性情儿似乎可以分为两类。一类拥有“我什么都要自己来”的心态；另一类则是“没人帮忙，我什么都做不了。”这些“什么都做不了”的孩子知道，穿衣服的过程令人沮丧。因此，他们往往会寻求帮助。这样有助于他们保持冷静，所以，我们的任务是激发他们自己尝试的欲望。“什么都能做的”孩子会受挫，而且情绪强烈！

塔拉就是一个“自己来”的孩子，她能让父母气得要命。“总是在我要迟到的时候，就会发生这种事。”塔拉的爸爸告诉我。“我就知道，最小的孩子坐在餐椅上哭着要下来，七岁的那个上学之前要吃早餐，塔拉坚持要自己穿衣服。她要是挑件能自己穿上的衣服，倒也还好，但是，在这种时候，她肯定要穿那件带T恤的针织连衣裙。这件衣服两个领口、四个袖口，她是不可能自己穿上的。她在那里嘀咕抱怨，我就在一旁等着。她一只手穿进袖口，但是裙子在她身上扭成一团，另一个袖口在她背后。如果我试图帮助她，她会尖叫着打我的手。她试了又试，直到最后恼怒地脱下来，扔到地上，踢到房间另一头。”

塔拉其实在做我们想要她做的事情，她在试着自己穿衣服。塔拉非常积极、独立。但当她的协调能力和她的驱动力不匹配时，就会出现问题。她需要用语言表达自己正在经历的挫折，需要适当的途径排解挫折情绪，需要人帮她将任务分解，让她能更成功地完成任务。

如果你的孩子和塔拉很像，你可以和孩子谈谈强烈情绪。教孩子用语言表达自己的挫败和愤怒。告诉孩子她可以寻求帮助。然后帮她将过程分解成更容易完成的小步骤。如果你还是不确定怎么做，继续阅读至感知力和穿衣的这个部分。

借用幽默感：幽默有助于降低挫败感，化解强烈情绪，赢得合作。克里斯汀参加我的课程后，写过信给我，“今天一早，怀亚特不让我给他擦屁股。这时候还不到8点，如果今天这样开始，我都可以想象一整天会是怎样的。以往我都会命令他让我来，结果就是我们两人都开始大叫。从他出生起，我们的生活就像一场战役。不过，这次我决定不和他争吵。我准备想想怎么与他合作。我们曾经谈过怎么用幽默来避免发脾气，于是，我没有发号施令，而是开始吸气。‘呦！臭屁股！’我一边说，一边假装在浴帘背后找‘臭屁股’，然后又在水槽下面找。怀亚特开始笑，自己也在肥皂盒下面找。最后，我们在他的背后找到了屁股，完成任务，高高兴兴地走出洗手间。上你的课以前，我总是很生气。幽默感有助于我们两人欣赏他的性情。”

穿衣不必成为严肃的事情。如果你和你的孩子经常争执、生气，拿你们的强烈情绪自娱自乐一下。嘲笑自己的强烈反应。借用孩子的幽默感轻松面对困难情境。试着把内衣穿在头上，袜子套在手上，能缓解紧张的氛围。微笑着摇头能提醒你和孩子：你们曾经历过这些，你们会挺过去。

2. 如果你的孩子意志坚定

买衣服是顺利穿衣的一个关键因素。在穿衣这个问题上，我们要尽可能给孩子肯定。意志坚定的孩子喜欢选择自己要穿的衣服，而且通常有很强的个人风格。他们知道自己喜欢什么，而且不接受否定答案。这就意味着，对于什么衣服可以穿，你和你的孩子要达成一致。

购买那些容易穿的衣服，和衣柜里的其他衣服要能配得上，还要感觉好。不要买苏格兰格纹、花朵、方格纹的衣服，或者只买有图案的裤子和净面色T恤，避免你们因为衣服裤子不搭配而争吵。

如果你的孩子处于婴儿时期或学步期，这还好办。你只用考虑他对柔软、无束缚衣服的需求，自己挑选就可以了。甚至还有专门经营柔软服饰的网站。"还可以选择洗过很多次的旧衣服。这种衣服通常比新衣服更柔软，而且也更便宜。"

一旦孩子会说话了，他就会清楚地表达自己要穿什么，不穿什么。这时候就需要我所说的"共同认可的衣服"了。

共同认可的衣服让性情儿能自由扭动脖子、伸展手臂。这类衣服与身体发生摩擦时不会引起疼痛。但不仅限于此。如果是这样的话，那么孩子的衣柜里全都是松垮的运动裤、超大棉T恤、宽松的背心裙和经过仔细检查（绒毛、缝骨、线头）的袜子。共同认可的衣服也能让性情儿的父母能在路过的人面前自豪地昂首微笑，坦率地承认身边的孩子是自己的。

共同认可的衣服能有助于减少每天早上穿衣时的冲突。可能5小时的购物能换得一个月相对平和的早晨。因为和性情儿一起购物不会那么愉悦，所以你可以判断什么对你更有价值。就我个人而言，我会选择共同认可的衣服，因为我每天早上能更好地做好心理准备，而不是毫无准备地面临穿衣问题。购买共同认可的衣服的要素有：

a. 我会听你的意见。让孩子知道，你们要完成一项艰巨的任务。艰巨的任务会让孩子退缩，因此你最好一开始用解释代替争论。告诉他你们要去买衣服。他躁动后平静下来（大多数性情儿讨厌购物）时，让他仔细听你说话，并告诉他："我不会强迫你买任何你讨厌的衣服。我希望你能灵活一些，试试我建议你穿的衣服。"你们同意合作后，不会买那些不合身、难看，还扎得人难受的衣服，而是买你们都满意的。

b. 预料到可能要多次购物。如果明天要参加重要活动，今天才去买衣服，那是自找麻烦。许多性情儿有着消极的第一反应。这就意味着，他们第一次穿某种衣服时，很可能不喜欢。不要马上买，祈祷这件衣服不会卖完，然后在回家的路上再和孩子谈谈。想想这件衣服和他最喜欢或习惯的衣服有哪些相似的地方。你可以说："你穿那套蓝色的衣服真的很好看，让我想起了你最喜欢的那套黄色衣服。还记得你一开始也不喜欢黄色的那套吗？后来，你非常喜欢那套衣服，只可惜现在太小了。你考虑一下，或许我们可以再回去看看。"然后就别出声了！

c. 休息片刻。购买双方都认可的衣服需要极大的耐心、极强的自我控制，还有结实的皮肤，免得售货员锐利的目光渗入你的皮肤。绝对不要空腹购物。逛一小时后，休息一下，吃点点心。孩子不会介意的，即便你才是需要休息的人。

d. 知道何时放弃。在我家，在穿衣和风格方面，我充满活力的女儿比性情儿子更有主见。我们想给她买件适合参加别人婚礼的衣服，那次已经是第四次了。我们已经去过七家商店，马上要去第八家了。我们至少试了15套衣服，大多数都是我挑的。有一条连衣裙看起来很可爱。她不喜欢——颜色不是她喜欢的。一套配T恤样式罩衫的裤装也完全不行，因为里料又硬又扎人。她不喜欢这套衣服穿在身上的感觉！一套配短外套上装的黑色裤装，她还是不满意。我试着对她说，选一套带回家给爸爸看看。根本不管用——她开始哭，让我想起我曾答应她，我不会买她不喜欢的衣服。

我已经受不了了，但我还没开始大叫。店员用“那种眼神”看着我，问道：“您要买这套吗？”

我一脸微笑地说：“我们买了很多了。”然后，趁着店员没注意的时候，我们溜出了更衣室，离开了商店。这么做并不好，但让我们松口气。

我想发脾气。在我们找不到任何我女儿可以接受的衣服时，我当然也是很沮丧的，不过我意识到，这对我女儿也很重要。她不要这些衣服，并不是在试探我的底线，而是因为那些试过的衣服穿在身上真的不舒服，或她的确不喜欢。话虽这么说，不过我们第四次购物过了两个半小时后，我也开始变得没耐心了。

“妈妈，你开始有点焦虑了。”她说。

“是的，我是有点焦虑，”我承认道，“我们再去一家店看看吧？”我突然插话说，坚决要把这件事搞定！

她仔细地看看我。“我觉得我们最好回家吧，”她说，“从你脸上的表情来看，我觉得你快要发脾气了，你需要休息！”

她说得没错。我的确需要休息一下。于是我们回家了，没人大叫，彼此还是朋友，而且还好，离婚礼还有六天。

e. 找到共同认可的衣服，就买下来。直到我们第六次购物时，才终于找到我们共同认可的套装。这是一次破纪录的探险。通常情况下，我们只需要两三次就可以了。我挺幸运——那套衣服都在特价出售了。有时，我花在她衣服上的钱比我想花的要多，但我知道，如果我们找到了合适的衣服，她会每天穿——如果我允许的话。到最后，钱还是花得挺值的。我们在买休闲衣服时，我会看看有没有其他颜色，多买几套。款式一样又怎么样呢？她喜欢，我也觉得没问题。

如果你只是想一想带孩子在公共试衣间试衣服，都会心里打颤，那么就把衣服带回家给他试。无论用哪种方法，孩子最好是主动选择穿美丽裙子或时尚毛衣，而不是被迫的。共同认可的衣服可以打造合作的关系，这种关系有助于你们挺过性情儿的青春期。其长期价值巨大，而短期收益就是每天早上的宁静。

他们改变主意时：尤其在孩子处于学步、学前期时，你可能好不容易买到了共同认可的衣服，结果却发现孩子改变主意了。绝不要马上就让孩子穿上新买的衣服。把吊牌留着，在你用剪刀剪掉吊牌以前，让孩子在家再试一次。然后，而且只能在此之后，剪下吊牌。如果以上这些你全都做到了，他还不愿意穿，你绝对有权利像泰山那样大叫一次，发泄你的不满。

你情绪宣泄完以后，和他坐在一起，仔细检查一下这套衣服。看看到底哪里有问题。衣领太高了吗？腰上的皮筋太紧了吗？袖子太短，太束缚？记下这些问题，下次买衣服时要特别注意。一定要仔细听孩子说，不要无视他的抱怨。用心倾听，以后抽屉或衣柜里未穿过的衣服就会越来越少。

因为性情儿非常坚定，如果他们认为一套衣服不合适，你可能要考虑送给用得上的人。这些衣服放在抽屉或衣柜里，从未穿过，你可能会忍不住诱哄他们穿。但这种尝试往往最终以挫折和争吵结束。甚至在服装预算紧张的家庭，父母也用过这种方法。这样浪费吗？以最极端的角度来看，浪费。不过，事已至此，也让我们意识到，我们每个人都有会犯错的时候。我们能从中学习，下次做出更好的选择。

在有些情况下，我们必须要孩子按照我们的要求穿衣服。这是应该做的事情，尤其是孩子不想穿适合当天天气的衣服，或不理解某个特殊场合的社会准则时。但是，在你提要求时，注意不要像克莉斯多那样把自己逼到角落。

克莉斯多刚上过一次名为“孩子是挑战”的课。她在课上学到了自然结果和逻辑结果。孩子要承担自己选择的结果。于是，她决定把这个方法用在自己三岁的儿子身上。那天，他们要在三十分钟内赶去参加幼儿园的野餐。科里不愿意换衣服。克莉斯多引用自然结果，对科里说：“科里，如果到了时间，你还不换衣服，你就只能穿睡衣去了。”

但克莉斯多没学到的是，三岁的孩子根本就不懂聚会的社会准则。科里没有换衣服，而克莉斯多不得不带着穿睡衣的科里参加野餐。科里玩得很开心，难堪的是克莉斯多。别让你的最后通牒适得其反。

3. 如果你的孩子很敏感

注意质地和尺寸：莉比用力打开衣柜门，大声说：“我没有衣服穿！”她仔细检查每件单品，同时眼睛扫视了一下里面的衣篮和衣架。

“那件太扎人了，”她郑重地说，“这件太凌乱。还有，我的滴答响的鞋子呢？”

袜子也是一大问题。她喜欢短袜，但是想要把短袜拉高。可惜，这种调整也不舒服。她把连裤袜穿得松松垮垮，膝盖周围皱成一团，裤裆掉在大腿间。她就是不愿意把袜子拉上来。今天，她想穿奶奶给她买的亮片衬衣，是奶奶在 7 月份时送给她的生日礼物。那件衣服收在阁楼里有至少四个月了。她妈妈都不敢相信她居然还记得这件衣服。

敏感的孩子真的能感受到衣服上的绒毛、线头和不平整的地方。他们注意到衣服摩擦的微弱声音、光线怎样在衣服表面反射，还有皮肤接触衣服时的压力。

要想和敏感的性情儿合作，就要相信他们，选择棉这类天然织物，亲肤舒适。不要买容易起球或刺激敏感皮肤的合成纤维。

与孩子合作时，要有创意。不喜欢穿裤子的孩子，可以用打底裤、连裤袜帮他们保暖。可以用软皮鞋取代漆皮鞋。棉毛衫外观也不比羊毛衫逊色。平角短裤现在男女款都有。外衣上的风帽和紧巴巴的帽子一样能挡风。寻找创意方案。总能找得到！

你买衣服的时候，除了要看外表，还务必要看内在。正是衣服的内里接触皮肤，必须要柔软舒适。一定要能去掉标签，而且不会留下扎人的边。贴花外表看起来好看，但通常内里很硬而且刺激皮肤。

谈论感受：性情儿需要知道为什么对他们而言，穿衣服这么难。要告诉他们：

你对温度变化有反应。

你很敏感。你穿新鞋的时候总是觉得不舒服，不过试着穿几分钟，看看会不会感觉好些。

你感知力很强。这种特质让你很难穿衣服，因为你同时还在想别的事情。

你精力充沛。你很难在穿衣服或换纸尿裤时保持不动。

你很有毅力。你喜欢自己穿衣服。在你需要的时候，向他人寻求帮助很正常。

我觉得是标签让你不舒服。我们可以把标签剪下来，T 恤穿起来就会更舒服了。

孩子的词汇越丰富，就越能清楚地表达他的感受、他需要你给予的帮助。良好的沟通避免了误会。

他们说自己热时，相信他们：性情儿情感强烈、精力旺盛。他们血脉偾张，就会感觉热。在自己穿羊毛衫时让孩子穿短袖 T 恤，你可能会觉得自己不负责任，但可能孩子真需要如此。相信孩子感觉冷的时候会告诉你。鼓励孩子把毛衣带在背包里，需要时能用得上。

知道何时脱下：如果你让孩子穿上特殊服装，要知道什么时候让他脱下来。你让女儿穿上褶边礼服裙，拍个照，然后最好趁她心情还不错的时候就让她脱下来。如果参加节日聚餐时需要穿特定的礼服，记得要随身带上舒适的衣服。性情儿在适应总让自己不舒服的衣服时，会消耗大量能量。而当她筋疲力尽时，她不再主动适应，开始走向情绪崩溃的边缘。

尝试用点乳液或按摩：花几分钟给孩子抹点乳液，用力按摩敏感的手脚能让穿裤子、袜子或手套更容易忍受。

4. 如果你的孩子感知力强

“伊森已经七岁了，但每天早上还是要我给他穿衣服，”伊森妈妈抱怨说，“他躺在床上，或者像缓慢流出的岩浆一样慢慢挪到地板上——就像一个没有生命的物体，连指头都抬不起来。还好，他三岁的弟弟能自己穿衣服，所以我要是愿意的话，还能帮他。但说实话，我真是受够了，我通常都会吼他。”

在穿衣问题上，伊森就是个“都做不了”的孩子。还好，我们有其他方式激励他穿衣服。

借用想象力：性情儿的想象丰富。你可以利用这一点来激励他们穿衣服。问他们，今天早上想当什么，是宇航员还是消防员。一旦孩子选择了自己的角色，你要假装给他们穿上的衣服是他们的人物服装。你给孩子穿袜子时，要说这是宇航员穿的袜子。把毛衣当做氧气包，不知不觉地穿在孩子身上。把衬衣套过孩子的头时，要把衬衣称作宇航服。让这个过程充满欢乐。当一名宇航员可远比穿外套有动力。当孩子的注意力集中在一些有意思的事情上时，他就更容易保持冷静。

妥协：你能鼓励“做不了”的孩子脱衣服，进而达到激励的目的。脱衣服比穿衣服容易得多。一旦孩子开始很熟练地脱衣服，你就可以将注意力转移到穿衣服上，一开始可以让他自己穿一只袜子，然后再鼓励他穿另一只。你给他穿T恤，他自己穿毛衣。与此同时，你和他聊聊这一天的安排。将他的注意力从穿衣上转移，有助于他毫无挫败地完成这项任务。慢慢地，你会一点一点地退出这个过程，直到孩子能完全独立完成。可能在他穿衣服的时候，你还是得坐在他房间里，不过至少他在自己穿了。

视觉指引会有帮助：你指导孩子的时候，要保证你的指示简单明了。视觉计划会有所帮助。对一个孩子而言，最沮丧的莫过于，他花了十分钟费劲地穿上靴子后，却发现滑雪裤还在他身边的板凳上。孩子不会自动知道先穿什么。制订视觉计划，列明步骤：滑雪裤、靴子、外套、帽子，最后是手套。或者：内衣、袜子、裤子、衬衣。你通过让孩子看到所涉及的步骤，让他逐步完成任务，避免因错误而生气。

5. 如果你的孩子适应得慢

穿衣的过程中过渡太多。这个过程需要孩子停下正在做的事，可能还要进另一件房，然后开始换衣服。对于一个慢适应的孩子而言，这是个非常容易引发冲突的过程。

留出时间：你可能希望你能在10分钟内给孩子穿好衣服，但实际上却花了30分钟。努力找到好“感觉”,从一套衣服过渡到另一套衣服，每个相关的人都需要付出大量时间和精力。将你所需的时间列入你的日程，你就不会感到仓促。

安排好例行事项：要安排好每天早上依次完成的例行事项。你的例行事项可能有：早上7点起床，在爸爸或妈妈身边依偎10分钟。不要指望慢适应的孩子马上就能从床上跳起来，开始干正事儿。他做不到。再留给他 20 分钟穿衣服。可能的话，让他在换完衣服、上完厕所、梳好头以后再离开卧室区域。如果之后要回到这个区域，又是一次过渡。留给孩子 45 分钟的时间吃早餐、刷牙、准备好背包、穿外套，在 8:15 分准备出门。

提前选择：性情儿喜欢花时间适应想法。每天晚上选好第二天要穿的衣服。在换季时节，一定要选一套暖和的衣服和一套凉爽的衣服。第二天早上让温度计做出选择。

"我有四个孩子，"尼科尔说，"我可以告诉你们，头天晚上选好衣服是我早上能让他们都出去的唯一方法。我们计划好所有着装——甚至包括他们的手套和靴子。他们看到那些要穿的衣服，有助于他们做好准备，第二天也更配合——不是性情儿的孩子也是如此。"

做好换季准备：我记得我曾这样向小组的父母打招呼，"春季第一天快乐。"而我得到的都是一脸怒气的回应。

"快乐才怪，"一位组员没好气地回复我，"上个星期我一直在试着让孩子穿上换季的衣服，简直就是一种折磨。"

性情儿不喜欢任何改变——包括因季节变化而更换衣服。他们习惯了冬季的长裤，他们会拉扯短裤的边，试图让裤子长一点。他们会因为穿上厚重的滑雪服和羽绒服尖叫、大发脾气。你可以提前一周准备好要换的衣服，让他们逐步适应变化。拿出一个手提箱，把换季的衣服放进去，让他们用这些衣服玩乔装游戏。到了他们真的要穿这些衣服的时候，他们就已经适应了。

6. 如果你的孩子精力旺盛

尽可能让孩子多做：即使是5个月的婴儿，如果你把袜子拉到他脚跟，然后让他拉住一头，他也能自己脱下袜子。孩子更多地参与拉拉链、扣扣子、穿上、脱下，他到处滚、到处跑的能量就越少。当精力旺盛的孩子能站立了，在镜子前给他穿衣。你要尊重他动的需求，但是镜子能吸引他的注意力。

享受成果

一旦你让孩子穿好了衣服，欢呼吧！为你自己、为你的耐心与足智多谋、为你的孩子和她持续的进步欢呼。这个过程的确改善了。在最近的一次讨论会后，一位母亲走到我面前，说："我女儿现在12岁了。当她处于学前期时，让她穿衣是一个历经三小时的冒险。她无法忍受袜子里的绒毛。早上7点，我会坐在那里扯掉她袜子里的小绒球，我知道如果不这么做，她会尖叫一小时，或者把袜子从脚上扯下来。今天，她顺利地穿上了袜子。她爸爸问她是否还记得，自己因为袜子里的绒毛大发脾气。她说，'我当然记得，而且我还是很讨厌绒毛。只是我现在能容忍了。'"

重复能给性情儿带来成功。有些事情，他们做得越多，就越自如。以往的争斗消失不见，取而代之的是新时期的问题。头发不服帖或晕妆取代了袜子的问题——但至少他们有成功的经验可以回顾，也可以提醒自己，他们也会解决现在的问题。

让他人帮忙：我们的性情儿课堂在最后一刻以前都还算挺成功的。每次结束时，父母试图让正应对过渡的孩子穿上外套，最后都以眼泪收尾。这种感觉非常糟糕。我们的解决办法就是，把穿外套列为课堂的最后一项活动。老师取代父母来帮孩子准备离开。这个方法奇迹般地解决了问题。孩子觉得这个过程很有趣，而所有父母要做的事不过是穿上自己的外套，然后走出门。唯一的障碍是确保父母也做好离开的准备，免得孩子太热。性情儿避免了和父母间的大战。他们以最舒服的方式与父母相处。所以，可能的话，随时都可以让其他人帮忙。孩子不会介意，也能让你休息下。

穿衣、吃饭、夜晚睡觉，还有其他典型的艰难时刻，再也不必引起每日的争斗了。你可以制订成功计划。你们尊重彼此的气质，相应地调整自己的反应，于是，你们预防了问题，或至少降低了问题出现的频率。勇于表现不同。别让袜子让你们分开。

总结：穿衣

对大多数人而言，这似乎算不上什么，但在一个有性情儿的家庭里，穿衣可能造成不和——父母和瘦小结实的小家伙斗争：小家伙满屋子跑，只为躲避抽丝、橡皮筋太紧、面料扎皮肤的衣服。穿衣成为主要问题，是他们的气质使然。

预测反应：

检查孩子的气质图。尽最大的努力找出让孩子难穿衣的气质特征。敏感通常是主要问题。适应性和强烈情感也可能是重要因素。

营造环境：

营造有助于孩子关注当前任务的穿衣环境。

避免权力斗争，让室内 / 室外温度计帮助孩子决定当天合适的着装。

购买孩子自己容易穿脱的衣服。

如果镜子有助于孩子集中精力穿衣的话，给他提供一面镜子。

合作：

教孩子用语言描述自己在穿衣时经历的挫败感，让他能说出来，而不是叫出来。

购买衣服时，尊重孩子萌发的着装风格。

孩子说他热时，请相信他。

留出时间，让孩子能不慌不忙地穿衣。

换季时，提前准备。

享受成果：

记住，重复带来成功。时间久了，穿衣逐渐就不是问题了。

让他人帮忙。如果孩子在上托管班，让老师在你去之前就先帮孩子穿好外套。

FOUR

PART FOUR 帮助性情儿社交

⑲ 与其他孩子相处

妈妈，你觉得你能教会她社交吗？

——梅根（一位性情儿的姐姐）

幼儿教室里，鲜艳的彩虹色降落伞在地板上摊开，不少妈妈和宝宝懒洋洋坐在上面。他们滚球，摇拨浪鼓，对着镜子里的自己嘀嘀咕咕、做鬼脸。老师开始唱："围一个圈。大家围成一个圈。"

我站在观察窗边，一位在我身旁的六年级学生问："她做这个干嘛？婴儿根本不知道圆圈是什么。"

"是的，"我回答说，"他们不知道。我们要教他们圆圈的概念，教他们在一组人坐成一个圈时，每个人要有什么样的行为。现在，我们只是让他们接触这个概念，但是几年后，我们期望他们会知道围成一个圈的意思。"

性情儿要学会社交技能与社交礼仪。我们每个人在社会中与他人合作，都需要这些生活技能。性情儿要学会适应群体，但不用放弃尊严或个性。他们要学会自己管理性情，而无须我们为他们排除故障。

当孩子离开你，开始在邻里、学校、团队中与他人互动时，他们的旅途不会一帆风顺。对许多性情儿而言，他们只要获得别人对他们风格的理解与接受就能成功。但是，还有一些孩子可能会遭遇挫折。他们在邻里间可能并不受欢迎，因为他们会打、扑倒别的孩子，也可能会回避其他的孩子、成人，不愿和别人互动，甚至都不愿打个招呼。当孩子试图弄明白怎么和他人相处时，看着他艰难地应对是一种痛苦的体验。

“我就是不知道要怎么做，”艾希莉叹息着说，“现在已经到了这样一种地步：我一看到一群孩子，我就开始感到不安。塞拉斯会直接冲过去，最后就是毁掉别人的游戏。他才四岁，我知道他不是故意的，但每次的结局都是他哭成泪人，别的孩子气得不行。我能感受到其他父母冰冷的怒视，无声地要求我管好自己的‘小鬼’，但是我很困惑。我根本就不知道怎么办。”

识别界限

尽管许多性情儿似乎无须指导就能掌握社交技能，但是那些陷入自己的感知、被自己强烈情绪点燃的性情儿可能会忽视一些社交信号。这些简单的肢体动作能让他们知道，自己已经越过一条或多条社交界限——这些指导原则让他们知道，自己的声音太大，自己的身体离别人太近，或自己的情绪越来越强烈。但是，还有一些性情儿可能会觉得自己无法承受某个群体的刺激，进而抽身离开。

如果你的孩子艰难地面对这些问题，你要帮他管理自己强烈的情绪反应，培养平稳进入群体的技能，以及与他人合作解决问题。随着他自信的提升，你很可能会在他身上看到未来领导人的潜质。

创造练习机会

作为孩子的社交技能教练，你要做的最重要的一件事就是给孩子提供练习机会。如果你的孩子属于那种“回避型”，这种做法似乎与你直觉上觉得“适合”她的做法不同。“我尽量避免贾斯珀一起出去，”萨曼莎有天在小组中和大家分享说，“他穿着睡衣待在家，有时和我玩，有时自己玩，非常开心。当我们外出时，就算是去图书馆或杂货店，他都非常讨厌出去，只想回家。好像他在家里时最开心。”

但是要习得社交技能，就意味着你的孩子需要练习的机会。如果你全职在家照顾孩子，记得在你每日日程中安排“外出”的时间。如果这些活动每周重复，孩子会适应这些人物与场景，他就更容易练习。挑选学前项目时，选择一周三天的项目，而不是一周两天，好让孩子有更多时间交朋友。

一开始选择小团体活动，在这种情境下，刺激水平低，你的孩子不会面临需要表演的尴尬。成为大家关注的中心会让他不知所措。不过，当他进行过大量练习且有过丰富的成功经验后，这种技能也完全可以习得。

“的确如此！”阿曼达突然大声说，“莉比非常讨厌上体操课，因为每个孩子都要单独表演，但她喜欢音乐课。音乐课上只有六个孩子，而且大家都一起唱。一开始她不愿意参加。音乐老师很包容，她邀请莉比观摩,可以在准备好以后再参与。每次音乐老师唱到‘你好歌’时，她总会问莉比是否想要歌中唱到自己的名字。如果莉比摇头，老师就会说，‘好，兴许下周试试。’这个过程虽然花了几周时间，但不久后莉比愿意让他们把自己的名字加入‘你好歌’中，还和其他孩子一起唱。”

性情儿要想充分利用自己的优势，社交技能必不可少。如果你的孩子是婴儿或年幼的学步儿，当你们参加群体活动时，你和孩子一起坐在地板上，让孩子坐在你前方而不是坐在你腿上。如果可能的话，你也可以躺下来，让孩子坐在你前面。这样一来，你就真正只是旁观了，你成为孩子的坚强后盾，让他置身于开阔的游戏场地，他就更容易走出去，接触其他孩子和玩具。当你们站立时，不要用你的身体围住他来保护他，也不要抱住他。如果一开始就设定界限，那么孩子就会觉得通往地板和朋友的旅途可怕得多。

如果你的孩子与同龄人互动有困难，试着邀请一些年幼一点且擅长社交的孩子到你们家来。研究表明，和年幼一点的孩子练习是学习社交技能非常有效的方式，孩子最终会将练习的技能应用到与其他孩子的互动中。你要想实现有效练习，就让练习过程短一点。一个小时就足够。

仔细观察，看会发生什么。这个过程有助于你发现孩子社交困难背后的真正诱因。通常是气质特征影响正在发生的事情，不过，了解社交发展的阶段也很有必要。

确定孩子的社交级别

五岁的雅各布喜欢和马修玩。雅各布说了算，马修什么都听他的。但每当赖安加入他们的小组，赖安拒绝听从雅各布的指令，问题就出现了。雅各布会生气，通常会把赖安赶出小组。

社交技能和其他所有技能一样，有多个发展阶段，每个阶段都以前一阶段为基础，要了解雅各布反应背后的真正诱因，发现他需要提高的技能，你需要了解各个阶段。在我的同事琳·杰森（Lynn Jessen）的帮助下，我将其简化为四个关键阶段：

- 第一阶段：这是我的！在学步儿时期很常见，这时，孩子正在学习物品的所有权概念。他们不与人分享。分享是后来的事。
- 第二阶段：孩子们能拿着相似的材料并排互动。每个孩子有自己的积木，搭建独立的结构体。
- 第三阶段：孩子们仍在并排玩，但能轮流行动。你会看到，一个孩子将一块积木放到一个积木堆上，然后另一个孩子将另一块积木放到同一个积木堆上。
- 第四阶段：孩子间建立了特别的友谊，会在玩的过程中合作，孩子在这个过程中要么主导、要么听从伙伴的安排。在这个阶段，你会看到孩子们合作搭建城堡、分享各自的想法、协商、解决问题。

尽管雅各布已经五岁了，你可能希望他以合作的方式和伙伴玩，但很显然，他还没到那个阶段。要教导他，你要从他所处的发展阶段开始。首先从所有权开始：说明每个孩子可以有自己的所有物，比如一堆积木。接下来，鼓励孩子轮流搭建同一个结构体。这个阶段获得成功后，你可以进一步推动孩子更多地以合作方式和伙伴玩。

保持关注，需要时，给孩子提出建议或帮助。捕捉孩子的成功时刻，并通过语言强化：

你们都有卡车玩。

你们轮流来，真棒。

你很会倾听。

你用语言告诉艾米，你想轮流玩。

你们合作做了……

记住，孩子通过练习获得提升，成功经验带来更多成功。

学习加入群体

我和一组父母站在观察窗前。“当你的孩子开始和另一个孩子玩时，仔细观察，”我对他们说，“告诉我，你看到了什么。”

“利亚姆和本为了一大块培乐多橡皮泥争吵。利亚姆刚从本那儿把橡皮泥抢了过去。”卡利说，言语中明显表现出沮丧。

“米卡站在边上，看着在家务区的孩子。他没有和他们一起玩，”萨拉说，她失望的声音越来越小，突然，她大声说，“现在他有伴儿玩了。他等到一个位置，坐了下来。现在他和劳拉、布雷登在聊天。”

为什么米卡成功地加入了群体，而利亚姆没有？可能因为利亚姆还处于学习轮换的社交阶段，也可能和他的气质有关。

研究表明，那些进入群体后提有关的问题、避免和其他组员间的分歧，且没有马上吸引他人注意的孩子在社交方面更成功。

严肃的分析型孩子初入一个环境就倾向于做出评估评价，对于他们而言，这一点尤为重要。你可能要教他们停止评价、与别人眼神交流、打招呼、倾听。通过倾听，他能了解新环境的情况，提出相关的问题，或找出他认同的事物。当他关注当下发生的事情时，他就能成功进入。一旦他成为群体的一员，他就能提出更改建议。

“回避型”的孩子

对于谨慎的“回避型”孩子，问题往往更多地在于互动，而非行动。这种孩子起初可能会试图进入群体，甚至在群体周围徘徊而并未真正进入。研究表明，初次尝试进入群体，多半会遭到拒绝。当你的孩子初次尝试失败时，他需要你鼓励他再试一次。

正因如此，当他退缩，转向你，将头埋在你的腿上时，你要克制自己保护他、让他回避这种尴尬经历的欲望。这种保护行为会向孩子传达：“这儿有可怕的东西，爸爸妈妈在保护你。”给孩子一个宽慰的拥抱很重要，但不要把孩子拉到你大腿上，用亲吻和拥抱抚慰他。相反，安慰他片刻后，不再说话，然后，当你感到他身体稍稍放松后，温柔地鼓励他向前探索。他需要安全感来继续前行。所以，你可以对他说些这样的话：“那个玩具挺好玩，让我想起了我们家里的那个。看看埃尔莎的微笑，她看起来非常友善。或许你可以拿那个玩具给埃尔莎看看。”

当你的孩子开始走向其他孩子时，注意到他可能回头看你。他在根据你的表情判断自己该怎么做。微笑着对他点点头，鼓励他继续。既然你的任务是培养孩子，那么你就要温柔地激励他进入游戏场地，他能在这里练习技能。你自信的胜利微笑能为他铺平道路。

注意个人空间

一旦你的孩子进入群体中，确定个人空间的界限就变得重要了。个体需要一定空间，才能感觉舒适、工作有效。外向的孩子，尤其是高能量水平的外向性情儿因侵犯他人的空间而名声不好，因为他非常迫切地想分享自己的想法。

我有一次在教室里观察诺拉和达蒙玩火车。每个人都有一个火车头，后面接着六节车厢，火车在轨道上转圈。诺拉急切地想要追上达蒙，把自己的火车展示给他看，导致她的火车和达蒙火车追尾，达蒙的火车脱轨了。达蒙突然就哭了起来。

“诺拉，看看你的火车头在哪里，”老师对她说，“看看你的火车是怎么碰到达蒙的火车的。达蒙在告诉你，他不喜欢这样。你要让你的火车和达蒙的火车保持几厘米的距离，这样你们就都能用这个轨道。”说完，老师向诺拉展示了她的火车应该在什么位置。诺拉停了一会儿，等着达蒙把自己的火车放在轨道上，重新开起来。诺拉尽最大的努力保持7厘米的距离：她想冲到站，但又停了下来。

诺拉想和达蒙玩，她并不是故意让达蒙难过，但是火车运行给她带来的兴奋和分享自己兴奋的欲望让她看不到边界。诺拉需要别人帮助她看到这种图景——意识到看不到的界限——不过，只要她看到这种图景，她就能获得社交上的成功。

无论是让孩子看看她的脚在什么地方，好让她在站得离别人太近时自己能发现，还是看看她的手在什么地方，好让她不会在别人不愿意的时候碰别人的脸或摸别人，你都在帮她了解别人的空间需求。这种意识非常重要，能防止孩子侵犯他人的空间、冒犯他人。

如果不管你怎么教导孩子，他还是继续碰撞、扑倒、推倒他人，预约职业治疗师进行感官治疗。身体接触带来的感官刺激能真正让身体平静下来。职业治疗师能教孩子获得等同于这种帮助的适当方法。

情绪强烈的性情儿还会通过自己的声音来跨越社交界限。米娅是班上声音最大的孩子。她以独一无二的方式咆哮、哼哼、尖叫、咯咯笑、怒吼。别的孩子一看到米亚，就会用手捂住耳朵。

“米娅，我喜欢你的热情，”我听到她的老师解释说，“但是，有时别人受不了。看看其他小朋友，他们把自己耳朵都捂上了。看看他们都在远离你。当你大叫时，留心看看他们有多生气。你的声音让他们的耳朵难受。我知道你不是故意要让别人耳朵难受的。听听自己的声音，试着轻柔地说话。”老师的话帮助米娅知道自己行为的后果。

在这之后的几个星期中，我观察了米娅的老师如何与她合作：捕捉她声音适当的时刻，而不是她大叫的时刻。“米娅，你这个声音真好听，让人感觉好舒服，”老师评价道，“这就是你的朋友喜欢听到的声音。”很多时候，孩子并不知道适当的声音听起来是什么样的、感觉是什么样的。捕捉孩子做得对的时刻，并以这种音调为榜样，是教孩子的最佳方式。

性情儿通常会成为领导或群体中受欢迎的成员。实现这一点，需要你敏锐地观察，而后给他一点帮助。

用言语替代拳头解决问题

芝加哥大学的史蒂芬·伯吉斯（Stephen Porges）博士曾写道：“社交需要对安全的感知。”兴奋和恐惧能将孩子（尤其是情绪强烈的孩子）推向紧张能量的红色区域。记住，在红色区域时，孩子的心跳更快，他更难与人眼神交流，甚至都很难接收人类的声音。他很可能进入战斗或逃跑（僵住）的状态。他停止思考，转而做出生存反应。情感强烈的性情儿要在社交环境中保持思考和得当行为，就得要学会管理这些强烈的情绪反应。

在一次早间课上，迦勒、格雷格和本在玩假装露营的游戏。塑料热狗和葡萄是野餐食物，就摊在桌上。迦勒拿了一个热狗。本毫无征兆地突然从他手上抢过热狗，吼叫道：“我的！你不能拿这个。这是我的！”迦勒猛扑过去抢热狗，本用拳猛击他。这一拳擦过迦勒的颧骨。

那么问题来了。当你的孩子难过生气时，你可能也会忍不住做出生气的反应。但是，生气的孩子最需要的是你帮他冷静下来。当你发现他的情绪爆发并不是故意的，也并非不可改变的反应，你就更容易注意到自己的教练角色。当教练并不意味着容忍孩子的好斗。我们能要求他们适当地利用自己的强烈情绪——即使是在事情不如人意的时候。幸运的是，本的老师是一位技能非常娴熟的教练。

在我观察迦勒和本的时候，教室里的老师走到本面前。她弯下身，与本同高，用命令的语气说：“停下来。我不会让你伤害迦勒的。我们的规则是不许打人。无论你有多生气，你都不许打人。”

本看起来似乎大松了一个口气。迦勒当然是感激老师的支持。性情儿需要知道，作为他们生活中的成人，我们会在可能出现伤害或危险时控制局面。我们会强制执行规则。我们不会允许一个孩子伤害另一个孩子。制止有潜在危险的行为并不意味着责备，而是说明规则，为教授更积极的解决问题的技能做好准备。

老师在确定迦勒未受伤、意识到本被自己的情绪淹没后，用到了我们在第 8 章“情绪崩溃”中提到过的策略。她选择首先倾听、理解，于是对本说：“我觉得你有重要的事情要对迦勒说。你想对他说什么？”

本又朝迦勒打去，而迦勒此时靠在老师身边站着。老师轻抚迦勒的背和本的手臂，试图安抚他们两人，并防止本再次打人。“我能看出你现在很生气。”

“本，关注你自己的身体，”她坚定地说，然后又用温柔一点的语调继续，“你很紧张。看看你的手——发现手都握成拳了吗？你发觉自己的眼睛都眯起来了吗？你现在非常紧张。坐到这儿来。”

老师轻轻地推着本走向镇定篮，温柔地对他说：“当你的手舒展开来，而且你能和我眼神交流的时候，我们会回去和迦勒谈谈。”她陪着本，不再说话，让她的亲近和轻柔的肢体语言告诉本：她在给予本支持，她关心本。迦勒也来到老师身边，不过在老师轻抚他几下以后，获得安慰的他又回到“露营”游戏中。

性情儿要知道，当他们感到沮丧、难过时，他们可以离开当下的环境。当一个年幼的孩子像本这样不知所措时，他需要成人帮他了解发生了什么，出了什么问题。通过让他们冷静下来，而不是对他们生气，你帮助他的大脑恢复思考，让他能想出更好、更能让人接受的回应。这种支持练习能强化他的技能，帮他从第一反应切换到更有效习得的反应中。

在《我们帮他们独立》（On Their Own with Our Help）的录像中，婴儿专家玛格达·嘉宝（Magda Gerber）建议，当两个孩子发生冲突时，你与攻击者的沟通要多过受攻击者。攻击者更害怕。他并未意识到发生了什么，不知道怎么做，除非有人教他。

本靠在老师身上，慢慢地爬到她腿上。她知道回去“重来”的重要性——教育时刻——于是说：“我们去和迦勒谈谈。”本点点头，跟着老师回到“营地”。

“告诉迦勒你想要什么，”她说，“用语言告诉他，你很生气。”本身体僵直，老师轻轻地把手放在他身上。

“我不想分享，”本说，“是我先拿的。”

“迦勒，你有什么想说的？”老师转向迦勒，问道。

迦勒回答说：“该轮到我了。你已经吃过所有的热狗了，现在我也想吃一次。”

当孩子打架时，尤其是情绪强烈、敏感的孩子，我们要谈谈每个人的感受。性情儿要学会如何表达自己的感受、如何倾听他人的感受，要学会同情。通过谈论感受，我们让孩子表达自己的情绪、疏导自己的强烈情绪。这是分享的时刻，而不是追责的时机。

看似很简单，不是吗？当然，实际过程并不总像在课堂上那么顺利。

当我在和小组分享上述故事时，安迪说道：“我的孩子会干脆转过身大叫‘我恨你。’”

“是的，碧翠丝也不会说什么得体的话，”玛吉补充道，“昨晚，她对弟弟说，她要把他的脸撕下来，放到搅拌机里搅。”

如果身体攻击转变成言语威胁，那么你的孩子还没准备好交流。他的言语告诉你，他需要继续计时隔离。你可以告诉他：“我能看出你现在还很生气,还无法解决这个问题。”然后,一定要让他待在安静的地方。但是，在他准备好以后，带他回来解决问题。太多时候，性情儿被带离冲突地，而从未被带回来。因此，他们并未学会如何恰当表达自己的感受，或怎样用言语替代拳头解决问题。

在第 9 章中，我谈到了成为解决问题的人，以及寻求肯定答案。以积极、健康的方式解决冲突，意味着达成所有人都能接受的决定。一旦孩子谈及自己的感受，就开始探索该怎么做了。“本和迦勒后来怎么样了？”小组成员问道，他们想知道故事的结尾。

我继续讲。老师并没有替他们解决问题，而是说明当下的问题，并提出问题让他们思考。“看来是你们两个人都想要那个热狗，”她说，“你们怎么解决这个问题呢？”

在我观察的时候，这两个四岁的孩子面对着对方。我在外面等着，想知道他们的回应是什么，我也明白此时的关键在于避免介入、控制局面。两个孩子都眯着眼睛，单腿跳起。这时，本说：“我吃饱了，你可以拿这里的热狗。我去睡午觉了。”他爬到睡袋里，“睡觉”时还发出一阵阵鼾声。

小组成员安静地坐着，陷入了对故事结尾的沉思，好像在怀疑是否真可如此，然后，蒂芙尼说：“这个方法的确可行。虽然有点难以相信，但确实如此。”

昨天，我的孩子放假，不用去学校。两个孩子差别很大，我很难找到一个她们两人都愿意做的事。塔莎非常内向，而梅根极其外向。我以为我可以带她们俩一起去动物园，但她们马上开始抱怨。她们不想去动物园。我觉得去哪儿无所谓，于是就问："那你们想做什么呢？"塔莎想留在家里。梅根想约三个朋友滑轮滑。她们两人都太小，还不能单独留在家，所以我们要想出个大家都同意的事。显然，我们遇到麻烦了！

"塔莎，你想待在家里；梅根，你想滑轮滑，"我说，"这是你们的真实想法吗？"

塔莎点点头。梅根开始抱怨，她想干什么，塔莎从来都不愿意。

"你真想滑轮滑吗？"我问梅根，试着转移她的注意力。

"不是的，但我想和朋友在一起，"她坚定地说。这就好办一点了。

"好，你想和朋友在一起，塔莎想待在家。我们要怎么办？"

我们列举了可以做的事情：搭个羽毛球网打比赛、烤糕点、看电影、组织一场电游比赛。在列举的过程中，他们两个都唉声叹气的，但我坚决表示，我们列一大串清单后再评估。然后，我们把所有主意过了一遍。

我们决定，塔莎和我一起烤糕点，梅根请三个朋友来打羽毛球。梅根和朋友玩得很开心，他们打完羽毛球后，塔莎和我为他们准备好了小点心。虽然和我预期的不太一样，但也没什么损失，每个人都很开心。

寻求肯定答案的过程教孩子尊重不同的观点，让有毅力的孩子敞开心胸，与他人合作；还能减少挫败感，因为每个人都知道自己的想法有人听。面对年幼的孩子，尤其是那些非常努力控制自己强烈情绪的性情儿，你要和他们练习解决问题，然后才能让他们独立面对。否则，就如同直接把他们留在游泳池边，对他们说："我相信你自己能学会游泳。"

当你初次帮助孩子和同龄人寻求肯定答案时，他们可能很难想出主意。你可以提建议，但经过多次练习，他们不久后就会自己想出办法。四五岁以上的孩子就开始自己寻求肯定答案了。他们会跑回家拿定时器，好让每个人都能轮流玩五分钟的荡秋千。他们会创作出旋律，让每个孩子都能轮流跳绳。如果一种活动不行，他们会想出另一种。他们会看出，不同的兴趣驱动不同的选择，于是他们会寻求让每个人满意的方法。

知道如何寻求肯定答案——与他人合作解决问题——是关键的社交技能。这项技能可用来阻止执着的孩子与父母间的争斗；可用于课堂；也可用于兄弟姐妹间及朋友间。

学会应对玩笑

兄弟姐妹间会开玩笑，孩子间会开玩笑，情人间也会开玩笑。学会应对玩笑是一种重要的社交技能，但对性情儿而言，可能也是敏感的一课。允许友善的玩笑，但要教孩子关注他人的面部表情、话语、肢体语言——暗示限度的信息。和其他社交界限一样，要教孩子了解有趣、适当的玩笑限度。一定要让你的孩子知道，羞辱、讥讽或伤害他人的表述是不允许的。玩笑不能成为语言暴力的借口。孩子并不知道语言暴力是什么意思。你要教他们。当一个孩子称呼另一个孩子"竹竿腿""笨蛋"或任何带有嘲笑意味的名字，你都要说："停，这是语言暴力。这在我们家是不允许的。”

如果性情儿是玩笑的对象，那么强烈的情绪会让他们成为易受影响的目标。如果他们尴尬、生气，他们的反应会让自己不知所措。

在一次访谈中，我问到八岁的索金姆最近一次被人取笑的经历。

“我在玩滑板车，”她告诉我，“同时还戴着耳机听音乐。我只想一个人待着。琳赛不停来烦我，她说，‘你屁股翘起来了’，艾莉森在辱骂我。我想去揍她们一顿。我知道自己快要哭了，因为她们伤害了我。她们真的让我很生气。我什么也没做。她们没有任何权利说那样的话。”

“你是怎么做的呢？”我问，“你去揍了她们吗？”

“没有，”索金姆摇摇头，回答说，“我知道我不应该打她们，即使我想要这么做。我需要妈妈让她们走开，但妈妈没听到她们说的话，所以我就忍了。我不愿让她们看到我因此生气。我站得笔直，就像我爸爸教我的那样，然后直接盯着她们。过了一会儿，我就进屋了。如果我能走开几分钟，就不会那么生气了。我看了一些搞笑视频，这样有助于我冷静下来。”

索金姆学会了应对他人的取笑。尽管她对激怒人的言语反应强烈，但她还是学会了保持冷静。她站得笔直，然后走进屋，远离了语言暴力。

孩子不是每次都能用气势“吓倒”取笑他的人，或抽身离开，但是孩子知道制止情绪洪水的选择越多，就会越成功。和你的孩子谈谈玩笑。她可以怎么做？教她寻求成人的帮助。如果当时没人可以帮她，她能走开吗？她能让挑衅者停下来吗？她能和其他人谈谈吗？她能发挥一点幽默感，甚至偶尔认同折磨她的人吗？杰森就是这么做的。

当我看到杰森时，我正站在我们当地高中的门口。杰森把钥匙锁在了皮卡车里。当时，他正站在车旁，等他妈妈再拿一套来。就在这时，身高一米九的足球运动员乔晃了过来，开始让他难受了。“钥匙掉了？要给妈咪打电话？”杰森微笑着点点头说：“是啊，真够笨的，”他还加了一句：“不过，没有在校友日把自己锁在车外那么糟。”乔一听就脸红了，笑着点点头，然后走开了。我从中听出了，乔的约会对象得在校友日和他一起等着他的“妈咪”送钥匙来！杰森的幽默感加上一点“笑回去”，达到了理想的效果。

有的逗弄更伤人，这时就需要与滥用者直接言语对峙。你的孩子可能需要些许帮助。六岁的汤米不是唯一被凯蒂折磨的男孩。不知道为什么，凯蒂总是以班上的男孩为目标，跑到他们面前，踢他们的小腿，但也无意挑衅。布里杰是个善良温和的孩子，他不知道怎么应对这种情况。还好，他的老师知道。她教全班的孩子不仅要说“停”，也要做出“停”的手势。每当凯蒂接近他们，准备踢他们，布里杰或其他任何被选中的孩子，都会转过身，将右手侧放在打开的左手掌下，明确地要求“停”！

凯蒂突然停下来，此时，老师会马上来帮忙。老师用双臂抱住凯蒂，对她说：“我不会让你伤害他人的。看看布里杰的脸。你认为他开心吗？不，他看起来很伤心。我知道你不是故意伤害他。你的身体动得太快了。你想和他玩吗？你还能用什么方式告诉他？”几天后，凯蒂不再踢人了，而布里杰这位善良的孩子能挺起胸膛，稍显自信地在教室里大步走了。

鼓励孩子和你交流，这样你就知道她所经历的。一定要让她知道自己的选项。你也要知道，当玩笑跨界变成欺凌时，成人就该介入了。

学会分享

对所有孩子而言，分享都是最具挑战性的社交技能。分享的界限是如此不明了。爸爸妈妈不会和邻居分享他们的车，但孩子却要这么做。妈妈会尝一小口爸爸杯子里的喝的，但学步儿却不能偷偷喝别人杯子里的喝的。我们分享一些东西，却并不是分享所有东西。这太让人困惑了。

孩子越小，分享就越难。学步儿正在学习所有权的意义，他们不想分享。实际上，他们正处于学习“什么是我的”这一发展阶段。

“哦，原来这样，”史蒂夫说，“我儿子 18 个月大，我们在圣诞节给了他一个工程师梦想：送他一个可以坐在里面开的儿童版火车。汽笛会发出嘟嘟声，铃铛会响，如果你按下红色按钮，烟囱里会‘冒烟’。我非常喜欢这个火车，他也很喜欢。然而实际上，只要他表妹一靠近这个火车，他就会把表妹拖开，对她大吼大叫，因为他实在太喜欢这个火车了。”

为了保护你家学步儿的名声，把小火车收起来，等其他孩子回家后再拿出来。有孩子到家里来玩时，拿出几辆车、一堆积木、或任何有多个的玩具。不要拿那些孩子得轮流玩的玩具。学步儿所处的发展阶段，使他们并未准备好对人慷慨。事实上，你可能会发现，在某几个月，分享尤为困难，以至于学步儿唯一能和别的孩子和睦相处的地方是一些中立地点——地方公园、操场，或其他没有人拥有任何玩具的地方。

有的孩子可能会分享一些，但敏感的性情儿，尤其是内向型，很护着自己的所有物。教孩子在其他孩子来玩以前把自己不愿意分享的物品收起来。帮他选出自己愿意让别人用的物品。谈谈他的感受。尊重他的感受，但也要让他知道，与人分享、对人友善是友谊的重要组成部分。

看到孩子成功时，赞美他。你可以对他说：

你让米卡骑你的自行车，他非常激动。我觉得你让他很开心。

你和蒂根分享你的新球，你做得很好。她看起来很喜欢和你一起玩。

我知道你很难接受和艾米轮流玩，但你的这种分享做得很好。

加强这些社交技能！帮他看出自己拥有的技能，鼓励他更多地使用。

挺过过渡期

社交互动的过程中会有很多过渡。当有人加入、离开一个游戏，就是一个过渡。赢或输一场比赛，是一种结束。规则或活动中的一个变化，需要人做出快速回应。收拾玩具、外出、和朋友打招呼或告别都需要做出调整。对于一个慢适应的孩子而言，应对这些过渡是非常有挑战性的事。

“也许这就是凯所经历的吧，”莉莎说，“他和科迪在我们的前院玩接球游戏。卢克打电话来，说想和凯一起玩。我当时很忙，不想走出去把电话递给凯，于是就对卢克说，‘你过来吧。凯在门口玩球，你也可以一起来玩。’

“卢克骑着自行车来了，因为我已经许可了，所以他马上就加入了他们的游戏。这时我才意识到，这让凯吃了一惊。才过几分钟，我就听到争吵声，‘你不能玩。他还没下场呢。该轮到我了。’当我走出去的时候，凯正在大发脾气。宁静的球场此时已变成了战场。”

“你的直觉很可能是对的，”我回应道，“凯是一个慢适应的孩子。我想他可能是很意外，无法应对。他可能都不知道自己怎么了。他只知道自己怒气往上涌，就用愤怒的话语回应。”

如果可以的话，提前告知孩子社交场景中即将出现的变化；但如果你无法提前告知他，教他自己识别。当他理解并能表述出因为有人加入他的游戏，出乎他的意料，他有点焦虑，或他因面对的变化而感觉不适，他就能更好地应对变化了。他可以后退，深呼吸，或以其他方式让自己冷静下来。他就会适当地排解自己的挫败感。他不再大发脾气，也会获得更多社交场合的成功。

对性情儿而言，输掉一场比赛是尤为痛苦的过渡，因为这是他不想要的过渡，是他未计划、未预料到的。慢适应性加上强烈的挫败感，就很可能引发情绪崩溃。性情儿需要成人的帮助来学会不失风度地赢或输。陪孩子坐下来，跟他说说一个优秀赢家会有怎样的举止。让他知道，你期望他与对方握手，将球放到一边，尊重输队的感受。还要和他谈谈输掉比赛的感受。告诉他将球扔在球场上是不对的。唠叨、抱怨裁判或队友的表现也是不合适的。孩子不一定知道适当的举止——你要教他们。如果你不知道如何帮孩子应对社交场合的过渡，可以参看第13章。

了解内向型和外向型孩子的社交需求

很多时候，当我和担忧孩子社交技能的父母交谈时，我意识到真正的问题在于看到内向型孩子和外向型孩子的差别。很重要的一点是：要记得孩子的受欢迎程度或社交技能不能以孩子的朋友数量来衡量。在第5章中，我解释了内向型孩子和外向型孩子如何与他人互动。内向型孩子的社交技能常常被低估，因为他们对友谊更挑剔。如果你是外向型父母，你可能会担心自己内向的孩子没有朋友，因为他并不是很迫切地想邀朋友到家里来玩。记住，内向的人只会和几个人建立有深度的长久友谊。他们可能具备卓越的社交技能，但他们更挑剔，会需要更长时间来建立友谊。如果你的孩子和至少一个孩子玩得来，你就不用太担心。他具备社交技能。他只是很讲究如何应用社交技能。记住，内向的人喜欢而且需要独处的时间。对于内向的人而言，独处和孤独不是一回事。

庆祝成功

帮助性情儿提高社交技能，的确需要投入精力、观察敏锐，但假以时日，你的付出会有回报：你会看到他有技巧地解决问题、当选学生会代表或协商小组决定。性情儿能和他人相处。通过学会利用自己的强烈情绪、坚定意志和感知力，他们往往会成长为出色的领导人和政治家。

沃尔特·古扎蒂（Walter Guzzardi）在《财富》（Fortune）杂志中写道："约翰·迪尔（John Deere）不是同辈人中唯一一个在犁中加入钢修修补补的人，但却是唯一一个有胆识坚持这个想法、将产品带给农民、宣传产品优点，同时还能定合适价格的人。"

我敢用口袋里的最后一块钱打赌——他也有性情！

⑳ 节假日热点

她小时候会在商店里大声尖叫，
以至于其他人会站出队伍，让我们先走。
现在，这个尖叫声太美好了。
她是节日音乐会的重要独奏家。

——泰里（16 岁的艾米丽的妈妈）

我从未料到，有了儿子以后的第一个圣诞节会躲在我婆婆家的洗手间里度过，但事实却是如此。我尽最大的努力去安抚号哭的儿子，他的脸颊绷得紧紧的，在如泉涌般泪水的衬托下泛着淡淡的紫色。我想不起有哪个姐姐曾带着她们的宝宝躲在洗手间里。但是，当我坐在“宝座”上，几乎沉溺于顾影自怜的情绪中时，我突然意识到，自打有了这个孩子以后，我几乎每个节日都在洗手间里度过——克制自己想要把我们两人都冲到下水道里的欲望。从他外婆的生日开始，到万圣节、感恩节，再到现在的圣诞节。

每次刚开始都不是这样的。他会对每个人闪烁他蓝色的大眼睛，别人和他打招呼，他会咯咯笑。他坐在我腿上，就是“魅力先生”，像和人群互动的政治家。然后，就开始出状况了。我能感觉到他僵硬地靠在我身上。他的手脚忽动忽停，就像失去平衡的洗衣机。他的手握成拳，指关节发白。当他突然爆发出消防车似的尖啸声，他脸上的微笑消失不见了。我唯一能让他平静下来的方式就是带他到户外，或坐在洗手间里（家里唯一安静的房间），关上灯，轻柔地和他说话，抚摸他的脸。有时我也会哭。

对于性情儿和父母而言，节日、生日派对、家庭聚会、度假和特别的庆祝都会成为真正的雷区。这种时候，性情儿面前充斥着各种热点因素——人、地点、事物与他们的气质不符，让他们受不了。

闭上眼睛，回想一下你的孩子上次生日派对时的情景。然后，再试着回想一下万圣节、感恩节和度假时期。你们碰到什么热点了？

“圣诞老人，”麦克说，“她怕死圣诞老人了。”

“逛街。”凯尔西补充说，其他人也加入了讨论。

“我妈妈家的客厅。那儿全都是玻璃。”

“好多礼物——但都不是她的。”

“睡前时间——她无法入睡，而她又很累。”

大家列举得越来越多。每个热点都是独一无二的，但却有共性——气质特质。意外因素潜伏在餐桌上、人群中、电影院里，源于孩子的敏感性；也可能潜伏在礼物里、午睡时，源于孩子的慢适应性。高能量水平使得孩子要付出巨大努力才能安静地坐在朝拜地、祖母家或车里。酒店、未用过的枕头，以及许多其他看似不重要的状况带来不和，只因为孩子初次接触，和以往的事物不同。

节假日热点的这种雷区带来特别的挑战，需要孩子学会与朋友、亲戚以及许许多多陌生人协商。要想获得成功，他需要你给予更多的支持和指引。

建立现实的期望

金姆拖着脚步迈过门槛，两岁的埃莉牢牢地扒在她右大腿上，致使她步伐缓慢。她俩仔细看着面前的地板，而没有看到周围参加“节假日热点”课程的成员。她们身上看不出一丝快乐情绪。我把她们拉到一边。

“看来你这一周过得不容易。”我开启了对话，试图表达我的担忧，但仍由她主导对话。

她说话时的声音平静而疲惫。“问题其实更多在于我，而不是孩子。我这个假期过得筋疲力尽。我起床去工作，回到家，然后还要买东西，做糕点，还要布置家里。我知道埃莉是性情儿，我也意识到她比别的孩子更兴奋、更敏感。我知道她需要我，只是有时我实在分身乏术。”

在节假日面对各种事物，性情儿比平时更需要我们的帮助。而给予这种帮助需要精力。不幸的是，我们往往因为做糕点、买东西、招呼客人、打扫卫生、开车等活动而精疲力竭。当孩子最需要我们的时候，我们却无能为力。有时，要让节假日中有更多欢乐，我们得放手一些事。

家庭传统本应充满乐趣——大家庭相聚庆祝的机会。一路走来，我们积累的传统越来越多，有些是从我们生长的家庭中传承而来，有些来自我们配偶的家庭，还有一些源自朋友。结果却是我们要遵循超负荷的传统——太多的“应该”让人失去了乐趣。金姆的经历就是如此。她的传统清单逐年递增。她没有将照顾年幼的孩子（尤其是一个性情儿）所需的能量消耗考虑在内。于是，她和埃莉像两个弹球嗖嗖四处乱撞。

当你计划庆祝活动或度假时，先制订计划，然后将计划中的活动减半。不要为难自己，以为你可以全都自己来，或只要你更能干一点，就可以解决这些事。你有一个性情儿。你已经更努力了。你在探索更多情感、教授更多技能。你在帮一个“更多”的孩子做好生活的准备。

金姆手持许可，回到家就大刀阔斧地削减那些“应该”做的事。后来，她告诉我她首先从糖霜曲奇开始。“我们每年都要做糖霜曲奇，”她说，“这是家庭传统。”

我在揉面。孩子们在大喊大叫，我丈夫在吼他们，让他们闭嘴，家里的狗在地板上尿尿。这应该是快乐的事？我甚至都不喜欢糖霜曲奇。我把面粉扔到垃圾桶里，坐下来，开始列“有趣”和“无趣”的清单。然后，我开始一口气说出我们做的那些事：“去薇拉姨家。”

孩子们一起大喊：“不，不，不。我们不去。”

我也赞同，不过在那一刻我好歹还知道闭嘴。“做糖霜曲奇。”我继续列举。

“我喜欢糖霜，”我丈夫说，“不过，和面、揉面太麻烦。”

我和他想法一样。我们继续把所有传统都讨论了一遍，可真多。不过，现在我们重新列了个清单，全都是有趣的事！今年，我们待在家里，请薇拉姨到我们家来。我们不做糖霜曲奇了，但我们在糕点店里买了一些，然后让孩子往上面撒糖霜。

当你诚实地面对自己，接受养育性情儿的现实状况，你会允许自己回家，而不是再赶一场活动；不用在奶奶家吃完午餐后又赶去外婆家吃晚餐。不是所有事情都要在今年的这一次度假中完成。随着孩子长大，技能提高，你就能延长旅程。享受每个阶段，和孩子一起慢慢长大。你不必着力于让大家快乐。通过为自己设定现实的期望，你就会有帮助孩子学会顺利通过热点的毅力和远见。

了解孩子的期望

“我今年真怕刻南瓜灯，”托德说，“如果刻好的南瓜灯和艾希莉预想的不一样，她就会变得很焦躁。今年，我学聪明了。我建议她先在纸上画几种不同的南瓜灯的脸，直到她发现自己真正喜欢的那个。她画了大概 20 分钟，才画出自己满意的那个。然后，她拿出一个可擦写的马克笔，在南瓜上画她喜欢的脸。她画完以后，我们开始切割。”

“首先，我顺着她画的线挖出眼睛——没问题。然后，我开始刻鼻子。她画了一个圆鼻子，还有两个小点作鼻孔。我挖了一块出来，结果留在南瓜上的两个小点看起来像字母‘i’——她也没抱怨。我都不敢相信我运气这么好。我继续刻嘴巴，刻出来的样子和她画的一样。她非常喜欢最后刻出来的南瓜灯！整个过程中，她一次脾气也没发。”

性情儿从不会忘记他们最喜欢的传统。他们的兴奋情绪积累了好几天，直到他们自己都承受不了。他们想象力丰富，脑海中早就有了节日或假期的图景。要避免他们情绪崩溃、失望，提前和他们交流他们记忆中去年的庆祝活动、假期是什么样的。他们喜欢什么？他们今年有什么期待？你可能无法满足他们所有的期望——这也很正常——但至少你私下在家就知道了他们的期望，而不是在一屋子人面前发现的。

当你把南瓜灯的样子刻“错了”或忘记去年玩过的游戏时，提前沟通也能帮你预防孩子失望的哭闹。这个过程也让孩子有时间想想自己如何负责这些事情。当然，失望和意外可能还是会有，但越少越好。

与亲戚、陌生人分享信息

“伊娃是我们家第一个孙女。全家人的注意力都在她身上，其实是件挺开心的事，但我们一进门，亲戚们就会一把抱住她。她的反应是：躲到我们身后，抱住我的腿，如果他们还要亲近她，她就会动手打人。她非常反感别人亲她。她会擦擦自己被亲的部位，用讥讽的口吻说，‘噢，恶心！’这让我爸爸很伤心。我很尴尬，而我的丈夫很生气。完全一团糟！”

帮助亲戚、陌生人了解你的性情儿，并与之合作，是她成功的关键。他们需要知道，孩子抹掉他们的亲吻，是因为孩子很敏感，而不是因为反感他们的喜爱。她进门后拒绝脱掉自己的外套，也没有像其他表亲那样跑到爷爷身边，因为她适应得慢。

大多数人想和你的孩子建立情感联系，但他们可能并不确定该怎么做。他们能用到的是自己过往习得的技巧，和观察你和孩子互动所获知的信息。和他们分享你的发现；和他们交流那些有用、无用的技巧，并解释原因。如果他们质疑你关于育儿技巧的新奇想法，提醒他们，育儿和其他所有事物一样，不断有新信息和研究出现。学习新技能是有益的。

在庆祝活动和假日期间，个体间要相互适应。性情儿需要学会成功面对这些情境的技能。其他人则需要尊重性情儿，允许他练习。

“但要是他们不这么做，怎么办？”梅丽莎问，“感恩节的时候，我们和我父母约在一家酒店度过。我爸爸带贾斯汀去了游泳池。贾斯汀不游泳，但他喜欢玩水。我爸爸给他带上游泳圈，然后开始拖他下水。贾斯汀吓坏了，大叫‘停！’但我爸爸根本不理他，继续拖着他在游泳池里转圈圈。最后，我只得跳下去‘救’贾斯汀。”

作为性情儿的父母，你有时得直接介入，去帮你的孩子。你可能要制止自己的父亲——这不是件容易的事。将此做为教孩子的一个机会。你可能会说:“爸爸,贾斯汀要你停下来。请你听他说话。他还在学游泳，要给他练习的机会。如果你让他在浅水区练习，他会更放松，也会更开心”或“爸爸，如果你让他先观察一下，他过一会儿就会来和你一起游的”。

“但是，如果对方不听你的呢？”布里安娜抱怨道。

“那就少去那里。”科迪带着拖腔说。

如果别人不听你的建议，而你的孩子面临困难，你可能就要做出选择了。你可以选择减少去别人家的频率和时间。你可以请别人到你家来，这样，你对环境有更多的掌控。

随着孩子日渐成熟，能更好地管理自己的气质，他们也就能应对困难处境。在孩子学步期控制你们的外出次数，不代表你要一直这么做。但维持短暂而成功的互动，比长时间不愉快的互动要好。帮助你的孩子成功——一次进步一点。

准备进入

教孩子如何问候热情的亲戚朋友，能增进他们的关系。如果你的孩子有个好的开始，全过程就可能会更顺利。性情儿可能难以开口问候他人，尤其是内向、慢适应型且有消极第一反应的性情儿。

孩子在问候他人时，需要你的支持。不要因为他的眼泪或勉强而感到尴尬。用你的言语和行动告诉他：你在他身边帮助他。你理解他，知道他会成功。

如果你的孩子处于婴儿或学步时期，一开始让他坐在你腿上。如果可能的话，和别人第一次见面、问候他人时，和孩子一起坐在地板上。当你和孩子一起坐在地板上时，他可以自由地从你身边走向他人，而不用经历“被放下来”这个阶段。当你坐在地板上时，年幼的孩子会更自如地走向他人，然后跑回你身边报平安。

如果你的孩子稍大一些，教他说“你好”、握手或击掌，然后找个舒服的地方观察，直到他准备好参与。客厅里的厚垫椅就是最佳地点，厨房餐台边的高脚凳也可能不错。任何能让他暂时退出活动而又不会显得反社会的地方都不错。

和孩子谈谈，他进入新环境前观察事物的需要。教他告诉别人：他通过观察学习效果最佳，也愿意热身后和别人一起玩。即使是专业的团队也会在热身以后才开始比赛、亮出本事。向他提起以前的成功，比如他第一次见老师。让他知道，在问候他人方面，他比自己想象的要更有经验、更娴熟。

如果你知道你们要去人很多的地方，就提前抵达。

当我在课上提出这个建议时，阿曼达马上评价说：“这个建议对我们真的很有效。克里斯多弗要花一天时间热身。如果我们只出去过个周末，他还没准备好，时间就过半了。现在，我们尽量最早到达——可能的话，我们会提前一整天到。这样一来，我们就有时间在人群到达之前解决新桌子、新床、新房间等问题。"

让孩子在面对陌生人之前有时间去习惯不熟悉的环境，能减少对他的能量消耗。这样能帮助他们成功。

通过给孩子看照片、提前视频电话，能缩短他们的适应时间。从学步儿时期起，提前给孩子看看杰伊叔叔的肖像或祖父母的房子，会有助于孩子适应。在网上找一些描述你们要去的地方的资料。上网虚拟参观一下。谈谈你们要做的事和要见的人。

注意人群

节假日通常也是人多的时候：排队、涌进商场、停车场，还有外婆家全都是人。在人群中，性情儿受到一拨又一拨感官刺激的冲击。他们就像人类中的海绵，会吸收身边成人的紧张情绪。空气中弥漫着火鸡和土豆泥，还有香水和汗水混合的气味。灯光闪烁，刺耳的音乐，叮当的铃声，还有歌声、咒骂声、唠叨声全都被性情儿吸收。没过几分钟，各种感官刺激冲击他们的身体，让他们不知所措。有的孩子倒在地上，在你脚边抽泣；还有的孩子完全不受约束，尖叫、大喊、乱跑。

"我们都知道，你不能一辈子都躲避人群，"我对小组成员说，"那么要怎样帮助你的孩子应对呢？"

"说实在的，我们学会避免部分人群，"麦克给出他的答案，"我们发现，如果不是每天都挤在人群中，他就能适应。我们去佛罗里达州的时候，我们就安排一天玩迪士尼，第二天在泳池边休息。一天去未来世界，第二天去海滩。海滩虽然人很多，但因为是开放的空间，所以孩子不会感到太大压力。只要我们给他安排适度的休息，他就表现不错——我感觉也不错。”

“我就给我姨妈打电话说，‘听我说，这些男孩如果一整天都关在屋子里，准要疯。你得把你家地下室清理出来，好让他们有地方玩儿。’”尼科尔说。

其他人听着她说，惊讶地张大了嘴巴。“你打电话要你姨妈清理她的地下室？她没生气？”艾丽卡难以置信地问道。

“我姨妈是个好人。她只是忘了家里有小孩是怎样的，所以我就提醒她咯。我告诉她不必这么做，但如果这样的话，我们就得晚点去，早点走。而且这种方法很有效。她把地下室清理干净，我们就让孩子们在下面随便跑，也不会吵到其他人。大家都玩得很开心。她还邀请我们明年再去他们家呢。”

艾丽卡吃惊地摇摇头。“我没有尼科尔的勇气，不过我倒是准备好了个背包，准备下周到我妹妹家过感恩节时带着。我在背包里装了四本孩子们最喜欢的书、一袋培乐多，还有个游戏玩具。如果孩子开始行为失控，我已经做好准备。”

“节假日期间，我从来不带孩子去购物。”杰西卡给出她的答案。

“你是怎么做到的呢？”梅根问道。

“我等到有人帮我照看他们的时候再出去。有时我会请保姆来，有时会和邻居轮换照看孩子，反正我就是不会带他们去商店。节假日的时候，商品种类更丰富，陈列更紧凑，让人难以抗拒。这种刺激让我都受不了，我对他们就更没耐心了。他们自己在家要好得多。”

“看来我们还挺勇敢，”罗伯说，“我们倒是带孩子去购物了。不过我自己也很讨厌购物，所以我们只会待一个小时左右。他们在这段时间内似乎感觉还不错。”

不同的孩子在不同的情况下，需要你用不同的方法，不过下次你的性情儿在置身人群中之前，想想你可以做些什么帮他成功。你可能要像杰西卡那样选择不去，也可能会像罗伯和麦克那样，控制置身人群中的时间和频率。也可能会像尼科尔那样，创造一个内向孩子独处或隔离的空间。还可能像艾丽卡那样，随身带上一些抚慰 / 镇定的物品。你决定做什么都可以，只是要提前想好，采取必要的行为帮助你的孩子成功。如果你的孩子稍大一些，可以让他一起参与制订计划。

内向的性情儿尤其需要离开人群，安静地休息片刻。对于性情儿而言，与人交谈、听他人讲话、回答他们的问题非常耗费精力。如果你知道你们要和一群人在一起待较长的时间，你需要安排点活动让孩子暂时远离人群，又不会显得不合群。无论他的技能提高了多少，他仍需要时间独处。如果你是内向的人，你也会需要。

小心礼物

礼物怎么会成为性情儿的隐患呢？性情儿的每种情绪都很强烈，无论是幸福还是失望。礼物不是让我们兴奋，就是让我们的希望破灭。礼物还有意外因素。慢适应的孩子讨厌意外。严肃的分析型孩子会因礼物惹上麻烦，因为他们不是那种擅长表达溢美之词的人。这可能会让送礼物的人失望，他们花几小时的时间挑选、寻找合意的礼物，结果却看到孩子板着脸打开礼物，还得要人提醒说声谢谢。性情儿是不懂感激的顽劣儿童吗？他们是被宠坏了吗？不是的，但他们确实需要你帮他们学会有礼貌地接受礼物。

你给孩子买的礼物，要能激发孩子做出你期望的行为，以此帮他获得成功。在明尼苏达州的冬天送孩子滑板车或自行车，就是诱导孩子在客厅里玩这些。如果你不想你的性情儿把你家房子给拆了，那就不要在户外零下 12℃的时候送他滑板车或自行车。等到春天或夏天再送这种礼物。你买的书或音乐，确保你自己也喜欢。有意志力的孩子会要求一遍又一遍地听自己最喜欢的故事或音乐。如果你不喜欢，你也得忍受。送电子、电动玩具也要谨慎，因为这些玩具可能会在刺激已经很多的环境中增加噪音、提高刺激水平。

许多性情儿喜欢那些能让他们发挥想象力、进行试验的玩具。比如玩具小人、积木、乐高、玩具屋、工具箱、音乐和故事音频，以及玩偶服装，都是可以有多种用法的经典玩具。

性情儿也喜欢滑板车、三轮车、蹦床、自行车、立体方格架这类运动玩具。确保你有地方使用、存储这些玩具。运动玩具在使用时需密切监控，防止孩子过度兴奋。当行为开始有点失控时，就该安排抚慰、镇定活动了。

照相机就是个完美的礼物。一个高能量水平的孩子手持照相机以后，突然间他满屋子晃，在楼梯上看着下面的人群，拍照而不用坐在桌边就成了社交上可接受的行为。

性情儿也常常因礼物而惹上麻烦，因为他们马上就想打开！所有的孩子都会因为礼物兴奋，但情感强烈的孩子几乎无法克制自己。你可能要提前打开部分礼物，来释放他的兴奋情绪。也许可以先打开礼物，然后再进行其他活动。无论你决定怎样做,要让孩子知道将要发生什么。帮他找到释放自己兴奋情绪的方式。

记住，尽管送礼物的关键在于惊喜，但惊喜是一种过渡，而慢适应的孩子不喜欢过渡。你仍可以通过帮助你的孩子管理惊喜，从而帮助他享受礼物。关于包装纸内是什么东西，可以给他一些暗示。一些小花絮能帮他做好准备，调整自己的情绪。

八岁的亚瑟非常想要个麦克风作为生日礼物。她非常喜欢唱歌。亚瑟的妈妈给她买了一个，但为了不让她知道，就告诉她麦克风太贵了，买不了。

亚瑟的妈妈不知道的是，亚瑟伤心极了，失望难过了好几天。不过，她慢慢调整好自己的情绪，到生日那天，她准备好接受别的礼物。亚瑟的妈妈笑容满面地把装有麦克风的盒子递给亚瑟，她很高兴，心想这次终于送了亚瑟真正想要的礼物。

亚瑟打开盒子，看了一眼，就放声大哭，还跑到房间里躲起来。亚瑟的妈妈惊讶地倒抽一口气，然后就生起气来。她很恼火，也很失望，觉得不管自己做什么，似乎总不能让亚瑟满意。

亚瑟的妈妈不理解的是，自己的女儿并不是不领情，而只是不知所措。亚瑟被迫在短时间内完成过渡，她无法恢复，而只能跑去隐藏自己的强烈情绪。如果你知道你不能给孩子她想要的礼物，就诚实地告诉她。如果有特别的礼物，不要骗她。给出暗示，让她知道可能会有她想要的礼物。不要强迫她在别人面前应对自己强烈的失望或意外。

当然，有时你也不知道礼物是什么。你不能避免所有的意外，但是你可以和孩子玩“如果”的游戏。你可以问：“你想哭怎么办？”“你会怎么做？你会去哪里？你会跑去洗手间，坐在我腿上，还是去你的卧室？如果激动的感觉传遍你全身，你会欢呼大叫吗？你会在厨房里乱跑，还是需要出门？如果你觉得你哥哥的礼物比你的好，怎么办？如果只有莎蒂有礼物，怎么办？你会有什么感受？”“如果”游戏帮孩子设想多种可能性，做好失望的心理准备。当孩子做好心理准备时，她的言行可能就会更得体。

最后一点，谈到礼物，分析型的性情儿需要学会有礼貌。他们对质量、款型和数量有着敏锐的观察力。当你挑选大家电时，他们这种特质会派上用场，但如果在生日派对上，可能会让你有点难堪。分析型的孩子可能想都没想就会评论说，“噢，恶心！看那个装饰，”“这衬衣真丑，”“我已经有这本书了，”这些评论会让你满脸通红，恨不得钻到桌子下面。如果你想让孩子说出得体、有礼貌的话，那就教他你希望他说的言语，比如“苏阿姨，这件毛衣真有趣！”或“奶奶，这是我最喜欢的书之一！”别让分析型孩子随意表达，提前给他指导，让他练习。

当孩子学会优雅地接受礼物，找出那些他做得好的地方。表扬他的热情、他等待时表现出的耐心，或他拥抱奶奶表现出的友善谢意。突出展示他内在的天赋。

为更换服装做好准备

节假日和庆祝活动期间，大家可能都要穿一些平时不怎么穿的挺括、扎人的正式服装。对于那些适应得慢且对质地敏感的性情儿而言，盛装打扮可能会引发大战。但也不必总是如此。

不要让孩子在活动当天才第一次看到他的新套装。记住，性情儿需要时间来适应事物。提前几天，把孩子要穿的衣服拿出来，让他看一看，穿上身试一试，甚至还可以闻一闻。如果他想穿这身衣服，设一个定时器，以防他发现自己喜欢这身衣服后不想留到活动时才穿，你们又因此起争执。练习有助于保证到了特殊场合，孩子不会觉得衣服是全新的。一旦他调整了自己的消极第一反应，他就会更配合你。

如果他要穿化装服，一定要跟他强调“装扮”二字。所有学前的孩子都要学习真实与非真实的区别。学前性情儿想象力丰富，他们可能不确定自己穿上化装服后是否真的会变成自己装扮的人物，于是会感到不适。即使他们知道自己不是装扮的那个人物，他们可能还是会表现出装扮人物的行为。选择那些鼓励孩子做出你期望行为的化装服！

你选择装扮服装时，考虑你孩子的风格。性情儿是富有创意的思想家。他们对风格的想法可能和你很不同。你可以对自己说：“我的孩子是属于他自己的个人。我可以教他基本的标准，然后抽身，让他毫无羞愧地展现自己的风格。”养育性情儿有个好处就是，他们很早就让我们为青春期做好准备。在别人家因为青少年穿衣服的问题而起争执时，我们早就在多年前解决了这个问题。

不干预孩子并让他展现自己的风格并不总是很容易。至少对蒂芙尼和她的女儿莉比是如此——莉比是位年轻时尚的女性，即便只有五岁。

“莉比自打会说话起,她就明确表示自己讨厌裙子,”蒂芙尼对我说,“我真是要和她搏斗，才能让她穿件裙子，然后她就会生气噘嘴。我无法忍受这种争执，于是我开始让步，只是坚持让她在一些特殊场合穿裙子。那次，我们准备去一个非常高档的餐厅庆祝我父母的结婚周年纪念日。莉比那年五岁，挑了一套自己想穿的正式裤装。我非常仔细地考虑了一下。我能让她穿裤子吗？我有点担心。如果她穿着这身衣服去参加庆祝活动，会不会让我父母尴尬？”

“我最后还是觉得这套衣服挺不错。我同意莉比穿，因为她穿这套衣服比穿裙子漂亮多了。

“当天，我还是很紧张。此时，我的妈妈也穿着裤子从她卧室里走了出来!

“‘我这么穿是不是太大胆了点？’我妈妈转向我，问道，‘这比穿裙子舒服多了。’

“莉比突然鼓起掌来。‘外婆，你这不也是有性情吗？’她高兴地尖叫起来，还一把抱住了外婆的腰。

“我大笑。看来欣赏性情不仅只让莉比受益了。”

帮助他们入睡

睡觉可以算得上是节假日期间最让人受挫的热点——至少对艾米丽是如此。

"达蒙要花几小时才能在酒店或别人家放松下来，总是如此。当然了，我姐姐的孩子就是那种无论在哪儿，一放到床上就能睡着的。她在外面和大家聊天，我就困在卧室里陪着号啕大哭的孩子。看起来挺不公平的。最糟糕的是，我觉得自己真没用，都不能把孩子哄睡着。我唯一能做的就是帮他放松下来。随着他慢慢长大，放松的过程也越来越短，但这还是一个漫长、尴尬的过程。"

获得充足的睡眠一直都很重要，但在节假日期间尤为重要。孩子休息好了，才有精力去应对新事物，但性情儿往往难以在新环境中入睡。

提前让孩子看看他睡觉的地方，这样到睡觉时就不会有意外。相比在家中，要准备在睡觉时间给他更多支持。孩子越小，你就越难向他解释清楚是什么在烦扰他。预料到他可能要花更多时间放松、入睡。你可能需要坐在他身边，或摇晃他来帮他平静下来。

一定要带上你的道具——他自己的枕头或毯子、助眠机和其他任何能帮他放松、提示他睡觉时间的物品。严格保护孩子的午睡和晚间睡眠。保证孩子每天午睡，保证每晚入睡时间一致。

随着孩子慢慢长大，和他谈谈他在新环境中所需的放松下来的时间。鼓励他在休息之前给自己读书、深呼吸、放松全身肌肉。让他知道这是正常的。他只是兴奋了。

旅行时先说明期望

旅行让你节假日的问题全面升级。长时间在车里、飞机上受到限制，让你在到达目的地以前就开始头疼。正因如此，你要制订旅途计划。

我一直很佩服我的朋友薇琪，她是一位有精力、有技巧的妈妈。但是，她那天打电话告诉我，她带着五个孩子——两个性情型、三个生气蓬勃型——开车开了 1770 公里时，我开始怀疑她对现实的理解。她在向我描述这次行程时，甚至还用了“度假”这个词来描述这种艰苦跋涉。

她怎么挺过来的？她制订了成功计划。这不是偶然，也不是运气，而是她做好了准备。她设定了明确的良好行为期望。一边在高速上开车，一边对后座的孩子尖叫可不是放松旅行——最好建立明确的期望，鼓励孩子的良好行为，让你能专心开车。

“我用了手机上的定时器，带了很多扑克筹码，”薇琪告诉我，“我告诉孩子们，他们能在车里好好地坐在安全座椅上、不打闹，每安静地玩 15 分钟，就能赢得一个扑克筹码。”

这时候，我开始怀疑她孩子的智商，不过她还没说完。

“他们每集齐四个筹码，就能跟我换一美元。”这下，我就能看出点道道了。

“就连两岁的孩子也很喜欢，”她高兴地大声说，“我把定时器设为 15 分钟。当时间到了，每个达到期望的孩子都得到一个扑克筹码。我试过把定时器设为 20 ~ 30 分钟之间，但都不行。只能是 15 分钟。当他们声音开始变大，我只用说‘你们还要筹码吗？’然后他们马上安静下来了。”

“你这样花了多少钱？”我问。

“每个孩子花了 21 美元，”薇琪说，“而这些是他们旅行期间可以花的钱。这样很好，他们也不会缠着我要这个要那个。我只会告诉他们，这是他们的钱，他们想怎么花都可以。这还可以帮他们理解一美元的价值。八岁的孩子会问我，这个多少钱，那个多少钱——他回到家时，手上还剩 15 美元，因为他想存着，以后买点特别的东西。”

透明的期望为合作定下了基调。孩子知道自己可以选择做什么，也知道他们行为的结果。对良好行为的激励就起作用了。

只有明确的期望也是不够的。定时器、扑克筹码、美元兑换都还不足以买到几小时的车内宁静。

薇琪也承认，的确还需要做一些事。她每两小时就会停下来，让每个人都摆脱约束，也给孩子机会到处跑一跑。他们在公园、休息站野餐，孩子们可以跑、爬，还可以玩薇琪随身带的球。每个孩子都有个塑料桶，里面装着马克笔、书和一些简单的游戏玩具。因为电子游戏和电影的刺激水平很高，所以这两项活动是不允许在车里进行的。他们晚上在一个带泳池的酒店里度过。

制订旅途计划，来保证你们到度假地或祖母家时，不会疲惫不堪。带上一些活动用品，将唱歌、讲故事列入计划，也知道什么时候停下来休息。很多时候，庆祝活动或度假最愉快的部分就是旅途本身。

旅行时，时区的变化也是一大问题。如果时差只有一小时，而且你们也只打算过个周末，那就考虑“留在家里的时区”，而不要更改作息时间。如果时差大于一小时，或你们旅行时间较长，那么维持例行事项，但要按新时区的时间执行。到户外暴露于阳光下，有助于调整生物钟，适应新时区。

回到家以后，预计你和孩子需要长达三周的时间从显著的时差变化中恢复过来。在此期间，降低要求，预料到你可能要在睡觉时给孩子更多支持，夜醒频率、早起次数也会增加。情绪崩溃的次数也会在这期间变多。每个人都会恢复，不过需要时间。

打造一个旅游枢纽

去年，你租了一栋沐浴在阳光中的古雅小别墅。你的性情儿在河里游泳，挖河边的沙，第一晚过后，他都睡得很好。这是一次美妙的度假经历。

今年，你决定玩点带劲儿的。你们自驾游东海岸，每晚到一个新城市，入住一个新酒店。而这次却是一场灾难。你的孩子疲惫不堪，你也是如此。

怎么了呢？有消极第一反应的慢适应型孩子无法应对太过频繁的变化和新体验。为帮助孩子成功，考虑建立一个旅游枢纽——酒店、亲戚的家或露营地，你们可以待上两三天，然后再去下一个枢纽。通过建立枢纽，你给了孩子时间去适应陌生的地方。他也有机会去了解周边的事物，获得安全感。他会睡得更好，也更有精力应对。

你还可以买些食物和瓶装水来扩大枢纽。敏感的孩子会对新食物、水的变化产生反应。环境和食物越熟悉，孩子就越容易适应。

孩子越小，枢纽就越重要。随着时间的推移，孩子的成功经验越来越多，稍大一点的孩子就会越灵活，枢纽也就不那么重要了。成功经验来带更多成功。有一天，当这个适应性慢的两岁孩子长到九岁时，他已经很老练了，已做好全国游的准备。

抽时间运动

山姆是个游泳健将，因此，当他妈妈带他去参加会议时，他们订了个计划。他们下飞机后，要开两小时的车抵达目的地，此时他们的第一个活动就是去游泳池里游泳。这是他们两人在辛苦的旅程后都需要的放松活动。游完泳以后，他们吃了点熟悉并且健康的食物，然后一起去招待晚会。六岁的山姆展现出完美的绅士风度，成了当晚的明星人物，多亏游泳让他体内充盈着抚慰、镇定激素，健康的点心让他不会太饿。运动让我们的身体平静下来，让我们更容易应对新环境、面对人群、耐心等待。将运动列入你家庭的每日计划中。每个人都会受益。

为失望做准备

性情儿容易在庆祝活动和假期间精神亢奋，过后又容易低迷。他们的确会进入极端状态。做好准备。不要让自己太辛苦，那样你就没有足够精力帮助孩子恢复正常的作息。稍大一点的孩子能自己制订计划。十一岁的海兹尔告诉她妈妈："我非常喜欢圣诞节的感觉，但是我很讨厌圣诞节后的感觉。我把这份礼物留到自己感觉很不好的时候再打开。"她也确实这么做了。

作为性情儿的父母，在计划节假日和庆祝活动时的确需要考虑更多。有时，你会觉得要做的事太多。但如果你把这些事做好了，这些活动会因性情儿而别有乐趣，会因他们的热忱、激情和旺盛的精力而丰富多彩。

㉑ 在学校获得成功

我不想他被别人“议论”。我只想他受到珍视。

——凯蒂（两个孩子的母亲）

为什么送孩子去学校不容易？你以为我们会开心——感激这种休息。也许你也的确开心。这是一种宽慰，也是一个里程碑。不过，当你的儿子或女儿第一次独自登上车——或松开你的手，走进幼儿园教室——离开你时，你可能会发现自己眼眶湿润，视线模糊。他要独自面对世界了。你紧张地倒吸一口气，希望他遇到的人能珍视他，而不是把他当成异类或捣蛋鬼议论。但是，你无法确定，你只能站在那里祈祷他成功、喜欢学校、交到朋友、对老师面露微笑而不做鬼脸。

性情儿能在学校获得成功。管乐团、学校戏剧表演的主角、赢得比赛的队伍、高阶学习项目中，你都会看到性情儿的身影。无论是在蒙台梭利学校、当地公立学校、教区学校，还是私立学校，他们都能获得成功。学校的类型或地点都不重要。重要的是学校要有温暖、积极的氛围，尊重孩子的感知力，差异化教学，以及积极的行为管理。在具备这些条件的学校，性情儿就会健康快乐地成长。

性情儿在同龄人口中只占到15%~20%，所以找到合适的学校是有难度的。性情儿需要自助餐式的学习环境：丰富教导技巧与个体化的结构相结合。否则他们总会感受到压力，被迫适应某种不属于自己的学习方式。长期被迫服从的孩子永远无法感受到完全的自如。他们会变得疲惫、沮丧，可能因此做出宣泄行为，或干脆放弃。有时，孩子的情绪崩溃会发生在学校，但更多时候会出现在家里，因为家里是发泄的安全地点。值得庆幸的是，性情儿并不需要百分百符合他们气质的完美班级——只需多数符合。当性情儿能在大多数时候以自己偏好的方式学习，偶尔不符合他们偏好的方式也就算不上什么问题。那么，如何帮助你的性情儿在学校蓬勃生长？有三个关键因素：(1）找到一个优质班级；(2）与学校合作；(3）在家中采取支持措施。

鉴别优质学习环境

一天，我在研讨会上对小组成员说："如果你住在大城市，你可能有很多学校可以选择。但如果只有一所学校选，你可能只能在同一个年级中挑选班级了。即使选择很少，甚至没有选择，你还是要能看出你的孩子是否在优质班级，这很重要。"

当我分享这则信息时，大家的抱怨声此起彼伏。我转向尼科尔（一位年轻的单身妈妈)。"我该看些什么呢？"她问，"我又没有教育学硕士学位。我看课程时，都不知道好不好。我都不知道怎么分辨一个老师好不好。"

"很容易，"我回答说，"因为你了解自己的孩子。你挑选好学校，不需要硕士学位。你所要做的不过是走进一间教室观察，挑一个让你想起自家性情儿的孩子，看看他表现如何。你要观察三个关键因素：情感支持、教学支持和教室管理。我会给你一份清单来解释我的意思。"

情感支持

●欢乐：老师、学生、工作人员和来访的家长看起来都很开心。

●平静：你一进教室就会自然而然地放松下来。你不会突然觉得胃收缩、翻涌，颈部肌肉绷紧，肩部忽然高耸至耳垂，或不由自主地睁大眼睛。相反，你会发现自己很放松，受到吸引。你想成为这里的一员。不会有内在的警示系统发出警报："赶快跑！"

●珍爱：墙上布满了孩子的照片，展现孩子家中的生活、文化和兴趣，增添色彩，也传达了明确的信息：这里欢迎一切。大家直接称呼孩子的姓名，会问到孩子家的新宠物、小宝宝，或奶奶的病情——可以看出这里的成人了解这些孩子。

●尊重：有真实的对话。孩子的意见和想法受到重视。当孩子用"出乎意料"的答案回答老师的问题时，不会遭遇轻蔑的声明："我们现在讨论的不是这个！"而是得到认可和尊重的引导："噢，你有不同的想法，我们稍后再讨论。"

教学支持

●博学：你会听到孩子活跃地大叫"老师，老师"，迫切地想要分享他们的发现。他们的眼中闪烁着光芒。他们兴奋地告诉你，他们在学什么，为什么学。

●充满活力：教材能起到促进作用，活动多样，老师通过图像、语言和身体给出指引。全天穿插安排运动。有丰富的模型、示范。鼓励创新。孩子以小组或独立的形式学习。无论孩子是内向型，还是外向型，总有适合他的形式。

●安全：期望明确、简单、一致、可视。孩子会将接近他们的成人视为帮手，而不是威胁。孩子知道什么是得体的行为，老师提前教孩子解决冲突的有效策略。当你听到一个孩子对另一个提出要求：“你得分享！”你不会觉得意外。另一个孩子没有与之发生冲突，而是回应说：“嗯，这倒是个主意。要不我们交换？”

●有序：明确传达班级的例行安排。

●温暖：安慰的拥抱、温柔的抚摸和倾听的耳朵都是治疗眼泪，甚至生气叫嚷的良方。没有让孩子羞愧的行为，也不会对孩子吼叫。

●舒适：教室内的环境有利于健康与幸福。孩子没有皱鼻子、挤眼睛等不适或疼痛症状。孩子看起来身体舒适。当你深呼吸，闻教室的味道或关注教室的灯光和温度时，你也会感到舒适。

如果你通过看、听、感受，找到这样一个班级，那这里肯定有非常好的学习环境。

“我这个星期正在了解一所学校，”尼科尔回答道，“我会试试这个方法。”

第二周，我迫不及待地想听听尼科尔的经历，小组中的其他成员也是如此。

“真是棒极了！”我们还没来得及坐下来，尼科尔就忍不住开始说了。

我观察了一所学校里的两个班级。差别可真大！两个班里，我都能找到一个让我想起我儿子马克的孩子。有一个甚至长得都很像他，他们两个都像马克那样喜欢在房间里跳来跳去。有一个班上，孩子们在教室里随便走动，自由选择桌子和学习小组，老师看起来丝毫不介意。他们被教材深深吸引，相互间虽然有交流，但是都全神贯注。老师时而站起，时而坐下，和孩子们一起在教室里走动、说笑。她看起来真心喜欢所有孩子。我还听到她问我观察的那位小男孩，他刚出生的小弟弟好不好，然后又问他爸爸是不是还在日本。我在她身上看到了真诚和关注。

我观察的那个小男孩叫尼克。他从教室的另一头蹦蹦跳跳跑到这位老师面前，给她看自己刚写的字母“A”。“看！”他高兴地叫道，“我写了 apple！”她意识到尼克只理解了上节课的一部分内容——她总能了解孩子的心意。“哇，真棒！你写了个字母 A。”她故意拖长 A 的音，继续说，“Aaaaple，是 A 开头。”然后，她提议道，“我们看看字母表，看能不能在上面找到你的 A。”尼克认真仔细地看了一遍字母表，在上面找和自己写的一样的字母。当他终于在字母表上找到了，他高兴地跳了起来，洋洋得意地指出那个字母。老师和他击了个掌，他就走到一边，继续照着示例写字母 A。

课间休息的时候，我向这位老师问起尼克。她微笑着说：“他是我的最佳小跑腿，而且他很有幽默感。”

在小组时间，孩子们都围坐在她身边，只有两个孩子在外围。一个孩子躺在小组边缘的地板上，不过也没有影响大家。另一个孩子在玩一个小玩意儿，每隔几秒当老师将书翻页时，他就抬头看一下。很显然，他也在听，而且也没有影响其他人。这两个孩子都没有受到责罚。

但过了一会，这个小男孩就越界了。他给自己的小玩意儿加了个“发动机”，他的声音变大了。所有人都扭头看向他。老师示意要他加入小组。她用手臂抱住他，把他拉到自己身边，然后在他耳边轻声告诉他，可以选择加入小组或休息片刻。他选择放下自己的小玩意儿，坐在老师身边。老师继续刚才的活动。整个过程中，没有吼叫、威胁、羞辱或斥责。界限清晰，也得以尊重、自信地执行。

在第二个班上，我选了亚历克斯，他也是个让我想起马克的孩子。在这个班上，孩子们坐在椅子上的时间可多了。亚历克斯就一个劲儿地扭来扭去，咬铅笔。这个班上的老师对他们说，如果他们写的字母和示例不一样，他们就要被退回到幼儿园。我觉得她是在开玩笑，但我从亚历克斯的表情上可以看出，他觉得老师是认真的。

和尼克尔一样，你也可以鉴别出适合你孩子的班级。你只需通过观察一个和你孩子相像的孩子在教室里的表现，就可以感觉出、看出这里是否适合你的孩子。用耳朵倾听证明老师敏感性的温暖对话。享受孩子间活跃讨论的旋律。关注教育者使用的言语：温柔鼓励孩子理解更深层次的内涵，或以更复杂的方式思考。相信你所看到的：微笑、快乐的肢体语言，骄傲地展示努力和成长。在孩子需要得到引导时，相信你的直觉。当你发现孩子犯了一个小错时，孩子会羞愧地紧缩身体，或表现出一丝内疚，而孩子是否能够得到支持，保证他下次做出更好的选择?

不要让名声或传闻模糊你的视线，干扰你的直觉判断。适合某个孩子的班级可能完全不适合另一个孩子，因为他们的气质不同。因此，你不能依赖邻居的建议，尤其是在你孩子的性情与隔壁家孩子完全不同的情况下。你要走进教室，找到那个适合你孩子的班级。

如果是日托班，去看看那里的孩子是否午睡。孩子能否在午睡时间入睡，是日托班的情绪氛围标志。孩子肯定要有安全感才睡得着。

如果你的孩子是外向型，注意当孩子频繁举手、问的问题太多时，老师是否会抱怨，还是会认为这些孩子思维敏捷，对自己的知识有自信。

如果你的孩子适应得慢，关注其中的过渡事项。你在公告牌上看到日程表了吗？每个人都能通过这个日程表知道当天安排吗？有可预测的规律吗？你在过渡之前听到了提前告知吗？这里的过渡多吗？和你孩子相像的孩子能自如应对每次过渡，还是会遭遇困难？

如果你的孩子情绪强烈，密切关注班级上的情绪氛围。看看老师如何回应孩子的情绪，有哪些活动可供孩子疏导强烈情绪。处于红色区域的孩子会出现神经静态，这种状态会干扰其学习。明尼苏达大学梅根·甘纳（Megan Gunner）指出："孩子感受如何与孩子如何思考一样重要。"

如果你的孩子感知力强，留心听老师的指示。这些指示清晰吗？既能看又能听吗？

如果你的孩子精力旺盛，教室设置有结合运动项目吗？研究人员发现，少量运动能延长注意力的持续时间。五年前，沃德小学开始实行"读与骑"项目。工作人员在一间教室里配备了够一个班学生使用的固定式脚踏车。老师全天都可以带学生去使用。参加该项目时间最多的学生达到 83% 的阅读熟练度。而那些参加项目时间最少的学生不及格——只有 41% 的熟练度。运动很重要。

高度敏感的孩子需要知道他会在哪儿吃午餐。如果学校没有餐厅，孩子要在自己的课桌上吃午饭，敏感的孩子可能一下午都要在弥漫着香蕉和金枪鱼三明治的味道中挣扎。

而且，也别忘了你内向的孩子需要教室里有供他休息的空间，能让他享受片刻的宁静，有点私人空间！无论你孩子有什么特质，都要看看这个班级是如何管理这些特质的。

“你找到合适的班级后，是怎么做的呢？”尼科尔问道，“我知道我想要马克去詹森夫人的班，就是我看的第一个，但是学校规定家长不能挑老师。”

我解释说：“学校有这样的规定，是为防止大家都选詹森夫人，之后却不是所有人能进她的班，又因此生气。这是一种保护措施。”

实际上，学校的校长和老师想和你们合作。他们也希望你们的孩子在学校有良好表现。你完全可以写封信给校长，描述孩子的品性，以及你认为他在哪种老师的引导下会最成功。尼科尔可以写一封这样的信：

尊敬的校长：

我的儿子马克将于9月在贵校就读。我想向您简单介绍一下他。他是个精力旺盛，喜欢运动的孩子。他喜欢足球和篮球。如果有老师能包容教室内的活动，并创造运动机会，他可能会学得最好。他还很敏感，对轻声说话的人会有最佳回应。大声说话会吓到他。

我最近参观过贵校。詹森夫人看起来有许多特质可能会很适合马克。我希望你们在安排马克的班级时能考虑这一点。如果马克不能进入詹森夫人的班级，你们如能把他安排在相似老师的班级，我会非常感激。

谢谢！如果您有任何问题，您可以拨打我的电话或发邮件给我……

大多数校长会尽力尊重你的请求。他们希望你和你的孩子快乐。他们确实会尊重你的建议。在春季的时候就给学校写信，这时校长还有调整孩子班级的余地。到夏季以后，校长越晚收到你的信函，就越难安排你的孩子进指定的班级。你的信函要简洁明了，让校长知道对孩子最重要的信息。但是，也务必表明你们愿意接受校方的不同选择。相信校长了解自己的员工。也许在读了你的信或见了你的孩子以后，校长可能会想到另一个老师可能更适合你的孩子。而且，校长可能还知道詹森夫人的一些别的特质，而你在参观期间并未看到。和校方共同合作，相信双方都在努力为你的孩子创造最“合适”的环境。

在孩子入学前花些时间找到适合孩子的优质班级，你就缓解了不少潜在问题。你找到了一个相信可以培育孩子的环境。你会相信学校，孩子也会。信任让我们进入平静能量的绿色区域，做好学习准备。

与学校合作

多年的研究一致表明，家长参与学校活动和教育的孩子比家长不参与的孩子更成功。利用每次机会去参与孩子学校的活动。当然，这肯定受到其他要求的限制，但尽量参加学校的会议、家长开放日、表演。主动参与班级的工作,协助校外旅行考察。你参与孩子学校的活动越多，你就越可能建立良好的沟通机制。在学校野餐或其他活动的几小时内，你和校长交谈，或见见孩子的同学和同学的家长，可能有助于预防问题发生。如果确实有问题出现，在学校野餐时的友好对话仍可能继续，也让你们更快更友好地解决问题。

分享信息

“我应该警告老师吗？”本开玩笑地说，“说真的，我应该对卡西迪的老师说些什么？我应该什么都不说，让老师自己发现，还是告诉老师他在家里喜欢什么？我不想让她有偏见，但我想给予力所能及的帮助。”

你不用警告孩子的老师，但是你要告诉她一些信息。入学第一天，老师会见到分到自己班上的孩子。她要快速了解每个孩子的特点和个性。你可以与她分享一些信息来给予帮助。在你分享的时候，要记住我们在第2章中讨论过的标签。要使用那些凸显孩子优点并弱化孩子缺点的言语。

“诶，那我做对了，”凯蒂插话了，“伊森的学校在第一天早上安排家长和孩子一起去。我那天和老师交流的过程中，只是简单地提到了他的个性。我告诉老师，伊森刚开始上学可能有点困难。我对老师说，如果她希望我配合让伊森做任何事，她可以告诉我。我还发现，学校在第二周会拍‘小丑’的照片。我告诉老师，伊森害怕小丑，可能需要多一点帮助。第二周，我给老师打电话，想了解伊森在学校的情况如何。老师说，我说对了，伊森不喜欢小丑，不过因为她事先知道，他们就提前做了安排，让伊森站在她身边。伊森做到了，也为自己感到骄傲。”

“我让莉比的老师知道，她非常内向，”琳赛补充道，“我告诉她，莉比如果能稍微坐在小组外围一点，她会状态更好。她喜欢在参与以前先在自己的脑子里演练一下。有时她看起来好像没有听讲，但她什么都听进去了！我觉得当我告诉老师这些信息的时候，她看起来好像松了一口气。”

你向老师描述孩子的典型反应、分享有效的合作技巧，老师就获得了有效教导孩子所需的信息。当老师意识到，你支持她并愿意帮她教育你的孩子时，大家都有了一个良好的开端。

出现问题时

“我好累。”塔拉轻声叹了口气，“我真是厌倦了卡拉的老师对她的抱怨。我尝试了我们所说的所有办法，仍然不起作用，怎么办？卡拉现在缺勤的时候比出勤的时候还多。她病了，起初我们还以为她得了流感，但我知道没这么简单。我们觉得她是怕老师。她以前没碰到过男老师，而且这个男老师还有吼人的倾向。他没有对着卡拉吼叫，但卡拉很敏感，她只要一想到有人可能会生气，就会变得忧虑不安。我们和老师也谈过，还给他发过邮件，但感觉他好像认为我们在为卡拉找借口。我敢说我每次和他交谈时，他都在想办法搪塞我们，而不是认真倾听。我们还让校长介入，但他只是说‘她在生活中总会碰到自己难以面对的人，而她需要学会面对。’这番话也的确有道理，但是我的小女儿受到了伤害——很严重。我能指望整个机构为一个孩子改变吗？”

塔拉的痛苦是真实的。我们都能感受到。她无力的身躯都在讲述父母的痛楚：当你害怕自己无法保护孩子，当你不知道做什么来保护孩子时，那种撕心裂肺、肝肠寸断的疼痛，让你不禁倒吸一口气。

我安慰她说：“有时，尽管你尽了自己最大的努力，你的孩子还是会在学校面临挑战。为了找到解决办法，你要支持她。你要提出问题，并寻求你所需的答案和支持来帮助孩子成功。做一个支持者并不容易，需要投入大量的时间和精力，还要具备情绪耐力。你有时会觉得很无力，但其实你不是。肯定有可以改善情况的事是你能做的。”

我转向小组成员说：“想一想。你能做什么来支持你的孩子？”

“不要因为一次消极经历就否定所有，”卡尔回答说，“去年，我也是和我儿子学校的校长没谈好。我试着和他沟通，但无果。我开始反感整个学校，但后来有个人让我去和校长的领导谈谈。我就这么做了。那个人非常友善。他给了我一些文档信息，和我谈了孩子的问题，然后跟我和校长一起坐下来，帮我们解决问题。直到今天，我都非常感激那个人。”

当我们的孩子在学校遇到问题时，我们很难过，非常难过。这种经历令人难堪，也会让我们想起自己上学时感到无力或痛苦的经历。这些情绪会制造障碍，让每个人都进入防御状态。你生气的时候，老师知道，但老师也是人。老师也有家庭的压力，可能还有学校的压力。他们每天还要教导二十多个孩子。如果我们在与老师的沟通方式上想得不够周到，我们的要求可能会让人不知所措，进而躲避我们。但与此同时，你也不必上过自信课才能和孩子的老师交谈。这时，你比以往更需要利用自己的良好沟通技能与学校的工作人员、其他资源合作。

安排一次与孩子老师的会面。相比邮件，面对面的沟通是解决问题更有效的方式。如果你想要别人听你说话，那就先找到一个你们都认同的切入点，即使这需要将消极转变为积极。比如，如果卡拉的老师说她太情绪化，塔拉可以说：“我们发现她在家也很敏感，很会关心人。”你通过找到认同点，从而设定了合作的基调。对方就会更愿意倾听。

孩子的老师在说话时，你要仔细听，而且在你试图为她着想时，尽量先放下你自己的想法。如果你不理解她的表述，请她解释一下。注意你的语气。你使用的语气要让老师知道，你在试着理解，而不是质问她。比如，如果老师说，你的孩子没有完成作业，你可以问："您能举个近期的例子吗？"深入挖掘，以了解问题是在什么时候发生的。是在某几天发生吗？是每一课都是这样，还是只在做数学题的时候是这样？如果是行为问题，出现问题以前，发生了什么？还要记得问老师，她觉得孩子在那种情况下的感受如何。这样有助于你发现孩子行为背后的情绪因素。如果老师评论说，你的孩子就是固执或懒惰，要记得这些是我们在第 7 章中讨论过的"封闭"行为，表明有事物给孩子带来了压力。

如果你不知道这其中隐含的感受和需求是什么，回顾一下气质特质来帮你找出问题所在。你的孩子刚进学校时哭泣，是因为这是一种过渡吗？你的孩子在排队时打架，是因为他很内向，需要更多空间吗？他分心是因为他感知力强，而他坐在鱼缸旁边？他作业完成得慢，是因为感知力很强，他要把所有知识点复习一遍才能找到切入点？找到真正的问题，你就能找到你们共同的利益。问你的孩子，当他做作业时，他的想法是什么，从而让他参与到调查工作中。他的回答可能是你没想到的。

当你和老师交流的时候，别以为老师就一定熟悉气质的概念。关于气质的研究在大学的课程里也只是简要介绍，所以，你知道的信息可能她并不知道。和老师分享本书，让老师知道你因这些信息受益。老师以前可能甚至都没有想到过要把行为问题和对气质的误解联系起来。

首先听老师讲述，能让她平静下来，也让她愿意听你讲述。重述老师所重视的事物，以保证你理解正确。解决问题的步骤和我们在第 9 章中讨论过的一样。

在你阐明老师重视的事物后，想想你自己重视什么，并向老师解释。关注你的利益，而不是立场。比如，塔拉可以说，“我希望卡拉在教室里能自在一些。”而不是“我希望卡拉离开你的班！”你通过关注利益，回避了责备。这种方法能让双方卸下防御，以创新的方式解决问题。

解决方案可能已经在教室里出现过。如果你曾参与、观察过他们的课堂，可以指出老师的哪些行为对孩子有益。比如，如果你的孩子因为不能安静地坐着而惹麻烦，你可以说，“我注意到，当你让迪伦躺在地板上时，他确实能集中注意力。”最好的解决方案是那些老师已经在做的事情——她只需做更多。其次是老师已经在做，但调整一些顺序会更有效的事。比如，你可以说，“我注意到，你在小组活动进行到一半时，做了健身操，在此之后，迪伦就安安静静地坐着了。你可不可以在小组活动前做健身操呢？”

如果孩子学习效果不好，寻找过往的成功经验。你可以说：“去年，罗梅洛夫人使用学习中心时，迪伦能完成他的作业。你是否也可以用这种方法呢？”或“你能和罗梅洛夫人谈谈吗？她的一些想法可能会有帮助”。解决方案的另一个来源就是一些在家能起到作用的主意，不过要确定这些主意在群体环境中有效。

当你提供解决方案时，要记得老师也有气质。他们可能也有消极的第一反应，可能适应得慢，或干脆自我封闭。不要强求。说出你的想法，然后表示愿意等双方消化一下信息后再次沟通。

还要注意你自己的气质。如果你情绪强烈，意识到你的冷静举止会受到自己强烈情绪的干扰。带上能交流的朋友或配偶，这样你就能在需要的时候退出对话，深呼吸。如果你是内向型，需要时间来消化信息，可要求下次会面。

也可以利用其他资源。请校长或学校的心理医生与你和老师一起开个会。如果你家的保姆、祖父母或其他人也很了解孩子，他们可能也能帮上忙。

当你的孩子遇到问题时，相信一定可以找到解决方案。大多数老师都尽职尽责。他们希望你的孩子在自己班上有良好表现。要灵活、创新地与老师合作，但也要记住，性情儿并不需要百分百符合他们气质的班级——只需大多数时候符合。

三周后，我又见到了塔拉。她自信地大步走进中心。“我们又回到学校准备去提供支持，”她说，“而不是责怪。”她特意强调自己的措辞，表现出她还不习惯，但意识到这种措辞的确对她有帮助。“我试着想办法解释我的担忧，”她说，“我在观摩游泳课时忽然意识到，我们不会在深水区教孩子游泳。我们会在浅水区开始，因为他们在这里能成功。于是，我又去找了校长，表达我对他观点的认同。我说，‘你说的对。她总会遇到自己无法好好相处的人。’他喜欢我的这种认同，然后我接着说，‘但是，你知道，当我们教孩子游泳时，我们不会让他们去水没过头顶的地方，我觉得教孩子如何与他人相处时，道理是一样的。’他竟然听进去了！他叫来了卡拉的老师，我们一起坐下来谈了谈。最后，我们决定让卡拉换班，不是因为这个老师不好，而是因为卡拉无法适应。这个决定大家都能接受，而且结果马上就显现了。

在近十天中，卡拉没有一天缺勤。”

性情儿能在学校获得成功。父母、老师、孩子都懂得性情，知道如何管理，他们通过合作，能让孩子在学校有积极快乐的体验——让学校成为欣赏个人风格，性情蓬勃的地方。

在家做好入学准备

孩子入学以前：即使你不能选择孩子上哪所学校、进哪个班级，你还是可以在家为他制订成功计划。和孩子谈谈学校。他因什么而兴奋？又因什么而担忧？

“我和我们家老大米卡交流时，偶然发现他很怕坐校车，”克莉斯多回应说。“我从来没想到这也是个问题，但对他真是如此。还好，我们邻居也是开校车的，于是她有天带着米卡一起上班，让他体验了一下。”

如果你的孩子要坐校车上学，在他第一次独自坐校车以前，创造机会让他看看校车里面的样子。找到校车停车场，带孩子看一看。各校区的交通运输部门的工作人员对待自己的工作非常认真。他们以自己的工作自豪，通常会很乐意让你们看看校车。

你也可以向当地公园、社区教育部门咨询，或通过其他学习课程了解他们是否有坐校车前往的实地考察计划。如果有，可以报名参加，你陪孩子一起去，这样，孩子第一次坐校车时就有自己最信任的人陪伴。

如果你的孩子要步行去学校，那就和他一起练习，在他上学以前和他一起走去学校的路。

了解学校的接送规定。许多学校要求把孩子送到学校专属车道，然后由老师带孩子进学校。如果是这种情况，你就要和他进行角色扮演了。挑一个宁静的周末早晨。还要请一个成人来帮忙：扮演接孩子的老师。你开车到送孩子下车的地点，打开门，让孩子自己下去。另一个成人扮演老师向他打招呼，然后带他走进校门。练习总能起到改善作用。

在我们继续讨论时，布伦特补充道："萨拉因为不知道自己的老师是谁而非常焦虑。她也很想知道她的教室是什么样的，洗手间在哪里。"

许多学校在开学前会公布教室安排，但如果你的学校没有公布相关信息，提前大概一周致电学校，询问你孩子的老师是谁，以及孩子的班级号。你还可以问问，老师什么时候会开始布置教室。然后带着孩子去学校看看，参观一下他的教室，看看洗手间、饮水器、学校餐厅、操场、媒体中心、体育馆，见一见老师和校长。对于慢适应或有谨慎第一反应的孩子而言，这种放松舒适的参观能在很大程度上缓解压力。

无论是坐校车、认识班上的同学、挑衣服，还是见老师，只要是有助于孩子第一天顺利入学的事，都可以尝试。减少孩子的压力，他就更可能有良好开端。你甚至可能要考虑整个 9 月都减少外出事物，从而让你的慢适应型孩子集中精力适应新环境。

让孩子以处于绿色区域的状态上学："我让布雷登多睡了一会儿，"科迪对小组成员说，"他头天晚上睡晚了。我以为这样能让早上顺利一些，但后来我们时间不够，有点赶。我把他的衣服准备好了，但他的作业还没做完——他讨厌做作业。老实讲，他讨厌上学！我最后是把他拖到车站去的。"

保证孩子在身体上做好准备，从而才能提高孩子在学校成功的可能性。密苏里州斯普林菲尔德市的梅尔西诊所行为健康医疗中心

（Mercy Clinic Behavioral Health – Lark）的心理学家加恩·法洛恩（Gahan Fallone）指出，“如果父母想让孩子学业有成，让他们按时睡觉和让他们按时上学一样重要。”这一点适用于所有孩子，但对性情儿尤为重要。

家庭餐也很关键。研究一致表明，相比参加运动或艺术项目，家庭餐更能预示学术成就。可能你的性情儿和你相处时间越多，他就越冷静，更有可能摄入健康食物，同时在你们用餐谈话时，他的词汇量也会扩充。因此，制订一个入睡、用餐时间有规律的家庭作息表吧！并且要坚持执行！

最后，你还要在清晨做好情绪和身体的准备。这是件非常有挑战性的事，因为你要花时间做的事太多，但是花几分钟完全专注于你的孩子，对孩子影响很大。布伦达发现的确如此。“瑞奇每天早上都要为去学校发脾气，但他真的到了学校，就好了，”布伦达对小组成员说，“我意识到，他之前刚开始上托儿所时，也是这样，不过那时只是一周三天，每次只去半天，他的情绪没有现在这么激烈。还是瑞奇的老师建议，他需要热身时间，而且在他过渡到一年级的这个阶段，我们可能也要给予他支持。于是，我开始在早上花更多时间帮他做准备。而且，他似乎只需要这种额外支持就够了。四周以后，他就不再发脾气了。”

再次进入：性情儿通常在学校还能坚持，但会在与你团聚的那一刻崩溃。即使学校很适合你的孩子，但应对刺激、与同龄人互动、遵守规则、保持注意力都不容易。到你见到性情儿的时候，他很可能筋疲力尽，而你又是他情感上的避风港，他看到你就会崩溃。但你可以预料到这种过渡很难，并制订成功计划。

和你的孩子谈谈。帮他理解，他放学后很疲惫是很正常的事，但不能打、踢、尖叫或没有礼貌。你们可以一起制订计划，帮他顺利过渡。问问他，放学后，他需要什么让自己感觉好些？他想吃点心吗？他想找人玩或聊天，还是想独处一下？他想自己活跃还是安静？他喜欢周围热闹还是宁静？他需要空间吗？他需要选择吗？放学后，他是想参加活动，还是想回家？回家后，他是马上完成作业，还是先休息一下比较好？参照气质表想想孩子的每种气质，想想什么方法可以让孩子回到绿色区域。

然后，一起制作一个放学后的可视计划。外向孩子的计划中可能要有点心、交流时间、活跃游戏、提醒他们快到时间的定时器、作业、晚餐。内向孩子的计划中可能有点心、独处的安静时刻、玩、家庭作业、晚餐。计划没有错与对。只要制订一个适合你和孩子的计划，让他知道放学后的安排，同时能将他的身体带回到绿色区域。

家庭作业：“但你怎么能让他们做作业呢？”凯蒂问，“伊莫金一开始就尖声抱怨，‘太难了，我不会，我需要帮助。’我能直接无视吗？我要叫她别抱怨了吗？我真是厌倦了争执。”

完成作业需要冷静的状态。当孩子哭哭啼啼、在地板上打滚、跑开、抱怨自己无法开始，他是在让你知道，他处于红色区域，无法清晰思考。

正因如此，重新进入的计划非常有益。此计划能在孩子开始做作业以前将其带回绿色区域，在作业完成以前，剔除其中的意外成分。你可以教孩子停下来检查。他的手臂、腿、声音平静吗？他的呼吸缓慢深沉吗？这些迹象表明他处于绿色区域。如果他的状态不是如此，那么他可以深呼吸，喝点凉水，或在头脑中想象一个美丽的地方。

找到合适的环境也很重要。和你的孩子一起试试，看哪种环境最适合他。他是坐在餐桌边靠近你的地方，还是在安静的角落效率更高？背景音乐是会帮他集中注意力，还是会分散他的精力？他是喜欢健身球还是椅子？是喜欢坐着还是站着？

一旦你的孩子冷静下来，适应了合适的工作环境，帮他将任务分解为几个小步骤。当他读完一页书或完成一道练习题时，帮他计时。如果他要读十页书，读完每页要花三分钟，那么这个作业大概要 30 分钟完成。他是愿意分成三次阅读，每次读十分钟，中间休息片刻，还是愿意一次全部读完？他可以选择，并制订相应的计划。你们共同决定休息的形式，比如喝杯水，在桌边走一走，或听首歌。他能有更长时间的休息吗？比如放学后阅读十分钟，第二天早上再读十分钟，剩下的最后十分钟第二天再完成？

如果孩子有几项作业，鼓励他从简单的开始。快速获得成功有助于他继续其他作业。如果是较长的写作作业，教他在句子写到中途时停下来，这样后面就容易接上，然后继续。

家庭作业不必成为每日的小冲突。你花点时间为孩子营造成功环境，你就能帮他知道自己需要什么来实现最高效的工作、习得项目管理技能。不久后，他所需要的帮助越来越少，直至无须你的帮助就能完成作业。

深度挖掘：气质是孩子在学校成功与否的关键因素，也是需要挖掘的重要因素。然而，并不是所有问题的核心都在于气质。如果你的孩子在学校长期遭遇困难，可能是因为气质不符，但也可能是学习差异、健康问题或其他诸多因素的结果。

本在课堂上告诉我们："考特尼有严重的胃疼。我们以为是压力引起的，但学校为我们做出调整后，考特尼的胃疼仍然持续。后来发现，她有肾病，需要做手术。"

如果做了各种尝试以后，你的孩子还是苦苦挣扎，安排一次全面的身心检查。获得所需的信息后，再决定怎么处理。

也要注意到你自己的压力。"我们最后去接受家庭咨询，"罗伯说，"伊丽莎白在学校有些不受约束，但真正的问题是我和我妻子的关系出现了问题。伊丽莎白察觉到我们的压力，然后在学校表现出来。这真的和她班上发生了什么没什么关系。"

记住，性情儿是你们家庭的情绪晴雨表。如果你们家庭成员间的关系出现了问题，你可能要先解决自己的问题，才能解决学校的问题。

让孩子学校的辅导员也参与进来。他能与你合作，帮孩子应对父母离婚、亲人去世或给心灵带来创伤的其他情况。有些学校甚至还专门为因这类问题受到伤害的孩子设有支持小组。

性情儿能在学校获得成功。如果你的孩子今年尚未成功，那就再试一次，继续在学校环境中努力尝试。不要等待。你能找到解决方案。我见过不少成功案例。你要相信这一点。

后记
园中玫瑰
享受与性情儿相伴的日子

每当我手握玫瑰，
似乎我仅能感受到刺……

——比利·乔尔

我希望我能说，你看完这本书后，就会永远幸福，不再有痛苦，不再有麻烦，你会与你的性情儿过着完美和谐的生活。在这本书中，我从头到尾都很坦诚。我与你分享了真实的情感，尝试了多种育儿技巧。我现在也不会对你说谎。我无法承诺，今后不再有麻烦。麻烦肯定会有。改变需要时间。建立情感关系是多年积累的过程，每个发展阶段都会带来新挑战，这些挑战促使你以不同的方式拓展、学习、成长。记住，我们的格言是“追求进步，而非追求完美”。

今后，你还是有时会觉得自己等慢适应的孩子调整，是在浪费时间。有时你会怒气冲冲，极力克制自己发脾气的欲望，觉得自己已经忍无可忍。在这种时候，再看看这本书。把它当成朋友，当作曾经帮助过你的指引者。当你复习这些材料时，你可能会发现有些建议在孩子四岁时似乎不适用，但现在孩子八岁了，却非常有效。接受这些建议，并应用起来。

在美好的日子里，鼓励自己，发现、欣赏自己做得好的地方。有时，增进与性情儿之间的关系，不过是发扬你已经做得好的地方而已。

不要害怕强烈情绪，不要因此退缩。强烈情绪是激情、热情与活力。的确，有时强烈情绪会让你筋疲力尽。这时，亲亲你的孩子，外出走走，休息一下。

在你学着了解你的性情儿时，也学着了解自己。更多地注意到，刺激、过渡和新环境对你自己有什么影响。更了解自己的能量水平、对规律作息的需求和改变中的乐趣。

爱性情儿本来的样子。让他逗你笑。让他与你分享他看、听、体验周围事物的方式。让他丰富你的生活。因为他“更多”，所以他会带给你更多。

性情儿就像花园里的玫瑰，需要更多关注。别的花只要洒点水就能生长。但玫瑰不同——它需要特别的护理。玫瑰在生长的过程中，必须要剪枝，还要扶直。

别的花可任由学龄前的孩子毛手毛脚地揪扯、拉拽，还能在你家餐桌上活两周。但如果你粗鲁地对待玫瑰，它会在你手中枯萎，或把你扎出血。

但是，花园里也没有花朵能与玫瑰媲美。玫瑰芳香馥郁，沁人心脾；如绸缎般柔软的花瓣，在我指间轻触；绽放的花苞，直抵人心。性情儿就如同玫瑰——他们需要特别的照料。有时，你只需忽略他们的刺，全情享受他们的美。

图书在版编目(CIP)数据

养育性情儿 / (美) 玛丽 · 希迪 · 柯琴卡著；江舒译. -- 武汉：长江少年儿童出版社，2018. 6
书名原文: Raising Your Spirited Child
ISBN 978-7-5560-7917-9

Ⅰ. ①养… Ⅱ. ①玛… ②江… Ⅲ. ①家庭教育 Ⅳ. ①G78

中国版本图书馆CIP数据核字(2018)第066556号
著作权合同登记号：图字17-2015-074

Raising Your Spirited Child

养育性情儿

[美]玛丽 · 希迪 · 柯琴卡 / 著　江　舒 / 译
责任编辑 / 傅一新　佟　一　兰　芳
装帧设计 / 黄　珂　美术编辑 / 鲁　静
出版发行 / 长江少年儿童出版社
经销 / 全国新华书店
印刷 / 深圳市永利达印刷有限公司
开本 / 787 × 1092　1 / 16　29.25印张
版次 / 2018年6月第1版第1次印刷
书号 / ISBN 978-7-5560-7917-9
定价 / 69.00元

策划 / 海豚传媒股份有限公司
网址 / www.dolphinmedia.cn　邮箱 / dolphinmedia@vip.163.com
阅读咨询热线 / 027-87391723　销售热线 / 027-87396822
海豚传媒常年法律顾问 / 湖北珞珈律师事务所　王清　027-68754966-227